U0952495

霓虹灯下的兵魂

一名“南京路上好八连”战士的印记

黄明光 ◎ 著

经济日报出版社

图书在版编目（C I P）数据

霓虹灯下的兵魂 ：一名“南京路上好八连”战士的印记 / 黄明光著. -- 北京 ：经济日报出版社，2017.1
ISBN 978-7-5196-0030-3

Ⅰ. ①霓… Ⅱ. ①黄… Ⅲ. ①南京路上好八连一史料
Ⅳ. ①E221

中国版本图书馆CIP数据核字（2016）第262480号

霓虹灯下的兵魂：一名“南京路上好八连”战士的印记

作　　者	黄明光
责任编辑	胡劲华
责任校对	李　琼
出版发行	经济日报出版社
社　　址	北京市西城区白纸坊东街2号经济日报社A座综合楼7层710号
邮政编码	100054
电　　话	编辑部 010-63567687　发行部 63567692
网　　址	www.edpbook.com.cn.
邮　　箱	edpbook@126.com
经　　销	全国新华书店
印　　刷	北京鑫瑞兴印刷有限公司
开　　本	710×1000 毫米　16 开
印　　张	19.75
彩　　插	0.5
字　　数	320 千字
版　　次	2017 年1月第 1 版
印　　次	2017 年1月第1次印刷
书　　号	ISBN 978-7-5196-0030-3
定　　价	58.00 元

版权所有　盗版必究　印装有误　负责调换

八连颂

毛泽东

一九六三年八月一日晨

好八连　天下传　奇儿女　如松柏
为什么　意志坚　上参天　傲霜雪
为人民　几十年　纪律好　如坚壁
拒腐蚀　永不沾　军事好　如霹雳
因此叫　好八连　政治好　称第一
解放军　要学习　思想好　能分析
全军民　要自立　分析好　大有益
不怕压　不怕迫　益在哪　团结力
不怕刀　不怕戟　军民团结如一人
不怕鬼　不怕魅　试看天下谁能敌
不怕帝　不怕贼

（见1982年12月26日解放军报第一版）

▲ 1990 年，时任国务院总理李鹏（前立右六）、时任江西省委书记、全国政协原副主席毛致用（前立右五）来赣南视察时和时任赣州行署专员、河北省委原书记张云川（前立右九）、时任赣州地委书记、江西省人大常委会原副主任黄名鑫（前立右四）与作者（前立右三）及《试妻》剧组全体人员合影。

◀ 1993 年，时任国家文化部副部长陈昌本（前左一）、时任江西省文化厅副厅长朱受群（右三）和作者（右二）在京参加纪念毛主席诞辰100周年活动中，观看赣南采茶戏《山歌情》时的合影。

1992 年，赣州地区行署原专员刘组三（左）与作者（右）在一起。▶

▲

2016年，“南京路上好八连”原指导员、上海警备区原政委王传友（前排左八）、“南京路上好八连”原连长、全国四届人大代表王振华（前排右七）和弘扬“南京路上好八连”精神报告团新老战友、赣州市工商联党组书记、赣州市非公经济组织党工委书记谢来福（前排右八）等领导和工商界人士与作者（前排左七）合影。

2016年，“南京路上好八连”原指导员、上海警备区原政委王传友（左五）及其夫人刘岭（右一）、赣州市人大常委会原常务副主任、巡视员、现任赣州市关工委主任赖义金（右三）、“南京路上好八连”原连长项忠（左二）、吴金荣（左一）、原副连长苗生元（左四）、原文书、著名书法家唐国兴（右二）与作者（左三）在瑞金沙洲坝红井旁合影。▶

◀ 作者（中）在弘扬“南京路上好八连”精神论坛（赣州·2016）峰会上发言。

2016年，作者（立）在于都二中举行的弘扬“南京路上好八连”精神报告会上发言。“好促会”会长、原“好八连”通讯员顾建基（前排右三）、“好促会”秘书长、原“好八连”排长徐锡华（前排右一）在主席台上就座。

2016年，原“好八连”连长王振华（前排左三）和作者（前排左一）在章贡区滨江二校举行的弘扬“南京路上好八连”精神报告会主席台上就座。

2016年，作者（立左四）与“好八连”原连长项忠（立左六）、原连长俞昌盛（立左五）、原指导员袁贤祥（立左三）、原“好八连”指导员段修惠（立左二）、现“好八连”副连长王帅洋（立左一）、原“好八连”通讯员、现“好促会”会长顾建基（立右三）和兴国红军小学学生合影留念。

王经文老首长是“南京路上好八连”命名时的指导员，图为其应邀参加上海电视台艺术人文频道 2016 年老年重阳晚会时的留影。

1991 年，“南京路上好八连”原连长王振华（右）和作者（左）在一起合影。

2015 年，作者（中）和现任“南京路上好八连”指导员闫永祥（右一）、连长周文杰（左一）在连队驻地门前合影留念。

2016 年，作者（右一）与原“好八连”文书、著名书画家唐国兴（右二）、现任“南京路上好八连”副连长王帅洋(左二）和摄影家廖萍（左一）、赖国柱（中）向赣南老区赠送字画。

◀ 1990 年，作者(左二)和“上戏”教授叶涛（中）以及校友徐协和（左一）等合影留念。

▲ 1997 年，作者在赣州地区文化局长会议上发言。

▲ 1989 年，作者在乡下深入生活。

▲

1997 年，作者（前排左一）在国家文化部和舞蹈专家一起参加舞剧《长长的红背带》座谈会。

▲

1997 年，作者（中）和时任国家文化部艺术局局长姚欣（右一）在北京交谈文艺创作。

▲

1988 年，作者（中）和电影《开国大典》编剧郭晨（左一）、电视连续剧《特殊连队》导演王树楷（右一）在一起合影留念。

▲

1996 年，著名歌唱家阎维文（中）为作者（右一）签名。

▲

2015 年，作者在上海南京路国际饭店留影。

▲

1996 年，作者（右二）和著名歌唱家万山红（左二）及同事胡建华（左一）、谢燕（右一）合影留念。

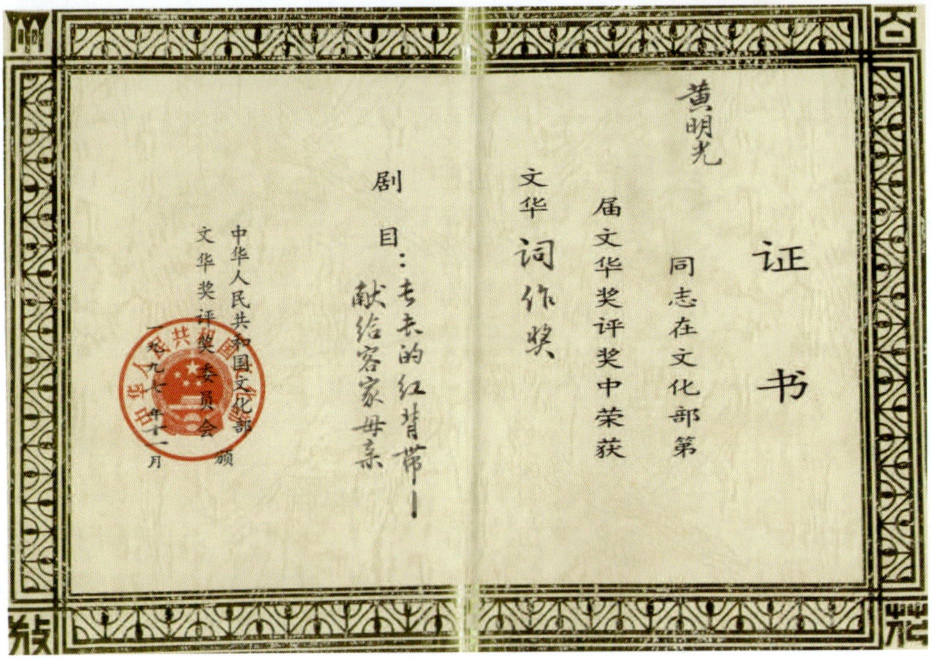
证书

黄明光同志在文化部第届文华奖评奖中荣获文华词作奖

剧目：远去的红背带——献给客家母亲

中华人民共和国文化部
文华奖评奖委员会 颁
一九九七年十一月

▲ 1997 年，作者获得国家文化部文华奖，图为获奖证书。

证书

黄明光同志：

你在全国第十届“群星奖”舞蹈作品评奖活动中，组织工作成绩突出，获组织工作奖。

特发此证

二〇〇〇年十二月

▲

2000 年，作者获得国家文化部群星奖，图为获奖证书。

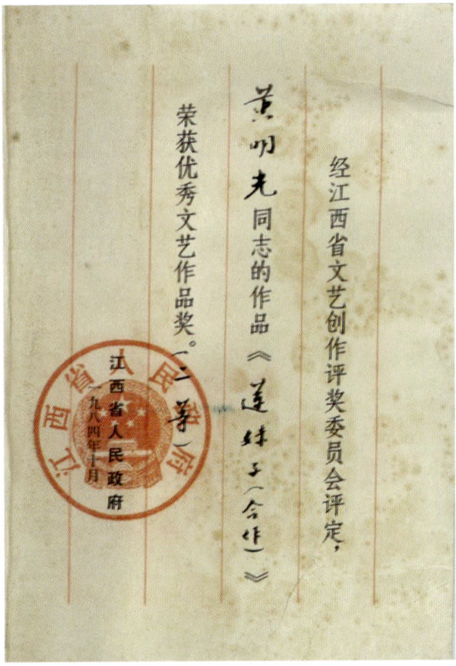
经江西省文艺创作评奖委员会评定，黄明光同志的作品《莲妹子（合作）》荣获优秀文艺作品奖。（二等）

江西省人民政府
一九八四年十月

▲

1984 年，作者获得江西省政府奖，图为获奖证书。

序

欣慰感言

欣闻八连赣南籍老战友黄明光出版了他的一部精品佳作《霓虹灯下的兵魂——一名“南京路上好八连”战士的印记》（以下简称《兵魂》）。战友情深、盛情难却。在此，首先对黄明光战友的新作《兵魂》一书出版问世，表示热烈的祝贺！在祝贺、欣喜的同时，写下几句欣慰感言。

黄明光是王振华（全国四届人大代表、大校军衔、正师级）战友担任“好八连”连长时的兵，他来自赣南中央苏区，是老红军的后代。到八连后他积极肯干，很快成为连队骨干，担任了七班班长，人民日报、解放军报等报还登载了他的事迹。我们虽然未曾在一起共同战斗、生活，但对他早有耳闻。也是有缘，他不久选调到上海警备区创作学习班学习，那时我正好负责警备区政治部宣传处的工作，有缘见面相识，留下了较深的印象。

黄明光战友和我们都是在“好八连”这个光荣的连队里，接受过党的培养教育、都在“好八连”的连魂“两个务必”、《八连颂》引领、教诲下，进步、成长、发展的。近两年在“好促会”的简报上，看到了他的精彩出众的发言，让我这个老哨兵为之一震，耳目一新，十分感人，深受鼓舞。我这才真正熟悉了黄明光战友。从这些文章的字里行间，可以看出：黄明光战友是老红军的好后生，是“好八连”的好战士，是上海名校的好学生，是赣州市文化战线的好编剧，是老区人民的好公仆，是“好八连”这条“流动星河”里一颗缤纷闪烁晶莹剔透的亮星。

黄明光战友勤奋好学，用八年的时间完成了这部励志传记《兵魂》。全书记录了他参军时在连队所历经的一些重大事件，语言平实、结构严谨、情感真挚、身临其境，从一个侧面反映了当时连队的精神风貌，读来感人至深。特别是他离开八连后，牢记毛主席《八连颂》的教导，不忘“好八连”连魂，身体力行所做的那些“点燃自己，照亮别人”的事，包括他创作出版的四十余万字的戏剧集，是值得肯定和赞扬的。因而他不仅得到了群众的拥护，推举他担任了赣州行署文化局副局长，还得到当地党政的肯定，受到了国家文化部和江西省人民政府的嘉奖。

我相信，他的新作问世，还可以让人们了解到：好八连“为人民，几十年”的本质内涵，在他所在的工作单位延伸拓展；好八连“拒腐蚀，永不沾”的高贵品质，在他所在的文化战线上不断弘扬；好八连“艰苦奋斗”优良作风，在他退伍后几十年的人生征程里，践行展示得更亮丽多彩；好八连“思想好，能分析”的好经验，指导他创作出更多更精彩的感染人、激励人、教育人的文化精神产品。同时，对“讲好中国故事，宣传中国声音，赞扬中国精神，弘扬正能量”，无疑也丰富了实实在在的内容。

《兵魂》必将受到广大读者欢迎、喝彩。

王经文

2016.10.12.

（王经文老首长系“南京路上好八连”命名时的指导员，他是接受并扛起“南京路上好八连”这面大旗的第一人，对“好八连”的建设做出了不可磨灭的贡献。他离开“好八连”后，担任第五届全国人大代表，共青团第九届中央委员，上海警备区政治部宣传处处长、后勤部副政委。——编者注）

目录

第四章　军营生活

第五章　南京路上

第六章　特别任务

第七章　围海造田

第一章　特殊的第一课

1.意外当兵

1971 年，作者新兵照。

公元一九七〇年十二月二十三日深夜，几十辆军用大卡车开进了上海大场的一家部队营房，在一间宽敞的大礼堂门口相继停下。戴着领章帽徽的军人指挥着新兵们跳下车。嘈杂的口号声与杂乱的脚步声汇集在一起，显得一片繁忙。

列队的新兵们穿着没有领章帽徽的崭新军装，脸上充满稚气，跟着老军人一列列进入大礼堂。大礼堂内，黑压压站满了鱼贯纵队的新兵，估摸有一千多人。

主席台前，一位团首长念着名单。念到名字的人在老兵的指挥下站到各营各连去。不一会儿，人员分配完毕，新兵蛋子们跟着老兵们离开礼堂，到他们所分配的连队去。

我被分配到二营机枪连，等安顿下来，已是凌晨三点了。可我躺在床上却怎么也无法入睡。思绪飞回到了遥隔几千里的小山村，那参军的一幕幕又浮现在眼前......

我的家乡叫黄屋村，隶属江西省赣县南塘乡（现已为镇）的一个行政村。它坐落在赣县东北角的一个极小的盆地中。北面一座叫寨脑的大山，延绵十几里，像一个巨大的屏障挡住了北边的寒风；南面是一座麂山，孤独地高矗着，就像一个大闸板矗立在那里，远远望去，仿佛能通过它登上天际；中间就是矮小的丘陵了，在这些丘陵脚下的大小坑口中，隐藏着几千亩良田，勤劳的先辈们就是靠着它繁衍生息的。

黄屋村是个古老的行政村。村里住着一千多黄姓人，故谓黄屋村。黄屋村周围散落几个自然村，分别叫罗屋、朱屋、尹屋、丁屋；还有个小自然村也姓黄，是从村中迁徙出去的，名叫落岭背。

早在明朝，黄屋村的祖先就在此居住，已有600多年的历史了。传说，黄姓祖先，从宁都迁至兴国社富桂江：一位叫清远公的黄姓人养了几百只鸭子，放鸭至现黄屋村地界。一日，天已晚，便在此宿夜，一觉醒来，天已大亮，发现每只鸭子都下了两个蛋，于是认定此处风水好，从此安下家来，到如今已几十代了。

黄屋村村前有一条小溪，溪水清澈。村里房子挨着房子，密密麻麻，都是灰砖建筑，一看就知道是清朝风格，彰显着古老。村中央有一祠堂，是贡江流域黄姓十八家门楼中一家祖宗的祠堂，颇为壮观。祠堂始建于二十世纪四十年代末，刚刚建好就迎来了解放的炮声。祠堂占地面积一千余平方米，筑有观戏的戏台。祠堂的石柱为红岩石雕成，上面刻有民国政府教育次长等一些官员的题词，方圆几十里颇有些名气。

黄屋村几华里外还住着刘、吴两个大姓的自然村，吴姓比黄屋村大，但黄屋村是周围的首富村，村里有好几家大地主，有一家新中国成立前夕逃往香港也发达起来。

都说黄屋村有点官气，新中国成立前就出过一位县太爷，叫黄镒，他领着村民们建起了黄人学校，颇受村里人尊敬，去世几十年了，村里人至今还“老爷、老爷”地叫着，并引以为豪。到如今，村里已出了十几名县级领导干部，数名司（局）级领导干部。

黄屋村里还有口井，井深十几米，用花岗岩砌成，因为年代久远，花岗岩围成的井栏，已被吊水的草绳拉出一道道深浅不一的沟痕，光滑光滑的。井里的水清凉甜润，方圆十几里不能比，当地流传着“有女嫁给黄屋村，竹筒打水也甘心”的民谣（水少时用竹筒做成的吊水桶打水）。

黄屋村中间有一条鹅卵石的麻石街，从村头通到村尾。其实无所谓村头村尾，村里人都习惯称上头下头，即南头北头。我的家住在北头，算是上头了。

我家住的房屋叫栏观前，从遗迹上看，有前院后院，有池塘荷花，有雕龙画凤供人观赏的栏杆，可见祖上是很繁华的了，是一栋典型的清朝时期木结构的大户人家的房子。房子后头原有三棵大樟树，现在只存活一棵，枝繁叶茂；房子前头溪水直流而来，拐个弯向南流去。一地理先生到此说：“这个地方风水好啊，背靠大树，只见水来，不见水走。”然而，不知从哪一辈开始败落下来，兄弟分家，其中一家搬到寨脑山的一个叫都上的地方另开基业，发达起来，已是数百人的村庄了。而我爷辈却越发败落，到了父辈手中就惨不忍睹了。解放时，已为断壁残垣了。事实上，到了父辈，这房子仍然是公祠，因我家几代居住在此，土改时，政府把这破败的祠堂正式分给我家。我就在这个破烂的木板房中度过了那十分苦难的童年。

我能穿上军装着实不易。十八岁那年，理想的翅膀开始飞翔，真想到部队好好锻炼锻炼，然而，命运捉弄人，没能当成兵，理由是独子。其实我还有个哥哥，但他并非我父母所生，是捡来抚养的；由于遭到邻居挑唆，十八岁那年就与我们分开过了，而且他常年在外。我和母亲实际上已是孤儿寡母，我变成了不是独子的独子，加上母亲的反对，第一次参军就这样泡汤了。从此，我也死了心，一心一意在家种田，参加农业生产，在生产队当记分员、会计，入团入党，当政治队长、大队民兵连副指导员、民兵营长。

直到1970年，那时节我已20岁了。从上海来带兵的罗洪福排长深入到村中，极力动员我去参军。这时，我已是民兵营长，村里征兵的事由我张罗。其实，我已不想去参军了，因而连名也没报。到罗排长动员我去时，大规模的体检已经结束，但在罗排长的感召下，我动心了。可是要体检必须到县城，因为县医院才有X光之类的设备。由于时间紧迫，在罗排长的同意下，我一个人徒步到离家

20里路的白石山钨矿去照X光，因此我的体检是单独进行的。

山里的后生，经历了风雨，身体倒也不错，我参军的事很快就定下来了，只是叫我表了个态，说不是独子，会叫我哥哥回来照顾母亲。于是乎我又不是独子了。那时，政府有条明确规定，独子原则上是可以不服兵役的。其实按常理我还真算不上是独子。

事情进展非常顺利，很快接到县武装部的入伍通知书，然而，我可怜的老母亲却变成了泪人。

是啊，她已是60多岁的老人了。说什么也不会让身边仅有的这个儿子去参军啊！更何况，她的前夫，因跟随红军远征已经死在长征路上。她原本三个生龙活虎的小男孩，连同她后来嫁给我父亲生的七胎男孩，一个个因缺医少药、缺吃少穿，相继死去，唯一剩下我这个在她身上掉下来的肉。当时看着她的痛苦，我心都碎了，甚至都不想去参军了。可一想到山村里的苦难，想到如果我默默无闻当个农民，即便有孝心，又拿什么来孝敬她。在那个年代，对我来说，当兵是我唯一的出路，于是，我只好心一横，踏上了征程。

1970年12月19日，天气晴朗，艳阳高照，我和同村的黄明元一起，在村里乡亲们敲锣打鼓的欢送下，坐上了远去的汽车。

那个年月，参军是令人们很羡慕的，可以说一人参军全家光荣。因为人们认定：参了军的人就是不一样，他们不会回来了，即使回来也不一般。加上那个年月正是对解放军顶礼膜拜的时期，真是有一种说不出的自豪感、光荣感、幸福感。村里年轻的姑娘们更是活跃，她们通过各种形式来表达对我们的崇拜，有的则干脆表示出对我们的爱意，希望我们不要变心，她们一定会等。也许是沉浸在幸福中，还体会不到这种爱情的袭击，也许心底里有更远大的理想，不管她们如何表示，我却感到这种感情是不可能开花结果的，即便通信也不曾真正地深爱过谁。

也就在19日的当天，我们来到赣州“老衙门”——赣州地委大院，坐在一棵大榕树下等待命令。

令人无法想到的是，15年后，就在这棵大榕树下的低矮平房里，赣州地委任命我为地区文化局副局长、党组成员，由地委副书记和组织部长找我谈话，谈话内容是如何用好权力。

当天晚饭后，我们登上军用卡车，连夜出发。那时，赣州没有火车，坐汽车一直到了樟树县（现为市）才乘火车。真倒霉，那时我会晕车，从赣州吐到了樟树。所谓火车并非客车，而是装货的铁闷罐车，那是一种拉猪的车，而且不在车站上车，是在铁轨上上的火车。由于这种车没有厕所，带兵的干部一个劲地强调大家不要多吃东西，因为吃得多拉得也多。尽管如此，仍然是臭气冲天。

这是我第一次坐火车，睡在冰冷的铁皮板上，枕着隆隆的火车声，彻夜不眠地睁着眼睛，几天几夜才到上海。

三年后退伍，我那落后的家乡仍未通火车，我们仍然在那铁轨旁下火车，换乘汽车回到家乡，想起来真有点心酸。

直到1997年香港回归，赣南老区——这个第二次国内革命战争的中心，这个中央苏区所在地，这个进行了一、二、三、四、五次惨烈反围剿的地方，这个打了艰苦卓绝三年游击战争的地方，这个曾经为中国革命做出重大牺牲和贡献的地方，这个曾是中华人民共和国的摇篮的地方，因京九铁路的修通，才结束没有火车的历史！

2.第一课

这天夜里，我一夜未睡，当悠扬的起床号声响起，我刚起床，被子还未来得及叠，一干部模样的军人，把我带到离驻地不远的饭堂前，与另一军人（后才知是“好八连”连的连首长）耳语了几句，便算是把我交给了他。还没来得及看上一眼周围的环境，我就被命令登上了军用卡车。车子开上沪太路后，往右向上海市区方向奔驰。约莫一个小时后，汽车从一条笔直的柏油大马路上，拐进了右边的一家小院。

后来才知道，我先前被点兵分在二营，后又改分到三营八连，也就是“南京路上好八连”，也许是看了我是党员和民兵营长的档案才改变的。

我被引进东头的一幢小洋楼内，上了二楼，放下背包，跟着来到院子里。院子里已经集合了五六十号人，我们整齐地排好队等待着军官的训话。很快，一位姓俞的军官喊过立正稍息后，双手握拳到腰际，跑向另一位军官行礼报告：“请吴副连长指示”。

吴副连长个儿不高，约莫30岁，胖墩墩的，四方脸庞，皮肤黝黑，大眼睛，厚嘴唇，声音洪亮，颇有点像彭德怀大将军，很有军人风度。据说他的军事素质极好，投弹50米，射击百发百中。老兵们说，做队列时，他有时还会用大皮鞋踢那些立正姿势不到位的战士，为此，在批判单纯军事观点的年月，他没少挨批。事实上，他是个爱兵如子的人。

“同志们！”吴副连长一开口，全体立正，命令稍息后才敢稍息。

“从今天开始，你们就是‘好八连’的兵了。”吴副连长话语一出，队伍立即像池塘里丢进了石子，溅起了水花，大家都毫不顾及纪律，小声地议论起来。然而，接下来的话，却让队伍里的人大气都不敢吭一声。

吴副连长说：“但是，有一个前提，那就是你们要好好干，否则，照样把你们分到别的连队或遣送回家，要知道，你们还是新兵，还不是正式军人，要想成为正式军人，成为‘好八连’的战士，就要完成从老百姓到军人的转变，就要经得起各种考验。今天就给你们上第一课，这是‘好八连’特殊的第一课，干什么呢？就是学打草鞋，在学打草鞋之前，我给你们先讲讲‘好八连’艰苦奋斗的光荣传统。”

于是，吴副连长从毛主席在党的七届二中全会上提出的“两个务必”开始，讲到“好八连”在南京路上打退资产阶级“糖衣炮弹”的进攻；从“好八连”节约一度电、一分钱、一粒米、一滴水、一寸布，讲到连队草鞋、针线包、纸糊信封三件宝，讲到“勤俭节约艰苦奋斗”的精神。末了，他说，要记住，我们“好八连”是靠“两个务必”起家的，艰苦奋斗的光荣传统是老同志传下来的，绝不能丢，不但不能丢，而且要发扬光大。

原来，学打草鞋，这是“好八连”给新来的战士上的第一课，这个课其实是叫“艰苦奋斗第一课”。

吴副连长训完话后，由各班班长带领教大家学打草鞋。其实，打草鞋我在老家早就见过、学过。不过，家乡的打草鞋是用工具打的，打出来的草鞋很结实，耐穿。不仅可以用稻草打，还可以用破布打，破布打出来的草鞋更耐穿。记得小时候妈妈会到圩场上去买草鞋穿。这一切，对我来说并不陌生，也不稀奇，我小时候就穿过草鞋。

1971 年，连长王振华（左一）教我们打草鞋。

老兵教我们学打草鞋，是没有工具的，只是用双脚的大脚趾头勾踩着两根绳子的一头，另一头捆在腰际，或用嘴咬着，双手用稻草编织而成。这种草鞋打出来并不结实，也不耐穿，穿一次就差不多破了。当然，那时我们只是做做样子，打出来的草鞋并不穿，记得只是在拍电影时才穿过一次。因为发的解放鞋够穿，再说已是正规军队，穿着草鞋行军、做队列也不方便、不规范，所以打的草鞋平时并不穿，在执行特殊任务的时候才会穿。这种草鞋虽然不结实，但方法简单，随时随地都可打，行军打仗，只要有稻草，一有空就可打双草鞋来应急穿，这在战争年代的艰苦条件下是很管用的。

我想，学打草鞋主要是为了培养战士们艰苦奋斗的精神。

在“好八连”，不仅要学会打草鞋，还要学会针线活，破了的衣服、鞋子都自己补，因此，每个人都备有个针线包。后来，上海市政府以拥军的名义给大家发了个皮革做的小针线包，里头放有各种针线、顶针，极为方便。这个小小的针线包，我爱如珍宝，至今还留着它哩。在“好八连”，流传一个口号：“新三年，旧三年，缝缝补补又三年。”有的老战士为了把自己的军服节约下来送给困难群众，自己穿的衣服补了又补，最多的补了28个补丁。这是“好八连”老战士对自己的严格要求，在布匹十分紧缺、全国每人只发6尺布票做一条裤子的年月，这是最有效的办法，是十分管用的。

“好八连”除了学打草鞋、自己缝衣服，还有许多勤俭节约的方法。例如工具修理箱，破了的脸盆补了又补；自己学会理发，互相理，节约每一分钱；在驻地门前打口井，不用自来水，自己打水用；在厨房烧出来的煤灰中捡出一粒粒没烧完的煤；寄信用旧报纸糊信封……，只要能用上的办法他们都用上了。这是为了减轻国家和人民的负担，把节省下来的物资送给灾区人民，突出地表现出他们毫不利己、专门利人的共产主义风格。

“好八连”的第一天，就在勤俭节约的氛围中结束了，在“好八连”上的第一课，给我留下了极深刻的印象，甚至影响了我的一生，使我一辈子受益匪浅，养成了勤俭节约的作风，即使在当了行署文化局领导后，也仍然保持着艰苦奋斗的精神，这是后话。

3.从老百姓到军人

新兵连的任务非常明确，就是要使我们这些刚入伍的新兵尽快完成由老百姓到军人的转变。因此，队列、长跑、射击、投弹、匍匐前进、紧急集合以及按照军人的要求进行军风军纪训练，这些最初又最简单的军事项目一个也不能落下。

新兵连的军事训练生活是十分艰苦的。每天早晨五点起床，秋冬时节天都还未亮，要是遇上阴雨天，伸手不见五指，起床后五分钟之内必须集合完毕。接着就是长跑，一跑就是十几里。我们一般都往虹桥机场方向跑。

长跑是非常苦的，是考验体力的一项活动。开始，城里来的兵都很难跑完全程，有的半路上蹲下休息，待队伍返回时才又跟上。即使我们这些农村来的兵，因不得要领，起初也很难坚持。后来，老兵们教我们，不要用嘴巴呼吸，一定要坚持用鼻子呼吸，养成习惯，才能坚持长久。这实际上是一种保存体力的方法，大口喘气，感觉舒服，但很快就会坚持不住。不过，我还是凭借自己在农村锻炼出来的体力，咬着牙坚持下来，一趟也没落下。

射击是一门基本功。在新兵连主要是练习卧姿。射击要三点成一线，不能有丝毫偏差，否则一枪也打不中目标。要学会三点成一线，最重要的是要学会排除虚光，特别是在太阳光下瞄准，否则，照样打不出好成绩。三点成一线，说起来容易做起来难，不少人起初怎么也摸不着头脑，老打零蛋，子弹一粒也上不了靶。

上海郊外的泥巴是乌黑粉细的，几个小时趴在地上，沾满一身泥灰，要是在夏天，出了汗就是一身泥了。遇上雨季，也常常趴在潮湿的地上，多数军人得关节炎恐怕这是一个重要原因。不过，功夫不负有心人，我们的第一次射击挺争气，首次就达到90%以上，对新兵来说这是很优秀的了。

投弹也是门艰苦的训练。按要求30米及格，40米良好，50米优秀。一星期下来，手臂红肿，疼痛难忍，有的甚至脱臼，练到后面连吃饭拿筷子也困难，手臂都抬不起来。这种痛苦要持续几个月，直到最后实弹投掷减少训练后，才会慢慢地消失。不过，经过首次痛苦后，以后就不会那么痛了，除非是超常训练。

新兵实弹投掷是最危险的事，连首长们非常担心。记得20世纪60年代，全国出了个舍生忘死的英雄王杰，他在带领民兵投弹时，一民兵因恐惧把拉了环的手榴弹投在掩体内，他奋不顾身为保卫民兵而壮烈牺牲。伟大领袖毛主席还为其题词："我赞成这样的口号，叫作'一不怕苦，二不怕死'"。

实弹投掷那天，连首长们都很紧张，反复讲要领，反复讲注意事项，末了还对重点对象一对一跟踪守候。果真，那天实弹投掷也出事了，一战士恐慌，拉环后手榴弹投到了掩体内，好在吴副连长手疾眼快，在三秒钟内抓起冒烟的手榴弹丢出了掩体，避免了一场人员伤亡事故。

队列看起来简单，其实是要求最高、最严、最辛苦的一项训练，而且是一门必修课。说它简单，无非是立正、稍息、向左转、向右转、向后转、齐步走等。可是集体训练，一百余号人要求高度统一就很难很难了。队列训练，口令一下，一动也不能动，即使有蚊虫、黄蜂叮咬也不能动，常常有战士受不了而突然晕眩倒地，尤其在烈日炎炎的夏天，汗流浃背，要挺住还真要有点毅力。

队列反映出一支部队的素质，体现出这支部队的作风和精神，是天天都要训练、天天用得着的一项基本功，是一项十分重要的军队素质的训练。

练刺刀是军人必须过硬的一项硬功夫，是在战场上子弹打光的情况下短兵相接时必需的硬功夫。这是个性命攸关的事，不过硬是要付出生命代价的。因此，部队十分重视刺刀见红的硬功夫训练。它不仅要练技术，更要练精神，练勇气。也就是现代所说的敢于亮剑，以压倒一切敌人的英雄气概冲锋在前，不怕牺牲，勇于胜利，立于不败之地。在练刺刀时，不仅手要发出爆发性的突击力，脚也要有力踢出站稳，有立地生根的钉子精神，嘴里还要大喊杀声。几十个人在一起练，齐声喊，真有点杀声震天，地动山摇的感觉。其实，这不仅仅是为了培养精神气概，也是技术上的需要，喊声可使敌人胆寒。再说，面对人的热血，刺刀没有爆发力是刺不进去的。热血可把铁制的刺刀热软，许多参加过刺刀见红战争的老兵亲眼所见。

练一天刺刀下来，骨头就像散了架，浑身都痛。我们这些山里来的伢子十分无知，步枪头上的三寸明晃晃刺刀，有一条明显的小槽，却不知道是做什么用的。原来，刺刀进入人体，小槽可将空气带入体内，空气会将细菌带入血液中导致发炎，可增强杀伤力。无怪乎我们在电影中常常看到刺刀插在人身上不急着拔出，一旦拔出，血如泉涌，空气进入就危及生命，此时不拔出比拔出好得多。这恐怕是在战场上总结出来的经验之谈。

匍匐前进训练是十分艰苦的。这是个冒着敌人火力点强行推进的基本动作。战士身上背着子弹、手榴弹、炸药包、铁锹、铁镐。低头俯首，一步一步向前爬行，而且要求要快速爬行。只要前进数米就汗流浃背，不堪重负，更不要说几十米、几百米了。这个训练太要命，是战士们不喜欢的训练项目。但这是近距离与敌人交火、保存自己消灭敌人的好办法，是一个单兵战士必须学会的本领，否则，上了战场，遇上火力点，只有干着急，弄不好，一不小心就中弹倒地。

紧急集合，不仅新兵害怕，连老兵也怕，而这又是经常进行的一个项目训练。晚上睡觉，听到连续短促的哨声，就是一级战备的哨声，即紧急集合。听到这个哨声，战士们几乎是从床上弹起来的，常常是心惊肉跳。紧急集合哨声一般都在午夜12点后吹响，听到哨声，在3分钟内穿好衣裤，背好子弹袋，挂好水壶、挎包，背好枪，打好背包；换好衣服、鞋帽，带上铁锹、铁镐；快跑到连队饭堂门口集合。在那个年代，还有一样东西必须记住，就是要把《毛泽东选集》带上，以便战场上学习用。在这样极短的时间内做好那么多事，新兵出洋相的自然就多，有的背包散了，有的腰带没扎，甚至有的慌乱中裤腿当袖子穿，丑态百出。当然，经过几次训练后自然就好多了。但如果思想上不紧绷，放松下来，仍然会闹笑话。这是一项很折腾人的训练，几乎整夜都无法睡觉。爱兵如子的连首长，常常选在快起床的前半小时做这项训练，以便尽量让大家休息好。

三个月的新兵连生活是非常艰苦的。我们顺利地完成了从老百姓到军人的转变，成了一名基本合格的解放军战士。

4.难忘的小洋楼

我们住的小洋楼地处上海西郊，离西郊公园仅几公里，位于虹桥镇旁边。动物园再往西去，便是著名的上海虹桥国际机场；挨着小洋楼的西头是上海农业展览馆，再过去便是虹桥镇了；通往市区不远处是上海舞蹈学校，因在农村看过舞剧《白毛女》的电影，印象极深；再往前便是上海市区了。

小院内，东西两头各有一栋小洋楼，红瓦灰墙，屋顶尖尖，一派欧洲风格，一眼便可看出是资本家的别墅。别墅周围杂草丛生，说明无人居住。两栋别墅之间有一块空坪，可供篮球、羽毛球之类的体育活动；别墅四周是高高的围墙，大门是铁制的，一出门便是虹桥路。但要出这道门必先请假，否则是违纪的，当然，集体外出除外。

从外面看，小洋楼给人以旧楼的感觉，但进入小洋楼，里面的装饰却很讲究。地板是上等红木铺拼而成，大厅内还有供冬天取暖的壁炉，墙上有挂过名画的痕迹，只是画不翼而飞了。小洋楼有三层高，但实际上只有两层可供居住，约有十几间房子。看得出来，肯定是新中国成立后人民政府收缴资本家的房产。

新兵连六七十号人，分别住在东西两头的小洋楼里。我们用稻草铺在地板上当床睡，这是数年来军旅生涯住的最好的房子、睡的最好的地板了。我被分到东头的楼里，睡在大厅的地板上，虽然墙壁上设有火炉，但并没火烤，晚上感觉有些冷。我们就在这栋小洋楼院内度过了三个月的新兵连生活。

饭是我们自己做，主要由炊事员负责，各班轮流派人去帮厨。伙食标准每人每月13元5角，这在那个年代还是好的。不少农村百姓还常常填不饱肚子。当我第一次吃上大肉包时，还情不自禁地挥笔写信给家乡友人，畅谈大肉包如何如何大，部队的伙食如何如何好。

那个年代最害怕的是传染病。集体生活在一起最易得传染病。

为此，连队专门请医生来讲传染病方面的知识。那时主要是怕肝炎。当时医学上无法根治肝炎，有句话至今难忘："得了肝炎病，送了半条命。"当时如果有谁染上肝炎就调开或送回老家。这对我们大家都造成巨大压力。因为一旦染上肝炎，不但当不成兵，还落下一身病回家，一辈子就算完了。

在新兵连，我们不仅学会了投弹、射击、队列等一系列军事技术，而且养成了雷厉风行的军人作风，树立了团结一致的集体主义思想，继承了艰苦奋斗的光荣传统，学会了谦虚谨慎的好品质，发扬了助人为乐的好风格，培养了不怕牺牲的勇敢精神，初步成为一名光荣的解放军战士。

在这座小院里，我们学到了许多东西，也见识了许多东西。可以说，三个月的新兵连生活，比我在农村几十年学到的还要多。小院虽小，可真是个大熔炉、大学校。

在这里，我照了第一张英武的军人照片。为把这张照片寄给老母亲，我请假跑到虹桥镇邮电所。然而，由于在家乡时喜用当地自创的简化字，把"赣"字写成"烎"字，一位老邮递员拒绝给我邮寄，说字典没这字，而当我写出"赣"字时，他却认不得这个字。也难怪，"赣"字在字典上也只有两处用，一处是江苏省赣榆县县名，另一处就是江西赣江了。

地处江西南部的章江和贡江合流成为赣江，赣因此成为江西省的简称，而赣州市地处章江和贡江的合流处，自然名为赣州了。

相传，赣州原来也不叫赣州，而叫虔州。因为山高林密，经常有土匪闹事。朝廷多次派大员来这里平息匪患，最著名的有辛弃疾、王阳明。著名诗人辛弃疾还在赣州章贡合流处的郁孤台，留下了著名的诗篇，诗曰："郁孤台下清江水，中间多少行人泪。西北望长安，可怜无数山。青山遮不住，毕竟东流去。江晚正愁余，山深闻鹧鸪。"

王阳明，这位驰名中外的著名学者，曾在赣州做过知府，创立了心学。他在赣州做官期间，不仅平息了江西、广东、福建三省边区的匪患，使老百姓能得以生息，而且与创立独特的赣州话有着不解之缘，留下许多佳话。

蒋介石派他的公子蒋经国到赣州来做专员，实际上也是来剿灭红军的。

由于这个地方土匪闹事频繁，难以平息，朝廷认为虔字是虎头，不吉利，于是虔州改成了赣州。

通过这次邮寄事件，我知道了办事要严谨细致，不能马虎大意，随心所欲。

在这个三江合流之处，董必武、郭沫若等也都留下了他们的诗句和手迹。

住在这幢小洋楼的时光，我们参观了农业展览馆，这对我是一次极大的震撼。我这个山里来的伢子，生在农村长在农村，自以为懂农业这套东西，对种稻、种豆、种菜的知识不仅了解，而且有反复的实践经验。然而，我真是井底之蛙，在那个小山村，拢共加起来所种的农作物不过十几种，连西红柿、花菜这样的好东西都未见过。而上海展览馆展出了成千上万种农产品，这使我大开眼界，从此才知道世界之大。

在这里，我们参观了上海西郊动物园。那里集中了世界上各种各样的动物，让人眼花缭乱，那梅花鹿、那大河马、那美丽的天鹅……无一不冲击人的眼球。在我家乡一个地级市的动物园里，仅几十种动物，其数量和规模恐怕不及上海动物园的百分之一。那次参观，让我终生难忘。

在这里，我们参观了虹桥国际机场。那望不到边的跑道，数不清的大、小飞机，不能不让人震撼；那茫茫天际，天空之高远，宇宙之无限，让人感到心旷神怡、胸襟宽广……

在这里，在这座小院，我们第一次穿上军装，第一次学会卸枪擦枪，第一次学会打枪，第一次学会投弹；第一次学会打草鞋，第一次学会补衣服；第一次学会打羽毛球、打网球；第一次看见柏油马路，知道马路边的树叫梧桐树；第一次看到车水马龙的繁华景象，见到衣着讲究的上海人；第一次知道菜农的称呼，也是第一次吃上西红柿……许许多多的第一次在这里发生。

一年后，我们重返这座小洋楼，执行一项特殊任务，这是后话。

21年后的1991年，当我带着一支演出队，从虹桥机场，路经此

1971年，作者在上海郊外留影。

地时，看见小洋楼依旧的模样，颇具亲切感，引起心中对它无限的思念，感慨万千。可惜，无法再去看看这个曾经战斗、生活过的地方了。因为，2010年我到上海参观世博会坐车路过此地时，再也没见着这座小洋楼了。

在这里，在这座小洋楼里，也给我留下了许许多多不眠之夜。就在我住的小楼围墙外，有一条泥泞的小路，下雨时泥泞不堪，高低不平，留下许多坑坑洼洼。凌晨四时，菜农踩着三轮车送菜进城，发出刺耳的咔嚓咔嚓的响声。这声音次次将我从梦中惊醒，醒后再也无法入睡，以至几十年后仍在脑中留下这嗡嗡的响声，落下后遗症。在那个时光，我常常睁眼躺在床上，想起那贫穷的家乡……

第二章　苦涩的记忆

5. 草丛中的啼哭

“南京路上好八连”是我在读初中时听到的故事。那些故事给我以十分神秘的感觉，使我深深地爱上了故事中的英雄，向往着他们的战斗生活。“香风”“毒雾”就是那时候学到的名词。

本来，当兵就几经周折，十分不易，如今来到了英雄的连队，全国人民都敬仰爱戴的“南京路上好八连”，能成为一位“好八连”战士，那是件多么不容易，而又多么自豪、多么光荣的事啊！如今，我身临其境了。

特别是“好八连”的第一课，给我以巨大的震撼。因为这些英雄的事迹是常人难以做到的，尤其是在大上海，中国最繁华的南京路上就更难做到。有不少事，如穿草鞋，是我幼年亲身经历过的事。正是这些平凡而又伟大的事，把我带进那苦难的童年……

1949年农历十月初二（公历11月21日）晌午，中华人民共和国的礼炮声还在天际回响，伴随着解放战争的硝烟，在江西赣县东北角一个小山村破旧木板房后院的杂草丛中，传来了一声婴儿的啼哭。刚刚洗完一大桶衣服的母亲，来不及做好任何准备，就把我生在杂草丛中。这个时间正好是晌午的十一二点，为午时时分。都说“男孩要午不得午，女孩要子不得子”（即旧时的午时和子时），我算是在最好的时辰降生了。

长年卧床不起，又因白内障双目失明、见不到光明的父亲，在床上勉强支撑起身体，连连说“天亮了，天亮了……”，于是我的名字“明光”应运而生。母亲抱起我，用带锈的剪刀剪去脐带。见是个儿子喜出望外，饱含着难以名状的泪水，洗干净我身上的血污，用破布将我包起，抱进了一间黑屋，放在铺满稻草的木板床上。我刚来到人世，睁开眼睛看到的明媚阳光和充满生机的绿色，转眼就消失了。不过，日后这个杂草丛生的小院，却给我留下了无穷的欢乐……

生孩子是母亲的大事，也是女人最痛苦的事，用医生的话说，那是一道鬼门关。然而，已是44岁高龄的母亲生下我，别说没医生，没接生婆，连照料的人都没有；唯一能帮忙端个开水的是年仅4岁的姐姐，她是邻村的一位妇女生下的一个女孩，母亲抱养时刚满月，名叫丁秀香。母亲抱着我静静地躺在床上。几个小时后，她艰难地撑起身子，炒了两个鸡蛋吃，就算是坐了月子。她紧紧地抱着我，生怕再被恶魔抢去，泪水涓涓流下，一滴又一滴，滴在我稚嫩的小脸蛋上……谁也想象不出这个做母亲的有多苦。

2007 年，作者拍摄的老家土屋。

几十年后，当我的妻子赵诗贞生下两个儿子和儿媳杨慧生下孙子黄熙尧坐月子时，我时常想起我那可怜的母亲生我时那段十分悽苦的日子。

从此，我就在这破旧木板房躲避风雨，在后院的杂草丛中捉蟋蟀，在门前的水塘里捞萍，在路边的小溪里打鱼，在溪岸上的水田里捉泥鳅，在歪脖子樟树上乘凉，在后山上放牛、砍柴、摘野果，在田野里饱吸家乡的甘露……

6. 可怜的母亲

母亲姓曾，叫雪娇，出生在一个只有几户人家的小山沟里。

母亲因家境贫困早早出阁嫁人了。很快，生下三个男孩，生龙活虎，甚是可爱。那时的母亲总是露出灿烂的微笑。

然而，更让她满心欢喜的是，丈夫参加了红军，红军取得了节节胜利。因为丈夫是红军战士，红军的胜利就是她丈夫的胜利，自然，也是母亲的胜利。那是母亲一生中最快乐、最幸福的时光。

1985年，作者（右）和母亲在一起合影。

可是，好景不长，随着第五次反围剿的失败，红军被迫转移，母亲的丈夫踏上了长征路。一个年轻的村妇，带着三个孩子，苦熬了三年。按丈夫的嘱咐，三年后如活不下去，为了孩子她可以改嫁，别再苦等他。那时的母亲，亲眼所见在家乡平固江的沙滩上，摆满了死人，就像被劈下来的柴一样多，一块又一块，满地都是。可她怎么也不会想到，丈夫早就牺牲在长征路上那场惨烈的湘江战役中……

然而，一个“土匪婆”，又拖儿带女，无人敢要。母亲只好嫁给了一个当过红军、做过苏维埃村主席、脚负枪伤无法跟随大部队走的人，他就是我父亲，叫黄兴发。父亲因当过红军，颇受歧视打击，很难立足。母亲又带来三个男孩，大的仅六岁，家境非常困难。为了生存，父亲只好去做牛生意，生活才渐渐有些好转。

然而，命运总是不公。母亲带来的三个孩子，一个个因得病无钱医治而夭折。据母亲说，其中一个因玩耍一小铜钱，不小心吞到肚子里，无法手术而亡。嫁给父亲后，可怜的母亲接下来一连生了七胎，也因缺医少药，一个也未能存活。有几个只是因为生下来不会哭，只要在屁股上打几下就可活过来，可惜，在那个愚昧的乡下，没人懂得啊。

算起来我是第十一胎了，也是最后一胎，母亲抱着我，面对着一贫如洗的家，面对着双目失明的父亲，泪水如何能止得住！

好在老天有眼，随着家乡的解放，总算有了转机，不久，农村开始实行土地改革，我家分到了属于自己的土地。尽管没有劳动力，但凭着母亲强壮的身体，辛勤的劳动，总算能吃上一口饭。那时，我家已是五口之家，母亲、父亲、姐姐、一个带来的哥哥和我。带养姐姐时，父亲已50多岁，母亲也40岁了，因膝下无子，父亲张罗带了个哥哥。据说哥哥是捡来的，谁都不知道他的亲生父母在哪里，也许是因家境贫寒无力养活而抛弃的。没想到还真越带越发，几年后就有了我。哥哥从小在离村子十五里外的奶妈家带着。每年几乎要拿出家中的全部收入给奶妈家，因此家境越发陷入困境。我出生那年，哥哥、姐姐都比我大4岁。哥哥到9岁时才回家，我才开始见到他。他因在奶妈家缺少教养，打小养成了不少恶习，不喜欢做事，懒得很，十几岁还在床上撒尿，还不时背地里拿人家一点小东西，常给母亲惹麻烦。以至于后来在别人挑唆下与母亲不和。

那时父亲双目失明，已开始行走不便，不久就瘫痪在床。一家五口仅靠母亲一人维持生活，其境况可想而知，别说吃鱼吃肉，连油盐都常吃不上。一床棉被五人共盖，还是母亲前夫的抚恤金买的。因为没有牛，耕地就靠母亲一镰铲一镰铲挖出来；割禾收稻靠母亲一人一禾刀一禾刀收回来；推砻踏米靠母亲一双手做出来；没柴烧靠母亲从五六里外山上砍回来；种稻种薯，种菜种豆，养鸡养鸭，牵牛圈猪，还有挑水抗旱，赴圩送粮，全靠母亲一双手。也不知道她哪里来的劲，自从生下我以后，从未见她停息过，也未听她喊过累。其实她很累，我常常看见她坐在一处一动不动，常常看见她躲开来流泪。她累，可她喊给谁听呢？！她苦，可她给谁诉说？！就这样，母亲靠这双勤劳的手，艰难地维持着这个濒临倒掉的家。

7.抹不去的记忆

从我记事起，我们穿的破衣破裤都是邻居给的，到了冬天最冷时基本上不出门。直到16岁那年，家里卖了头猪，母亲才给我和哥哥做了件棉袄。

记得小时候经常因饥饿而哭，邻居老奶奶见了，非常同情，时不时盛上一碗饭，挟上块豆腐乳给我吃，吃完就不哭了。

打小有了病痛，从不敢请医生，也从未吃过药，最多只是采点草药，诸如黄精子、橙皮壳、丝芒根之类的熬汤喝；再就是刮痧，这是最有效的办法，每刮完一身痧就一身轻，病也渐渐地好了，每逢刮痧，尽管很痛，但却不哭。

在我的印象中，母亲带着我们吃了上顿没下顿，而母亲总是把能吃的、好吃的省给我们吃，能穿的、好穿的省给我们穿。从小到大，我没见母亲穿过一件新衣裳，总是补丁打着补丁；也没见母亲穿过一双新鞋，总是赤着脚或穿草鞋上山砍柴，下地干活。可家里再苦，就是讨也要讨块碎布来，给我们每人做双布鞋，不过，只是用来晚上洗脚用的，平时也只能打赤脚或穿草鞋。

正因如此，当我在“好八连”学打草鞋、学补袜子（我小时没穿过袜子）时，给我以强烈的震撼。我从不觉得这是丑陋的，而是高尚的。正是这种劳动人民的本色、这种艰苦奋斗的精神，铸就了我们的人民军队，铸就了光荣革命传统，铸就出了好作风，铸就出了一代又一代的英雄，铸就出了“南京路上好八连”。几十年后，当我参加工作，每逢捐衣物时从不捐破的，起码也八成新。

记得有一次大雪纷飞，大朵大朵的鹅毛大雪，把大地盖了个严严实实，就像披上了一床宽大的棉花，把天和地连在一起。我从几里外的学校回家，不得不穿着仅有的这双布鞋，行走在厚厚积雪的山路上。布鞋毕竟是布鞋，面对积雪是不管用的，没走多远就湿透了。回到家里，脚红肿得像个大红萝卜，母亲抱着我的脚大哭。可我却无所谓，因为虽说有的孩子穿雨鞋，但也有不少穿布鞋的，第一次遇上这样的事还觉得好玩。然而，我并不知其危害，那次以后，我的脚每年都生冻疮。不过，这也许是山里孩子的本色，他们从小就在山里练出来了。山高路远，寒风雨雪，都是这样过来的。他们在这种艰苦环境中，练就了一双铁脚板，像松树一样倔强地成长着。在我的童年里，除了与小伙伴们在门前的小溪里捉鱼，在歪脖子树上攀登的欢乐，剩下的只有苦涩。可以说，没吃没喝，没饱没暖，饥寒交迫和孤儿寡母受欺凌的人间疾苦都尝遍了。

2013 年，作者拍摄的老家村落。

在农村，孤儿寡母总是要受欺负的。记得有一次，家里养了几只鸭子，是用来换油盐吃的，有一天，别人的鸭子不见了，硬是说我母亲偷的，挥手就打我母亲。过后不久，他家的鸭子找到了，连个道歉也没有。在我小的时候，有的大队、生产队干部常常任意打我母亲，而我却无可奈何。这在我幼小的心灵里留下了抹不去的记忆。几十年后，我在市里做了官，回到老家，虽然并不记恨他们，但他们见到我总是很尴尬。

这说明一个道理，做人不能霸道，不能好欺就欺，更不能欺负弱小。俗话说，人不可貌相，海水不可斗量，欺负弱小的人算得什么本事呢？因此，我也从中受到教育，常常为弱者打抱不平，不顾后果挺身而出，这是后话。

8.饥饿的威胁

三年自然灾害时期，我正好10岁，是男孩长身体的时候，特别能吃，可从来没吃过一餐饱饭。起初大办食堂，首先欺负的是我们这样的家庭。生产队干部把我们家一口做饭吃的大锅拿走，用去办食堂，从此家无饮烟。而别家的锅头却仍然保留。

食堂办在一个叫�轩堂的公共祠堂里。那是个家族的祠堂，新中国成立前是用来殡死尸和烧香敬祖宗用的。新中国成立后，死尸再也不能进这个祠堂，于是就变成了村民开会和集体活动的地方。祠堂里摆着十几张简易的饭桌和板凳，到了吃饭时间，男女老少一呼啦集中在这里吃饭。大食堂垮台后的长时间里仍然是村民开会、记工分的地方，直到改革开放后才无人进入，又变成了殡死尸的地方，以致破烂不堪。后来族人凑钱修祠堂，我还为它献了首对联："筠竹高耸扶摇九天根深叶茂荫后代，轩才辈出播撒大地花香果硕慰先贤。"

每当我回老家，进入这祠堂都觉得毛骨悚然，倒不是因为怕鬼，而是这里留下了太多的记忆和苦涩……

食堂是配给制，像我这样的青少年，一餐只配给二两米，加上保管员等干部的克扣，远没二两米，炖在一个瓷碗里只半碗，吃了像没吃一样，饿了就只好跑去喝水。可我那可怜的老父亲连水都舀不到来喝，被活活饿死在床上……

记得那天夜里，正是大食堂快要垮台时，父亲嚎叫着要母亲给他做饭吃，不停地骂母亲把米饭藏起来了不给他吃，说煮的稀饭尽是水，见不到米粒，虐待了他。那声音之凄厉，情状之悲惨，我平生没听到第二次，至今还在耳边回响……

天刚蒙蒙亮，母亲赶紧找到队里的干部说明情况，要了几两米回来，煮稀饭给父亲吃。可没等稀饭煮好，父亲就已经哑了，临死也没能喝上一口稀饭。我跪在床前泣不成声，整个家像要塌下来一样。出殡时，用家中的破旧木板做了口薄棺材，放了几片瓦枕着头，找了别人用过的一穴旧墓埋了了事。此事至今想起来泪如泉涌。他一个双目失明瘫痪在床的人，除了一天配给他的半斤米吊命外，没菜、没盐、没油，其饥饿程度可想而知，别人可以去挖野菜，他动弹不得，无法做到，只能饿着，不停地叫我舀水给他喝。父亲是活活给饿死的。

大食堂很快就垮了。母亲也顾不了那么多，打蛮闯进食堂把我们家那口大锅抢回了家。锅是拿回来了，可无米可煮，母亲只有流泪的份。天无绝人之路，那时，我们家为队里养了几头牛，作为牛饲料的稻草堆放在我们家。母亲发现老鼠在稻草堆里钻，聪明的母亲认定稻草里准有谷粒。于是便命我们全家一齐动手，把一捆捆的稻草翻出来，用木捶一点一点去捶，把那些残留的瘪谷捶出来。捶出来的米，每天能煮上一顿稀饭吃。不过煮出来的稀饭，只见水不见饭粒，这在全村出了名。而母亲总把饭渣捞出来给我吃，自己只喝几碗米汤。在那个年月，什么大苋菜、萝卜菜、芋荷叶，甚至细糠都拿来充饥。这些蔬菜类的东西倒也可吃，可是也没得来吃。细糠我们从不敢吃，吃了拉不出屎。可怜的母亲却不得不吃，因而常常为排泄痛苦不堪。

1987 年，作者在老家石桥留影。

那时，为了活命，全家还不得不挖野菜充饥。有两种野菜让我记忆犹新，一种是叫臭枫叶的，煮着吃很难吃，炸着吃毫无味道；一种叫薯沟子的，长在水地里，这种野菜长出一粒小小的果实，倒也好吃，但果实太小，在水地里挖一上午也只一点点，远不够一人吃一餐的。

饥饿威胁着每一个人，尤其威胁着像我们这样的家庭。我们这样的穷人家，富裕人家借也不敢借给我们，我们无法还啊！当时发生一件事，对我来说也是永世难忘。一邻居的几升米不见了，硬说是我哥哥偷的，结果把我们家仅剩的几升米也一起抄家拿走了。母亲只能抱着我们大哭。然而，几十年后，他一家人出车祸，找我帮忙讨回肇事者应当付的赔偿，我不计前嫌，仍然帮他要回了那笔长时间没给的赔偿费。

9.读书的苦涩

母亲从未读过一天书，也不认识一个字。但母亲说什么也要送我和哥哥去读书。没有书包，能干的母亲捡来别人的破麻袋（旧时用来装米的麻布袋），为我们兄弟俩缝制了书包。小时候读书的生活是幸福的。尽管因为家里穷，被人瞧不起，但我也很争气，成绩总是不错。

学校就在本村清末时期那位县太爷主持建的“黄人学校”，现已改为黄屋小学。这座学校不仅有几十间大大小小的教室，还有大礼堂，用于全校师生集合的；虽说采光条件不太好，但毕竟管用；整个学校占地面积有几千平方米，颇具规模，方圆几十里也是数一数二的。

学校院子里有一棵绣球花树，常开着硕大美丽的绣球花。课余时常伴树游戏。奇怪的是，这棵绣球树对我们这些不爱护花草的顽童，并不计较，尽管它被我们踩得弯了腰，但绣球花却越开越多，越开越盛，越开越美丽好看，给我留下了极美的印象。

据老人们说，蒋介石儿子蒋经国，在赣州做行署专员时，十分重视教育，亲自为这所学校题匾。可惜的是文化大革命时，该匾销声匿迹，不翼而飞了。1991年，我就此事起草了一份报告，向当时的行署专员刘祖三做了汇报，刘祖三专员立即做出批示，指示扶贫办拨款对该校改造重建。扶贫办拨出一笔钱重建了学校。现在采光条件好多了，村民们都拍手叫好。也算是我对这所启蒙母校尽了一点心。

由于哥哥学习成绩不好，只好留级辍学。我则考上高小继续读书。高小设在离村五华里外的清溪村大庙前，是一栋两层土房的新教室。因为路远，学生都要住校，可家里没被子，这事真难坏了母亲。母亲只好设法托人，找到同村在一起读书、家里有被子的孩子，同他们搭铺。同意我搭铺的是一家做糖果生意的孩子。他家条件较好，人也不错。我们住在一个黑乎乎的楼上，同住了两年。几十年后，我将一块几丈的红布叫他代卖，其实我没问他要过钱，也算是一种报偿吧。

在清溪读高小的日子，异常艰苦。先前用破麻袋缝的书包早已破了。我只好用母亲做鞋底的麻绳捆着书包上学。每逢星期一早起，赤着脚步行到数里外的学校，星期六下午饿着肚子回家。

那时读书寄学，每星期只带几斤米，每餐二两，另带一瓶用番薯叶做的咸菜，吃上一星期。由于口粮太少，又正是少年成长时期，常常饿得难忍，实在忍不住就抓生米吃，一天一小撮，到星期六就完全没米了，只好饿着肚子上课，直到中午两点回到家里，才能吃上一顿半饱的饭，还是母亲靠吃野菜省下来的。

因为家里穷，又是孤儿寡母，还常受富家子弟的欺负。一位长得人高马大的同学，不好好读书，仗着家里做豆腐坊有几个钱，净干些打架斗殴的事。在一次放学回家的路上，他联合了几个人无缘无故拦住我，不让我从桥上过，否则就打我。我只好绕道从山上回家。此事双方留下了印记，当我成为大队干部、生产队干部时，他见着我总是尴尬地低头绕道而行。平心而论，我从未记他的仇，更未利用权力报复过他，不仅如此，还以扶贫名义资助过他。

由于我的刻苦学习，终于考上了中学。中学在离家十几路的南塘圩镇。读中学时，国民经济好转，国家关心我们这些青少年的健康成长，每人特供给33斤大米。因为穷，我们家连一毛多钱一斤的大米也买不起，母亲只好拼命砍柴卖，换几个钱来买这些大米。33斤大米对我们来说是一笔不小的财富，虽说不是很够，但却很满足了。

吃菜，除仍像先前一样带一瓶酸菜外，因为有了自留地，还可带上一袋自种的芋头。酸菜吃完了，把芋头洗干净，放在厨房蒸熟，去掉芋毛，放上几粒盐，油是绝对没有的，但当时感觉已是最好吃的菜了。那时母亲仍处在饥饿中，记得每逢母亲给我送柴到学校来，我把省下来的米炖上一钵饭给母亲吃，看着母亲吃完这钵饭，心里不知道有多舒服。

最大的问题还是没有棉被盖。原先高小的那位同学没考上中学，母亲又只好去求另一家人，安排好搭铺之事。然而不久，不知什么原因，我腿上长了块癣，同学怕传染，不让搭铺，三更半夜走

1990年，作者在老家田野留影。

投无路，只好到一个高年级的同乡那里要求搭铺，勉强挤了一夜，他们也不欢迎。后来找了村里的土医生，给了一瓶小小的癣药水，一搽便好了。这其中的痛苦和屈辱真是无法言状。

在南塘中学，不仅要在家砍好柴挑到学校，在学校还要轮流挑水。学校在山坡上，水井则在溪边，挑一担水，要上下一百多级很陡的台阶，这对我们这些未成年人来说是很吃力的，常常累得满头大汗。这些劳动尽管累，但对我们来说习惯了。

在中学的日子，有几件事使我终生难忘。一次，我好不容易借到一本《林海雪原》的小人书，因要求尽快归还，只好在上地理课时偷看，不巧被老师发现没收了，怎么求情也拿不回，我无法面对这个同学，直到学期结束，地理老师才叫我取回那本小人书。这件事对我触动很深，一方面我错了，另一方面也因家里穷、买不起小人书，才造成这个后果。我一直是个守纪律的学生，只是当时求学心切。

另一次，是在中学二年级时，母亲一病不起，我旷课半月，数学考试只得了个及格，数学老师把我叫到办公室谈话，这是唯一一次老师找我谈话，因为我平时的数学都在85—95分之间。由于母亲久病不愈，为照顾母亲，我长时间无法上学。班主任胡老师步行十几里到我家家访，使我感到学校老师的温暖。

最让我难忘和内疚的是另一件事。不知什么原因，我左手食指发炎红肿发脓，疼痛难忍，上课时常常疼痛得低头流泪。语文课谢信松老师见状问清情况，自己掏钱带我到医院治病。虽然只花了一元多钱就治好了，但我发誓日后要报答他。可是我离开学校后，再也没见过这位可敬的老师，更无法报答他。

10. “闹红”村的故事

和举世闻名的兴国将军县一样，与兴国毗邻的老家也参加了如火如荼的“闹红”。

听老人们说，那时的情景真让人无法回忆，村里16到45岁的男人都上了战场。为了动员他们参加红军，村里的姑娘几乎早早出嫁，答应成为他们的妻子。她们用青春和爱情诠释了对革命的热情和向往，以致于她们的丈夫后来大多数都牺牲在战场上和长征路上，使她们早早地成了寡妇，守望着红军胜利的那天……

2010年，作者拍摄的老家祠堂。

在我的记忆中，村里人是那样的纯朴、实在，从不言虚假；是那样的节俭、勤劳，从不言苦累；是那样的宽厚、助人，从不言报答。他们辛勤地耕耘着这块上帝赐予的土地，培育出一代又一代子孙。主持公道的大队长黄升逸，助人为乐的大队书记罗定海，心地善良的粮管所长黄立洲，秉公直言的乡长黄升华，儿时的伙伴黄宝玉、黄丁秀、黄光汉、黄立锌……还有在这块红色的土地上孕育出来的黄少华、黄冬梅、黄元凤等后代儿女们……他（她）们就像鲁迅小说中的闰土，给了我许多欢乐，许多帮助，至今难以忘怀……

特别是做了几十年大队书记的黄心谅，他是我见到的最能把穷苦人冷暖放在心上的共产党员。

在儿时的记忆里，黄心谅一家人“闹红”故事，深深地震撼着我的心灵。这个从小受尽苦难的贫农代表，这个以老百姓疾苦为己任的共产党员，以他几十年的书记生涯，以他全心全意为村民服务的实践，以他对共产党的无限忠诚，以他对共产主义的坚定信念，在我们这个小山村里树起了一座两袖清风的丰碑，一座真正共产党人的丰碑，一座做人的丰碑。村里人早把黄心谅与共产党画等号，他就是共产党在农村的化身。哪家无米下锅他帮着借，哪家过年没肉他送上门，哪家孩子不能上学他奔走过问，哪里脏了他出现在哪里……

黄心谅的母亲——一个早年的革命者，由于红军长征，白狗子反攻倒算而被捕。面对她吃奶的孩子，反动派却恶魔般地剜去了她的双奶后枪毙。反动派做绝了世上绝无仅有的惨无人道的事。但她坚贞不屈，英勇就义，在村里留下千古美谈。这位宁死不屈的伟大母亲，这位视死如归的伟大女性，在村里树起了一座不朽的丰碑。虽然我们这一代人都未见到过她，但她却像王母娘娘一样永远活在我们心中。

黄心谅的父亲——一个村里人都叫他"照子"的略微驼背的老头，早年用稻草绳背起三个失去妈妈的孩子到处乞讨，受尽了人间苦难。然而，正是这个老头，在我幼小的心灵中留下了不可磨灭的印象。

我还是小孩时，他并没抱过我，也没给过我吃的，没给过我穿的，甚至天天见面连话也没说过一句。然而，他为保护村里的山林，每天清晨打着铜锣，走过村里每家人的门前，是那样的准时、那样的尽职，锣声是那样的清脆。这锣声至今还在我耳边回响。随着清脆的锣声，他每天喊着一句话："封山育林，禁砍后龙（即屋场后的山林）。"开始只觉得新奇，一点也不觉得有什么意义。久而久之，觉得锣声悠扬好听。随着锣声的重复响起，村里屋后的山林茂密起来，野果满山，大树参天。长大后，我时常想起那位不起眼的老人。因为自他去世后，村里屋后的山林便一片荒芜，光秃秃的，再也见不到昔日山高林密、古树参天的景象了；再也不能到山上摘采野果了。更糟糕的是，对我们这一代人的报应，那年月几乎年年干旱。每当我去抗旱，戽水、车水时，那老头就会出现在眼前，那铜锣声就会悠扬响起……

第三章 千里野营

11. “两个务必”起家

三个月的新兵连军营生活终于结束了。1971年3月上旬，新兵连战士全部来到了“南京路上好八连”，那激动的心情是难以名状的，每一个人的脸上都洋溢着笑容，心里有说不出的高兴。

那时，“南京路上好八连”的番号是中国人民解放军6387部队43分队，隶属于中国人民解放军上海警备区。

这是解放军序列中最年轻而普通的一支连队，是由“两发半炮弹”开始的。所谓“两发半炮弹”，就是在解放山东莱阳的战斗中，三发炮弹只打响了两发。连队就在这隆隆的炮火中诞生。

中国共产党七届二中全会会址（资料照）

据记载，1946年6月，国民党反动派重点进攻山东解放区。1947年3月，山东胶东半岛展开了激烈的战斗。当时，在党的领导下展开了保卫家乡、保卫胜利果实、参军参战的支援前线运动，山东省文登、莱阳县两地人民纷纷参军。1947年8月6日，在山东莱阳城西水头沟小园村，华东军区特务团把新参加解放军的几十个胶东农民编在一起，组成了该团的四大队辎重连。为了适应形势的需要，同年8月，由地方武装上升为山东军区（现济南军区）的特务团，将只有两门大炮、三发炮弹的辎重连改为炮兵连，后炮兵连改番号为华东军区警卫旅特务团一营一连，担负中共中央华东局和华东军区机关的警卫任务。同年10月，通过“三查三整”，全连指战员觉悟大提高，在山东环县打了一仗，出色地完成了战斗任务。1948年春天参加了山东潍县潍坊战斗，很好地完成了任务。同年9月，在济南战役中，与兄弟连队配合战斗，立了战功。1949年进军江南，驻军旦阳学习整顿。同年5月，连队参加了解放上海的战斗。1949年5月5日上海解放，连队进驻上海南京路执勤，驻在南京路上，就是现在的国际饭店旁边，当时住在仓库，执行保卫上海的任务。同年6月改编为三营八连的番号。此后，从1949年一直到1960年连队都驻守在南京路上。1960年以后驻在淮海路，保卫华东局机关，曾经多次执行保卫毛主席的任务。

1963年4月25日，国防部正式命名其为“南京路上好八连”，自此，它再也不是普通的连队了。

1964年5月“南京路上好八连”离开了上海，到山区执行野营任务，在安徽楚县磨盘山上进行野营训练。1965年从磨盘山上撤回上海大场营房。此后，一直到文化大革命，开始转入了“三支两军”工作，分别在桃浦花工厂、上海市中学红代会执行“三支两军”任务；1968年9月21日全连全面进入“三支两军”，在85所中小学执行任务。1971年后的几年，“好八连”除了驻扎在大场营房外，在外野营拉练一个月，在南汇县围海造田1个月，在淀山湖游泳训练1个月，在崇明岛种田6个月，在虹桥镇营房保卫虹桥机场约2个月，在宝山营房驻扎约2个月，之后，较长时间在人民广场执勤、站岗、巡逻。

毛主席曾把共产党进北京掌权比作“进京赶考”，当时，这个“考场”最复杂的要算上海，而上海最复杂的要算南京路。人民解放军进驻上海后，国民党留下的反动残余势力，采取“腐蚀拉拢加破坏暗杀”等手段进行抵抗，并公开扬言：上海是个大染缸，不出3个月，要让共产党“红的进来黑的出去”。

随着解放大军的南下，“好八连”在解放上海的战役中进驻上海。由于纪律严明，进城后不扰民，自愿睡在马路边上的屋檐下，这是他们的真实写照。连队在驻守上海的岁月中，保持了革命军队艰苦奋斗的光荣传统，处处为上海人民着想。市场上没蔬菜卖，连队把自己步行几十里到郊外种的菜送到市场上给群众吃，自己却吃黄菜叶子；把能御寒的衣服给老百姓穿，而自己的衣服却补了又补；在繁华的南京路上穿草鞋，把自己省下的鞋子给灾区群众穿；把迷路的小孩领回连队细心照料，千方百计送回家；顶住“香风”“毒雾”的引诱和侵蚀，一次又一次地粉碎敌特对上海人民的袭扰破坏。

连队以毛主席在党的七届二中全会上的报告为座右铭，牢记“两个务必”，不骄不躁，艰苦奋斗，在上海人民中树起了一座丰碑。战士们豪迈地说：“革命战士穿草鞋，香风臭气脚下踩。”从1958年起，上海人民就传颂着南京路上有一支英雄的连队，当了解到他们是某部八连时，就称其为“南京路上好八连”。

从打响“两发炮弹”开始，到“两个务必”起家，“南京路上好八连”走过的不同寻常的道路，是很值得人们回味和深思的。

1959年7月23日，《解放日报》第一版刊登了题为《南京路上好八连》通讯，紧接着，上海《文汇报》等各媒体都争相报道了“好八连”事迹。从此，“好八连”的事迹开始在上海人民中传颂，在各大报刊上登载。当时全国流传着一首歌，歌名叫“南京路上好八连”。歌词曰：

好八连，八连好，八连的红旗举得高；

毛泽东思想来武装，“香风”“毒雾”刮不倒。

八连好啊八连好，八连红旗举得高。

好八连，八连好，八连的作风真正好；

勤俭朴素过日月，艰苦奋斗传家宝。

八连好啊八连好，八连作风真正好。

好八连，八连好，八连的官兵团结牢；
阶级兄弟同甘苦，革命路上心一条。
八连好啊八连好，八连官兵团结牢。
好八连，八连好，八连的红旗处处飘；
学习八连好榜样，保卫祖国立功劳。
八连好啊八连好，八连红旗处处飘。

这首歌充分反映出“好八连”对上海人民的影响。自那时起，“南京路上好八连”深深地扎根在上海人民心中，扎根在全国人民心中。可以说，“南京路上好八连”是上海人民喊出来的。“好八连”的英雄事迹引起了党和国家领导人的高度重视，1963年4月12日，周恩来总理接见了“好八连”指导员刘仁福。1963年，我党我军我国人民在战胜了三年自然灾害后，为了表彰他们的英雄事迹，4月25日，中华人民共和国国防部正式命名连队为“南京路上好八连”。1963年5月5日，南京军区在上海市大礼堂召开命名大会，时任国防部副部长的许世友将军宣读了国防部命令，并代表国防部授以“南京路上好八连”锦旗。同年8月1日凌晨，毛主席在南京写下了光辉的《八连颂》。这首以赞扬“南京路上好八连”、赞扬我党、我军、我国人民优良传统和英雄气概为内容，以三字经形式写成的长诗，震撼了全党、全军、全国各族人民，被誉为建党建军的纲领性文献。其中的思想，至今并将永远闪烁着毛泽东思想的灿烂光辉。

毛主席写了《八连颂》后，紧接着，朱德、邓小平、刘少奇、陈云以及陈毅等元帅相继为“好八连”题词。邓小平的题词语出惊人：“一贯保持光荣传统的，保证走向共产主义的、集体的标兵——南京路上好八连万岁！”由此而有人称“好八连”为“万岁连”。有评论说，一个国家领导人高呼一个连队万岁，这在党史军史上还是第一回。这位改革开放的总设计师，还在28年后的1991年由总政出版的一部《南京路上好八连》题了书名。从此，“南京路上好八连”更是名扬海内外，不仅国内收到数以万计的信，而且海外有几十个国家来访。在那个反帝反修的年月里，还受到美帝国主义和苏联修正主义的攻击。因此全军掀起了学习《八连颂》的热潮。当时，全国有一个口号，叫作：农业学大寨，工业学大庆，全国人民学解放军；军内还流传一句口号，叫：解放军学“好八连”。

来到“好八连”的第一天，一定是上“第一课”，讲艰苦奋斗，讲“两个务必”，讲《八连颂》，不过这是正式的第一课了。讲艰苦奋斗必定讲连队的光荣传统；讲光荣传统必定讲三件宝：百宝箱、纸糊信封、针线包；讲“五个一”：即一滴水、一度电、一粒米、一寸布、一分钱；也必定要讲打草鞋、穿草鞋；讲拒腐蚀、永不沾，抵制“香风”“毒雾”，打退资产阶级的进攻。不过，这一课与新兵连相比，却更正规、更全面、更深刻，更富有重要意义。当时的连长王振华、指导员邵金城讲的这第一课，似乎有着更深切的体验。他们强调八连是靠“两个务必”起家的，艰苦奋斗是我们的传家宝，勤俭节约是我们中华民族的传统美德。我们可别小看这平时一点一滴的小事，这里面有艰苦奋斗的精神。即使将来我们国家富裕了，艰苦奋斗的精神也不能丢。他们从理论的高度，阐述了艰苦奋斗的重要意义，阐述了“两个务必”的必要性，给了我们深刻的教育。他们说，毛主席在延安时给青年上露天课，第一课就是讲艰苦奋斗。毛主席说，第一条学会打草鞋、挖窑洞、吃小米。草鞋与革命传统有关系，生活要上低标准，政治上要高标准；要具有无产阶级远大理想，艰苦奋斗，不管过去、现在和将来，都是重要的；没有一个远大理想，是不能保持艰苦奋斗作风的。在那个打草鞋日子里，有一首顺口溜颇有趣，抄录如下：

一双草鞋脚上穿，
迈步走上井冈山。
红米饭，南瓜汤，
一条大路金光闪。

一双草鞋脚上穿，

长征万里到延安。
窑洞里，南泥湾，
艰苦奋斗战敌顽。

一双草鞋脚上穿，
南京路上把岗站。
拒腐蚀，永不沾，
身居闹市尘不染。

今天咱把草鞋穿，
艰苦奋斗万代传。
为人民，几十年，
继续革命保江山。

1963年，还在中学读书时，正值全国号召学雷锋、学“好八连”的年代。说实在的，那时我对“五个一”——修修补补、穿破衣服、打草鞋、穿草鞋，不以为然。因为在家乡，在童年，我们农家的孩子，本来就是穿草鞋、穿破衣服；至于修修补补更是家常便饭；米饭，吃都没有，哪还谈得上浪费；布就更珍贵了，再破也舍不得丢掉，实在不能用也会用来做抹布，祖祖辈辈都是这样过来的；至于水，家乡有的是，不过得自己去挑；电，那时农村根本没有，用的是松明子照明。总之似乎一切都是再正常不过的事。

然而，这些中华民族几千年传下来的节俭的本色，这种艰苦奋斗的精神，却被一支胜利了的军队，在中国最繁华的大上海，十里洋场的南京路上保持下来。这不得不让人感到神秘而又不可思议。不能不让人感到心灵的震撼，感到它的伟大而又光荣，感到它是那样的了不起，让人亲切、尊敬，使人折服。特别是电影《霓虹灯下的哨兵》放映后，更是感到他们是真正的英雄，非常了不起，是真正最可爱的人，也是我心中最敬佩的人。这是中国共产党在长期的武装夺取政权的斗争中培育出来的一支新型的人民军队，是一支举世无双的军队。正因为如此，这支军队才无往而不胜。其实，说它神秘并不很神秘，因为这种艰苦奋斗的精神，看起来是小事；但又很神秘，因为这样的小事，有人做得到，有人做不到，尤其在富有时更难做到。然而，“好八连”做到了。而且是在全国最大的城市大上海，在大上海最繁华的南京路上做到了。这就耐人寻味，让人不得不感到神秘了。实际上，这是一种革命精神，一种创业精神，舍弃这种精神，任何政党和个人都做不出伟大的事业来。

“好八连”“一粒米饭”的故事传遍全国，深入人心。他们舍不得浪费一粒米饭，把掉在桌子上的饭粒捡起来塞进嘴里，却把省下的粮食送给灾区人民。事实上，这一举动不是“好八连”创造的，中国的老百姓自古以来就是这样做的，这是中华民族的传统美德。只是“好八连”在大上海繁华的南京路上，在配给他们有限的粮食中，省吃俭用，一粒一粒节省下来送给人民，这就是它的伟大之处。也许年轻人根本不知道，就连伟大领袖毛主席和周恩来总理等老一辈无产阶级革命家也是这样做的。毛主席身边的警卫员说掉在桌子上的饭粒不卫生，毛主席却说，你可别小看这几粒米饭，那可是一种精神！毛主席的艰苦朴素是让人难以想象的，一条毛毯被补了63块补丁，一双拖鞋用了几十年。他用这种艰苦奋斗精神带出了一代共产党人。江西老将军甘祖昌回家务农，笔者曾专程去过他家，你简直不敢相信这是一位将军的家，它和农民家没有丝毫区别；他从不买价值一块钱以上的菜吃，从不扯一块钱以上一尺的布做衣穿。这种艰苦奋斗、勤俭节约的精神和作风，体现在那个时代的每一个人身上，整整教育、影响了几代人。

12.必修课

来到“好八连”，有一堂必修课，那就是学习《八连颂》。毛泽东为“好八连”写下的《八连颂》铁骨铮铮，气吞山河。现敬抄如下：

好八连　天下传
为什么　意志坚
为人民　几十年
拒腐蚀　永不沾
因此叫　好八连
解放军　要学习
全军民　要自立
不怕压　不怕迫
不怕刀　不怕戟
不怕鬼　不怕魅
不怕帝　不怕贼
奇儿女　如松柏
上参天　傲霜雪
纪律好　如坚壁
军事好　如霹雳
政治好　称第一
思想好　能分析
分析好　大有益
益在哪　团结力
军民团结如一人
试看天下谁能敌

（见1982年12月26日解放军报第一版）

据考证，这是毛泽东一生仅此一次以诗的形式赞扬一个连队。当时，军内是把这首诗作为建军纲领来学习贯彻的。“好八连”这个必修课大到军区、警备区首长，小到师团领导，都要亲自过问，亲临指导。我在连队时，就曾经聆听一位首长对学习《八连颂》的指示（根据记录整理）。

八连要在学习《八连颂》上下功夫，用《八连颂》来检查和发现我们的问题。《八连颂》里面代表了我们军队的建军思想。我们军队的好思想，集中在“两个务必”和《八连颂》里面。对《八连颂》的理解不要光是艰苦奋斗。《八连颂》不是一个简单的要求，因此要好好学习。要对《八连颂》一个字一个字地分析。要用《八连颂》好好教育部队，教育干部、战士。

《八连颂》是毛主席提出的建军方向，里面具体地提到了：八“个不怕”，“五个好”，这都是方向。到八连的第一课，就是要上好《八连颂》这一课。八连要以《八连颂》的思想作为标准。八连要在《八连颂》的鼓舞下前进。《八连颂》就是连队建设的方向。

《八连颂》突出了我们党的光荣传统。对八连的培养，应该从这个方面培养；提高，要从这方面去努力提高；落实，要从这方面去落实。

八连的基础一定要搞好，要正确对待荣誉，没有一个共产主义的精神是不行的。到八连来这是很光荣的，八连是一个集体，来到八连要爱护八连荣誉。八连的同志要好好学习《八连颂》。不能骄傲，骄傲了就会落后。总之，八连要过硬，就要按照毛主席的《八连颂》来建设。

“好八连”这个必修课，连队首长更是特别重视，不仅亲自讲解，时常还请专人来辅导。下面是我的课堂学习笔记。

——这首诗有着深厚的历史背景，它是中国人民在党的领导下战胜了三年自然灾害的时候写下的；是在国际上“三尼”（肯尼迪、尼谢·赫鲁晓夫、尼赫鲁）大反华的形势下写的。当时印度侵略了我国领土，美帝指使蒋介石反攻大陆，苏联修正主义逼债，我国面临国际经济封锁，中国人民不怕妖魔鬼怪，毛主席在《八连颂》里用“八个不怕”“五个好”来赞扬全国军民。《八连颂》的伟大意义，在于大长了全国军民的志气，大灭了帝、修、反的威风，是对全国军民的最高赞赏和评价，给帝、修、反以沉重的打击，同时也是对世界革命人民起来斗争的有力支持和鼓动。当时就有几十个国家来“好八连”参观，这是非常了不起的。

——学习《八连颂》有着伟大的现实意义。《八连颂》是毛主席写的，是对我们的最大鼓舞、最大关怀。它以“好八连”为背景，总结了军队建设的经验，指出了人民军队在党的领导下全心全意为人民服务的特征，为全党全军全国人民指明了方向，是建党建军的纲领，是我们的行动准则。

——《八连颂》，采用了劳动人民喜闻乐见的“三字经”诗体形式成诗。内容上继承和发扬了我党我军好的光荣传统，提出了我军建军思想。伟大领袖毛主席不仅是政治家，军事家，而且是个伟大的诗人。

全诗可分为四段。

——第一段讲的“为人民，几十年”，用六个字高度概括了为人民服务的思想。全心全意为人民服务，就是要不为名不为利，不怕苦，不怕死，毫不利己，专门利人；要一心为革命，做到全心全意，不能半途而废；就是反对处处想到自己，只顾自己争名争利，争权争位，争出风头；反对忘了整体，忘了社会，忘了人民。为人民还是为自己，是两种世界观的根本对立，“为人民，几十年”是对我军的最高评价，也是为我们提出的高标准。为人民，这是我们的性质宗旨；几十年，才是我们的伟大理想和最终目的。只有意志坚，才能几十年。“意志”就是革命的高贵品德，“坚”就是坚定。意志坚，不仅表现在“为人民，几十年”，还表现在“拒腐蚀，永不沾”，永远不沾歪风邪气，不沾低级趣味，不沾资产阶级思想。拒腐蚀，是我们反对资产阶级思想的革命行动；永不沾，才是我们的思想高度。

——第二段是用“八个不怕”。歌颂了我国军民战天斗地的英雄气概。也是毛主席给全国军民发出顶天立地的战斗号令。“上参天”，是说高尚的无产阶级思想；“傲霜雪”，就是要经受住考验。只有傲霜雪，才能上参天，没有不经风雨的参天大树，没有不在斗争中成长起来的英雄，没有不反腐蚀的无产阶级世界观，没有不经改造的好思想。

“不怕压，不怕迫”，指当时“苏修”的经济封锁和国际的经济制裁，号召全世界受压迫人民起来斗争，不要怕。

“不怕刀，不怕戟”，是针对国内外阶级敌人战争的威胁，即当时美帝扶持蒋介石反攻大陆，印度侵略中国。

“不怕鬼，不怕魅”，“魅”是封建迷信中最凶恶的象征，比鬼还厉害，就是指牛鬼蛇神，也包括混进党内的鬼，是指资产阶级的歪风邪气，也可以说是指各种困难。

“不怕帝，不怕贼”，就是帝国主义，修正主义，卖国贼。

赞扬中国人民的伟大气魄和革命精神，就是奇儿女，如松柏；上参天，傲霜雪。

——第三段要求做到“五个好”。“五个好”，是我军的经验总结、建设纲领、建设标准。坚壁就是铜墙铁壁；纪律好是军队战胜一切敌人的重要保证；政治好就是要放在第一位；思想好就是思想革命化。

“分析好，大有益”，讲的是唯物论的认识论，讲的是辩证法，是哲学的观点，是思想路线；思想认识一致了，才有真正的团结，团结才有力量。

——第四段提出了军民团结的战略思想，就是“军民团结如一人 试看天下谁能敌？”。重点讲要拥军爱民，密切军民关系，大搞人民战争，歌颂人民战争。

——《八连颂》是马列主义学说的一个缩影。马列主义的一个根本观点是阶级斗争，毛泽东用全诗很大的篇幅阐述了阶级斗争和路线斗争。号召无产阶级和革命人民，尤其是共产党人要“八不怕”，将无产阶级革命进行到底！全诗的结晶是《共产党宣言》中的基本思想：解放全人类。要求共产党人和革命人士要“为人民 几十年”团结起来，扫除天下害人虫、全无敌。全诗告诉我们要坚持正确路线，并指出正确路线就是要思想好、政治好、军事好、纪律好、团结好。全诗告诉人们，要坚持正确路线，就要掌握马列主义哲学，分清路线的正确与否，并自觉执行正确路线……

当时学习《八连颂》提出了八个需要：是连队建设的需要，是发扬、继承光荣革命传统的需要，是连队在南京路上扎根的需要，是打好腐败和反腐败思想仗的需要，是打好改造社会这一仗的需要，是我们改造世界观的需要，是增强阶级斗争观念的需要，是提高两条路线斗争觉悟的需要。

13.不当老爷兵

1971年是不平常的一年。

根据史料记载，这一年，中国共产党在庐山召开了九届二中全会，会上因设不设国家主席问题，毛主席与林彪有了不同看法。他们就有关天才是先天就有的还是后天才有的发生了争论。陈伯达作为当时五个常委之一、中央文化革命领导小组组长，站在林彪一边，找了一些马克思、恩格斯、列宁、斯大林还有毛泽东有关天才的语录，以此论证毛泽东是天才，要毛泽东当国家主席。

毛主席早在五十年代就说了不当国家主席，辞去了国家主席一职，由刘少奇担任。文化大革命中，刘少奇被打倒，中国长时间空缺此职。毛主席观点非常明确：不设国家主席，自己也不当国家主席。

1971 年，“好八连”指战员在行军路上。

针对陈伯达印发的有关革命导师论天才的语录，毛主席写了《我的一点意见》，指出他本人不是天才，他18岁才开始读马克思的书，认为天才是后天才有的而不是先天就有的。这些自然不能公开。但庐山会议结束后，很快在全国开展了批陈整风运动。接着，毛主席视察大江南北。在与各省、市负责人谈话中批评了林彪，指出林彪有野心，想当国家主席。他说，什么一句顶一万句呀，不当国家主席，我说了六次，一次算一句，就有六万句，一句也不顶，等于零。

这年三月，连长在全连大会上传达了中央军委关于“不当老爷兵”的指示：全军是否利用冬季，实行长途野营训练一次，每个军可分两批，（或不分批）每批两个月，实行官兵团结、军民团结。“三支两军”者不在内，但大、中、小学高年级学生，是否利用寒假，也可以实行野营训练一个月，工厂是否可以抽少数工人（例如四分之一，但生产不能减少）进行野营练习。如果不这样训练，就会变成老爷兵。

于是，“好八连”为了落实“不当老爷兵”的指示，展开了一场千里野营拉练的行动。我们这些新兵蛋子刚到，“第一课”刚结束，便开始了千里野营拉练的大动员。会上，连首长指出：这次野营拉练是贯彻毛泽东思想的实际行动，是按照毛主席《八连颂》提出的“军事好，如霹雳”要求的具体行动，是“练为战而不是练为看”的具体体现。一句话，平时多流汗，战时少流血。

这次野营拉练的路线是围绕太湖转一圈。沿途经过苏州、无锡、吴县（1995年撤销）、沙家浜、朱家角等著名城镇。

这次野营拉练还有一项特殊任务，就是在艰苦行军中要按实战要求，试吃一个月的压缩饼干，以检验部队在后勤供给无法保障的情况下的战斗力。这次试吃压缩饼干，叫701压缩饼干，一包四小块，一餐一包。压缩饼干是用大米、大豆等上等原料制成，含有多种人体所需的营养素，一包饼干比半斤大米的营养分量更佳。这样轻便的干粮，战士背上半个月乃至一个月也不会感觉太重。而且这种干粮只要有水就可以吃下，可以适应缺粮条件下的艰苦作战。

为了试吃成功，连队党支部做出决定：在试吃压缩饼干的一个月中，任何人在任何地点、任何情况下都只能吃压缩饼干，不能购买任何其他的东西吃，更不能接受老百姓的东西吃。

听了动员，整个连队沸腾起来。战士们嗷嗷叫，巴不得立即飞出营房，飞向大地。也许是新奇，也许是在营房关得太久，总之，情绪异常高涨。

几天后，全连全副武装踏上了千里野营的征程。

然而，由于大家的身体对压缩饼干不适应，个个都拉肚子。好在只是拉稀，不是什么细菌性疾病，十天半月后就都没事了。不过，并非那么简单，一个星期下来，不少人出现了肚子痛，我也不例外，当时我在笔记中写下了这样一段感受：

这几天以来，由于吃饼干，小腹痛得异常厉害，行军40多公里，一直是难忍的疼痛，到了洪经大队之后还是一吃饼干就痛，一跑步就更痛。

这次试吃压缩饼干，本来是很好吃很甜的，是对我们的最大信任，是我们的最大幸福。可是，吃起来却成为一件难事，吃的头昏肚胀。有些同志却把饼干看作是不好吃的东西，尝不到它的甜味，只知道它吃下去的不正常反应，没有想到老红军吃树皮草根的时候，是怎样的一种滋味，他们又是为了什么？想想他们，比比今天，我们吃饼干有什么克服不了的困难呢？为了解放全人类，就是损坏自己的身体也是值得的。

下面是我试吃701压缩饼干一天的记录：

26号，早上，饼干半斤（四块），水700CC，吃两块后有些感到不想吃，后来坚持吃完；中午吃四块，水500CC；晚上三块，水600CC。吃过两顿后有疲劳感，肚子胞胀……

我作为副机枪手，是全连负荷最重的战士之一。身上背着棉被、换洗衣物、鞋帽、茶缸、铁锹铁镐以及当时最时尚的《毛泽东选集》和学“毛选”的手电筒，加上一挺轻机枪，300发子弹，约55斤重。

为了实践“不当老爷兵”的指示，我们每天行军百余里。历时一个多月，沿途还得进行各种演习，如挖灶野炊、强行军奔袭、冲锋突袭、占领制高点等；此外还得帮老百姓挑水扫地……可以说，这是一次最艰苦最累的军旅生涯，是挑战体能极限的一次大练兵。然而，它也是我们人生的一大财富，是对自己身体的一次极好的锻炼和检验，是对自己意志的一次考验。都说做工人、农民苦，可我感觉军人比工人、农民苦得多。

这次野营拉练真是让我们受益匪浅，真正让我们知道了什么是人间疾苦，知道了人的体能极限可塑性是很大的，知道了一个人靠精神力量可以战胜难以想象的艰难困苦；体会到了红军长征的艰苦卓绝，真正体会到了人确实可以一边走路一边睡觉……

14.天堂苏州

苏州是我们野营拉练的第一站。

一听说去苏州，战士们的喜悦溢于言表。是啊，苏州是座美丽的城市，自古就有“上有天堂、下有苏杭”的美誉。那江南水乡的秀丽景色，那举世闻名的刺绣，还有那世界上最美的姑娘。谁不想到这个美丽的天堂去看看呢？唐朝诗人所作的“月落乌啼霜满天，江枫渔火对愁眠。姑苏城外寒山寺，夜半钟声到客船。”谁不想身临其境感受一番呢？

1971年3月12日，一大早，全连离开大场营房，直奔苏州。从上海大场到苏州，大约有一百华里。开始队伍里口号接着口号，歌声连着歌声，真是响彻云霄，好不热闹。引来许多在田里耕作人的观望。那时，战士们最喜欢唱、也唱得最好的歌是《大刀向鬼子们的头上砍去》和《打靶归来》等脍炙人口的军营歌曲。特别是《大刀向鬼子们的头上砍去》，唱出了中国人的志气，唱出了英雄气概，唱出了中华民族之魂。每当唱起这首歌，真有勇往直前、气吞山河之感。然而，几个小时下来，战士们气力消耗殆尽，再也听不到那嘹亮的歌声了。大家只是默默地咬着牙，一步又一步，吃力地走着……

也许是那么远的距离，那么重的负荷，确实叫人难以承受；也许是第一次拉练，战士们没经验，行起军来总是喜欢走柏油马路，脚底板老在一个着力点上，很快就起了血泡，而且大泡套小泡，水泡套血泡，每一脚踩下去都痛得钻心。反之，泥巴路坑坑洼洼，高低不平，却正好避免了压力同在一个着力点上，使脚底板得到保护。行军中，更无法言状的是：穿着裤衩行军，越走勒得越紧，实在不堪忍受，光天化日又无法替换，只有强忍的份。穿裤衩行军是一大害，后来大家总结经验，再也不穿裤衩行军，就舒服多了。

一天走个几十里、上百里，对我们这些山村的农民子弟来说并不在话下。然而，这次不但一口气走一百多里路，而且每个人身上负荷50多斤，确实有点让人吃不消；脚上又起了水泡和血泡，到最后，每走一步都忍着针扎般钻心的疼痛，都是咬着牙走过来的。我们的行军速度并不快，走了十几个小时，直到天黑才到苏州。行军中，连长提醒大家，现在我们正在穿过苏州城。

然而，战士们先前的那种喜悦和向往荡然无存，有的只是脚底板钻心的疼痛，根本无心欣赏风光了。而且，因为天黑了，看到的只是两边一些闪烁的霓虹灯光，根本不知道是什么，在什么地方，叫什么街道，更别说去领略这个传说中的“人间天堂”的美丽和快感了 。

我们的队伍穿过苏州城，来到北郊外的一个地方宿营，在一个宽敞的平房住下。这是一个生产队的仓库，能住下几十号人。由于天黑也分不清在哪里，更不知叫什么地方，但从我们来时从南边穿过苏州城来看，方向应是城北的郊外。然而，这一切战士们都无心顾及，只有一个愿望就是赶紧睡觉。于是大家手忙脚乱铺起床来。说是铺床，其实是用稻草铺在潮湿的泥巴地上，自然也无法讲究了。

我刚放下背包，来不及铺床，连里通讯员顾建基就跑来通知我，要我跟连长去参加一个什么座谈会。当时一听，虽说一股暖流流遍全身，因为这是连首长对我的信任和培养，但说实话，真不想去参加，没别的，真是太累了。

这个座谈会对我来说印象太深了。因为这是我到连队后第一次参加这种有光荣感的座谈会。但使我印象深的不是会议的内容，老实说，这个座谈会的内容至今我一句也没记住。我跟着连长王振华又向南折返，穿过苏州城，来到一个叫人民饭店的地方开会。我当时坐在那里，迷迷糊糊，半睡半醒，根本不知道会上讲的是什么。只知道当地人对我们的到来非常激动，表示要向我们学习，其他就什么也不知道了。会议结束后，我们又步行回到驻地。那次会议，留下的只是脚底板的疼痛和全身心的疲劳。

然而，在苏州，在那个生产队的仓库里，我趴在床上，打着手电筒，写下了这样一段日记：

“12号，从早晨6：15分钟开始步行100多里，晚上6点到达了有名的苏州。这一段路，对我们来说是一个很好的锻炼，它不仅磨出了铁的脚板，更磨出了顽强的意志。这对于一个新战士来说还是第一次，是咬着牙走过来的。我深深体会到，没有对革命事业的坚定信念，没有完全彻底为人民服务的精神，就不会有坚定的革命决心和顽强的战斗意志；没有顽强的毅力，就谈不上一不怕苦，二不怕死。”

给我留下“天堂”印象的不是苏州，而是一封莫名其妙的来信。那天开完座谈会回来刚躺下，连里文书梁西政便送来一封信。信是一位素不相识的年轻姑娘写来的。原来，写信的姑娘和我的同乡族友黄丁秀一起在南昌工作，因我给族友的信被那位姑娘看见，觉得有点文采，便产生崇拜之情，于是大胆给我来了这封信。虽说信中没有一句卿卿我我的爱慕之意，但也足以让我兴奋不已。因为这是我有生以来第一次收到这样的信。看完信我睡意全消，想的是该不该回这封信，不回吧，没礼貌，回吧，又该怎么回……“好八连”战士是不可以谈恋爱的。说也奇怪，极度疲劳的我却久久不能入睡，有点想入非非了…… 想了半天，只好趴在被窝里打着手电筒，写了几句互相学习、互相鼓励的话。全信没一句爱意的话，更未曾涂上一个爱恋的字。这大概就是那个时代，“好八连”战士对待恋爱特有的方式和表示吧！

在苏州，我们逗留了三天，每天都是向先进人物和先进单位学习。三天里，我们听了全国商业战线一面红旗——苏州第五十七粮店“宁可麻烦千遍，也不让群众半点不便”一心为民的先进事迹；也参观了驻扎在苏州的一七八师……但唯独没有参观苏州美丽的八大园林风光。

15日一大早，天还没亮，我们就离开了苏州。这次到这个“天堂”，可以说对苏州这座美丽的城市没有留下任何印象，有的只是疲劳和痛苦。

到地方参加工作后，两次重返苏州城，才真正看到虎丘，看到拙政园等一些庄园和水镇周庄，才真正领略到苏州这座古城的美丽和繁华，领略到她被称为“天堂”和“水城”的独特魅力。

15. 小小火车站

几天后，我们来到安亭车站，一个出了名的小火车站。

安亭车站是从上海到苏州的一个不经意的小火车站，它位于上海西北方向。在这个小火车站上，曾经发生了震惊全国的一件大事，这件事得到了时任中央特派大员张春桥的支持，后来逐渐演变成为震惊世界的所谓“一月风暴”。

1966年11月，全国无产阶级文化大革命正进行得如火如荼。以“上海工大革命造反总司令部”王洪文、王秀珍为首的一批工人造反派，在上海文化广场召开成立大会，“勒令”上海市曹荻秋、陈丕显等市委领导到场接受批判，遭到曹、陈等人的拒绝。于是，王洪文等率领数百余人冲向上海北火车站，赴京告状。车到安亭，上海市委勒令停车，王洪文等人乘的62列车被阻于安亭车站。于是，王等人决定卧轨拦车，致使沪宁线全线受阻，交通中断，制造了轰动全国的“安亭事件”。

上海是中国特别重要的城市，是当时中国经济、文化的中心。上海交通的中断，意味着上海要大乱。为此，中央立即派出张春桥、姚文元去处理此事。张、姚带着中央的指示，支持了王洪文、王秀珍等工人造反派的行为，并代表中央宣布承认了“工人革命造反司令部”是合法的革命组织等五条意见，并劝王洪文等人撤回上海。

随后，上海的夺权斗争愈演愈烈，联合全国造反派组织，兴起了“一月风暴”。上海红卫兵组织宣告成立“上海公社”的新政权组织。之所以叫“公社”，应当是仿照当年“巴黎公社”的叫法，以示革命之意。毛主席支持了这一行动，把“公社”改为“革命委员会”，并号召全国红卫兵在全国范围内夺走资本主义道路当权派的权。于是，全国向上海学习，开展了一场声势浩大的夺权斗争，因而震惊了全国、全世界。王洪文、徐景贤、王秀珍等人也因此由一个一般干部，成为大上海新政权的主人。王洪文后来还一度成为中共中央副主席。（参见师东兵《文化大革命纪实系列之三：序幕从钓鱼台拉开》第37–38页，内蒙古文化出版社出版。）

“南京路上好八连”专程拉练到安亭车站，主要是根据上级指示，来这里向工人阶级学习的。那天，全连集合在一间能容纳100多号人的会议室里，开始接受路线教育。连里请来了一位当年参加过“安亭事件”的老工人，给全连讲“安亭事件”的卧轨经过和斗争情形。他从王洪文、王秀珍率领红卫兵造反派赶到安亭车站卧轨，面对当时上海市委的压力不怕死，讲到张春桥、姚文元站在火车上讲话，代表党中央、毛主席对他们的革命行动表示支持，称他们是革命小将的革命行动等。这位老工人整整讲了一上午，100来号人的会场鸦雀无声。

连长王振华指派我做记录，我特别认真，足足记了一大本材料纸。这是我平生以来记录最认真、最完整的一次，也是速度最快的一次。可以有这样的效果，主要是精神力量所致，感到这是连长对我的信任，我应当拿出最好的本事。不过，至今我自己也不知道记了些什么。记录交上去后，不知什么原因，未见整理出来，兴许被塞在档案柜哪个角落里无人理睬它了。

说实话，当时听了那位老工人对王洪文等人的介绍，还真觉得他们有胆有识，是“最有远见、最富有牺牲精神”的工人。王洪文作为一个工厂的普通干部，面对奔驰的火车带头卧轨，迫使上海市委让步，这是需要勇气的。当然，他们后来野心膨胀，演变成“四人帮”，也是未曾想到的。

讲到“四人帮”，就难忘上海文化广场的一幕。

坐落在上海市中心的文化广场，能容纳万余人。20世纪30年代，这曾是旧上海的法商赛跑会，号称“远东第一大赌场”。新中国成立后，1954年经陈毅市长批准，扩建改建后的上海文化广场，成为上海人民政治文化活动的中心场所。

“文化大革命”中，上海文化广场成了“四人帮”造反活动的要地。也许是天怒人怨，正当“文化大革命”的高潮之际，一场罕见大火降临了文化广场。1970年，周恩来总理批示重建文化广场，于是，上海文化广场变成了当时具有世界先进水平的新文化广场。

记得打倒“四人帮”时，我正好在上海戏剧学院读书。一天，我们奉命来到新的上海文化广场，参加批判“四人帮”在上海的死党徐景贤的批斗大会。在这个会上，这个上海市委的第三书记，人称上海市委的笔杆子，在面对万人的检讨大会上滔滔不绝，真有点口若悬河的味道。到会的人听了，觉得徐景贤毕竟是徐景贤，就是有水平。他从“上海帮”王洪文、王秀珍等人如何奉中央命令去北京开会，如何设定“首长胃痛，不能回来”等暗号来对付中央。回到上海后，他们仍未觉察到中央要对他们下手，他们又如何采取措施等。讲得娓娓动听，就像讲一个惊心动魄的惊险故事，使座无虚席的一万多人的文化广场鸦雀无声。那次批判会，与其说是批判会，不如说是一次故事会，给我留下深刻印象。一方面觉得徐景贤确实有水平，能说会道。另一方面，又觉得政治斗争也太残酷，昔日的座上宾，转眼间成了阶下囚，从天堂摔到地狱，似乎每时每刻都有可能。感到还是鲁迅教他儿子说得好，人生还是学点小本事，有碗饭吃就可以了。

自从那次批判会后，使我对那时的所谓路线斗争产生了疑虑，感觉实质上是“站队”问题，跟对了人成为座上宾，跟错了人成为阶下囚，这在那个年代是常有的事，无所谓正确与否。但使我更深层次思考到的是：跟人是永远也不存在跟对跟错的问题，因为即使你跟对了人，不下台也要随着自然规律而消失。因此，我以为，作为一个共产党员，就应该始终按党章要求为大多数人谋利益，始终如一地为人民服务、为人民办事，不要卷入派系斗争，这样可能官职不会很高，但却可以心安理得。

16.太湖之滨

从安亭车站到太湖之滨无锡有一段距离，我们沿着一条泥泞的小路前进。这次行军距离不远，加上已有些经验，本应该不是很累的，但开始了野营拉练中需要实施的军事演习。

尖刀班，是一项担负特殊任务的拉练演习。这天一上路，我们班便作为尖刀班冲在前面。过去只在电影里看过尖刀班，根本不知道是什么感受，还觉得尖刀班很来劲，很刺激，这回可真尝到苦头了。这是一项最特殊、最艰苦、最需要有牺牲精神的任务。

太湖（资料照）。

尖刀班通常比大部队先行，是为大部队探路的。它的任务是探明前面有什么村庄、有几座桥梁、有几道河流、村庄能住下多少人、桥能否过车、河水有多深、能否涉水过河、哪些地方可以宿营、野炊、哪些地方有制高点等，所有的地形地貌都要弄清楚。当然，更重要的是弄清楚敌情。战争年代，如遇上敌情就得打遭遇战，先投入战斗。一方面给后面的大部队报警，另一方面为后续部队赢得时间。

尖刀班最苦最累的要算是通讯员。当获得情报后，通讯员要返回去报告，之后又要去追赶尖刀班，跑来返去，要比一般战士多出一倍甚至几倍路程。不是亲身经历的人，根本无法知道这一角色有多苦。我正是这一角色的实践者。那天，整整一上午都来回不停地跑，气喘吁吁，大汗淋淋，真是一种超体能极限的挑战。

野炊，是锻炼野战部队的一项必须过关的功夫。当命令下达开始野炊，45分钟内必须完成挖灶、捡柴、煮饭、炒菜、吃饭。否则，吃不上饭饿着肚子也得开跋，绝不含糊。如果班长不果断，战士们行动不快，或挖灶技术不到位，煮饭又没经验，那饭也吃不上，更不要说菜了。有时甚至饭刚好集合哨声便响了，碰上这种情况就集体倒霉。这不是要有意捉弄人，而是要锻炼部队的实战能力。

演习占领高地，是更为艰巨的实战要求。可以说是用命来拼的。这天，我们刚到无锡梅园的山脚下，连长一声令下，冲锋号一吹，大家把背包丢在路边，背着枪弹向梅山制高点冲去。

梅山，看上去不高，像小山包，可却很难爬上去。那次演习，有近半的战士在半山腰就动弹不得了。我大概在农村锻炼较多，拼着一股毅力，扛着轻机枪硬是冲上了山头，并架起了机枪，摆出了准备射击的姿势。但说实话，气都喘不过来，几乎要晕倒。我的正机枪手是个大个子，比一米七个头的我还高出一大截，比我重了30斤，演习起来就更艰难了。

这是第一次演习占领制高点，印象极深。感觉远达不到电影里表现的那么神速、勇猛。半山腰冲锋的动作，在电影中显然是夸大了。过后，老同志告诉我们，那天的演习因为是第一次，许多人没掌握要领，其实开始要慢些，而且一定不要用嘴巴吸气，要用鼻子吸气，待到一半时再冲刺、迅跑。如果一开始就迅跑，那就会早早把体力耗光，很难到得了顶点。当然，最主要还是靠平时锻炼出来的体能。

演习结束后，我们有气无力地下得山来，露宿在梅山脚下的梅园，这是个江南著名赏梅胜地。

清晨，起来出操，才发现到处是梅树，还正开着梅花，一片鸟语花香，犹如仙境。然而，昨天我们却视而不见，所有的感觉只有一个，就是这座山太高太难爬了。当我们又一次轻松爬上山顶，站在梅山顶上，一眼望去，无限开阔，可以眺望整个太湖。

太湖是我国第二大淡水湖，它位于江苏南部，长江三角洲的中部，湖水面积2.250平方公里，横跨苏州、无锡、常州三市，是东部近海区域最大的湖泊。水源主要是来自浙江天目山和江苏宜溧山两地，共有170多条溪水注入，同时由北面和东面70多条河港下泻长江。太湖形成了大小湖泊180多个，是中国著名的风景胜地。

遗憾的是，那天没有明媚的阳光。只见太湖灰蒙蒙的，和天连在一起，水连着天，天连着水，一望无际。那是我第一次看到如此大的湖泊，也是第一次知道太湖。望着平静湖面上的点点白帆，充满无限遐想，觉得祖国太美，美得让人对她产生无限的爱，从而心甘情愿为她去战斗，去牺牲。

那晚，疲劳很快把我带入梦乡，我梦见和许多战友同乘一叶扁舟，我们用力拉紧了风帆，用那牢固的木桨，在深海里齐心协力地划船。连长为我们掌着舵，默默地望着远方。而我满怀着坚定的信念，紧握着手中冲锋枪站在船头。突然，水面上跃起一条红色的鲤鱼，鲤鱼继而变成一位身着红衣裳的姑娘，亭亭玉立，翩翩起舞……一阵狂风掀起了巨浪，巨浪压向小船，小船渐渐下沉，眼看就要被淹没，连长和战士们却毫无惧色！我就像一尊雕塑，站立在船头纹丝不动，任凭恶浪将我们吞没……突然，奇迹发生了，水面上的姑娘潜入船底，用娇嫩的双手将小船徐徐托起，并顺手抛来几套崭新的军装，命令我们脱去湿衣，说完羞涩地背转身子……待我们换好军装，姑娘抱起湿漉漉的军装纵身跳入湖中……我们大喊呼救，正要跳入水中，姑娘却笑眯眯地说："别下来，我回家了，再见！"没等我们反应过来，姑娘就消失得无影无踪……展现在眼前的是一望无际的湖水……

第二天，我们看西哈努克访问无锡梅园的纪录片，里头的景色比实景更美。那明媚阳光下盛开的梅花，就像一幅幅美丽的国画；那百舸争流的渔船，千帆竞开，十分壮观。这才知道梅园、太湖真正的美。

无锡不仅是名城，有梅园这样的众多美景，其实也是有着光荣革命传统的红色旅游之地。我党早期的领导人秦邦宪，也就是当年在赣南瑞金指挥红军第五次反围剿失败的博古，就出生在这里。只是因为当时讲路线斗争，作为执行王明"左倾"机会主义路线的博古，我们自然也就不会去参观学习了。

17.洪径大队

20世纪60年代，林彪首先在部队推崇学习毛主席著作，提出要活学活用；要求全军“读毛主席书，听毛主席话，照毛主席指示办事，做毛主席好战士”。很快，在全国得到普及，掀起了活学活用毛主席著作的新高潮。在那个年代，谁要能多背出毛主席的书，而且学得好用得活，谁就光荣，谁就是先进。

读书学习，对于有文化的人来说，不是什么太困难的事，而对于不识字的广大贫下中农来说，如何活学活用毛主席著作，倒是要有人来指点迷津。于是，林彪的老婆叶群在江苏洪径大队搞社会主义教育运动时，抓了顾阿桃这个活学活用毛主席著作的典型，并使其闻名全国。

洪径大队是江苏省苏南的一个小村庄。这个村庄坐落在一条江边，地理位置十分优越，是一个土地肥沃、红绿相映、柳树成荫、美丽如画的地方。它是我们接受贫下中农教育的一个点，到这里来主要是向一个叫顾阿桃的老妈妈学习。

顾阿桃，当年大约40岁，中等个儿，红润的脸上显得粗糙，头上扎着一条围巾，是一个典型的江浙农村妇女。她大字不识，但能靠顽强的毅力、极好的记忆力和娴熟的美术手法学习毛主席著作。她能把当时称为“老三篇”的《为人民服务》《愚公移山》《纪念白求恩》和一本有270页厚的《毛主席语录》以及新党章全背下来，但她并不全部认识里面的字。她画一个红太阳，表示无限忠于毛主席；画一面党旗，表示对共产党的热爱；画一面国旗，表示对祖国的忠诚；画一个农民劳动，表示不怕吃苦，等等。总之，她是用美术记事的手法来学习毛主席著作的。她画满了厚厚的一本“小画本”。

她虽不识字，却能说会道，诸如“旧社会把我们当棵草，新社会把我们当成宝”，“我是药材店的揩台布，甜酸苦辣都尝过”等。因此，她成为无产阶级文化大革命期间的名人，被誉为“用毛泽东思想武装头脑的一个新型农民”，当上了中共九大代表，成为江苏省省委常委，官职相当于现在的副省级，但她从未像现在的官员一样享受过这个职务的待遇。

她的一条根本的学习经验，就是要带着深厚的阶级感情去学习毛主席著作。她说：“毛主席把我们贫下中农当成宝，再大的困难也难不倒。”

听了她活学活用毛主席著作的“讲用报告”，的确让我们对这位农村的中年妇女产生敬意。她用心学，并把学到的东西指导她大公无私的实践，不怕苦，不怕累，战天斗地，斗私批修，确实让人信服。由此，她成为学习毛主席著作的积极分子，成为一代贫下中农的楷模，成为全国学习毛主席著作的典型，三次来到毛主席身边，受到毛主席的接见。这在当时全国掀起一浪又一浪的学习毛主席著作的热潮中，的确起到了典型引路的作用。这位老妈妈，成了全国的热门话题。不少文艺作品也反映了这方面的题材，如《老两口学毛选》的表演唱等。

顾阿桃的事迹告诉我们，没有文化，也可以用毛泽东思想来指导自己的革命实践。如用为人民服务、愚公移山、大公无私、不怕苦不怕死等观点来指导自己、约束自己、净化自己、使自己成为一个高尚的人、一个纯粹的人、一个有道德的人、一个脱离了低级趣味的人、一个有益于人民的人。在那个年代，顾阿桃的事迹确实让人感动，让人敬佩，让人自愧不如。

这个祖辈的贫苦农民，对党对毛主席怀有深厚的感情，这并不难理解。如今她们全家挤在一间半草屋内，苦度生涯，与周围一座座漂亮的小楼房相比，显得那样的破败、凄凉和沧桑。然而，她年富力强时拼命为生产队干活不计报酬，晚年靠卖“冰棒”度日。她虽然无多大贡献，但却没有像现在有的人那样，乘改革开放之机大量占有社会财富，供自己享乐。不管怎么说，顾妈妈无论如何都是值得敬佩的人，比起那些贪污腐化的权势之人，要好上十万倍。

在听了顾妈妈的“讲用报告”后，我在当时的笔记中写下了这样一段话：

我是一个有点文化的青年，现在又来到了毛泽东思想的大学校学习。为什么一位农村不识字的顾妈妈能这么顽强地学习毛主席著作，背‘老三篇’，领导贫下中农战天斗地，为革命拼尽全力，而我们条件这么好，却不能如饥似渴地学习毛泽东思想呢？想来想去，说来说去，就是一个感情问题。

为了向顾妈妈学习，我们在帮助老百姓割麦子时，以她为榜样，不怕苦，不怕累，把多割麦子多做贡献当作最大幸福，甚至无暇顾及自己的身体。

改革开放后，在离洪径大队不太远的地方，在苏南这块富饶的土地上有个华西村，这个村面积不到一平方公里，全村仅380户，人口1520人，占全国总面积四万分之一的江南小村，通过发扬“艰苦奋斗、团结奋斗、服从分配、实绩到位”的华西精神，走共同富裕之路，年产值却达四十五个亿，人均收入七万余元。全村别墅群林立，成了真正的人间天堂，成了全国最富有的村，成了闻名世界的“天下第一村”，成了真正的共产主义式的社会主义新农村，成了全国学习的典型。

当年的华西村，也和洪径大队一样，人人都如饥似渴地学习毛主席著作，但走的却是与洪径大队相悖的一条路。当洪径大队的顾阿桃们在大喊大公无私解放全人类时，华西村却在脚踏实地暗暗地打造自己的小五金厂，为他们以后建设社会主义新农村完成了原始积累。这被当时的思潮指责为走资本主义道路。而担任华西村党支部书记的吴仁宝，只好“阳奉阴违”地对付上级的检查。

20世纪70年代末，全国推行“家庭联产承包责任制”的改革之时，吴仁宝却领着华西人顶着巨大压力，坚持“文革”期间的大队核算。直到全国取消人民公社后，华西大队才改为华西村。现在，这个村是全国最富有的村之一。家家有一套漂亮的别墅，人人有一份满意的工作，生活得自在、得意、美满、安全。

吴仁宝认为，社会主义就是要让人民幸福，一村富了不算富，大家富了才算富。吴仁宝因此成为全国受人尊敬的典型，一个真正的典型。这不能不说是毛泽东思想在农村实践的一个伟大胜利。而洪径大队的顾妈妈再也没人知晓她了。不过那里的风景依然那么美丽，那里的人民依然那么朴实，那么好，那么善良，那么热情。不言而喻，洪径大队早已在走华西村的路， 一起奔他们几十年前念想的、像花一样鲜美的、如朝霞般壮丽的共产主义远大理想。

如今，吴仁宝虽然走了，华西村也不是原来意义上的华西村，早已变成大华西村了，但吴仁宝留下的精神财富却仍然鼓舞着华西人前进！这种精神财富，其实就是毛泽东思想哺育出来的结果！

不言而喻，顾阿桃和吴仁宝，想的都是要建设美好的新农村家园，都是想为人民服务。可服务的方式、手段不同，效果就大不一样了，可以说是天壤之别，相差十万八千里了。

18.阳澄湖畔

江苏省常熟县有个阳澄湖，阳澄湖畔有个沙家浜，沙家浜是京剧《沙家浜》中主角阿庆嫂开茶馆的地方，那里芦苇密布，菱荷相间，湖水清澈，迷宫重重……是个水上游击抗日的好战场，郭建光等18位新四军伤病员坚持抗战的故事就发生在这里。

说是要到阳澄湖一游，战士们自然乐呵呵。

1971年3月的一个下午，我在日记中写道：

带着深厚的敬意来到了沙家浜——当年抗日军民激烈战斗的地方。当地群众有着热爱子弟兵的光荣传统，使我们深受感动，他们送茶送水，待我们亲如一家。第二天，听了介绍当年军民战斗的英雄事迹，下午还坐着大船到阳澄湖游了一圈，看到了当年激战的战场。忆往昔峥嵘岁月，更激励着我们继承革命先烈遗志、为共产主义奋斗的坚定决心。那天天气虽然阴冷，但心里却是热的。

《沙家浜》是一出京戏，是根据上海沪剧《芦荡火种》改编而成的。这是当时全国流行的八个样板戏之一，据披露，剧名还是毛泽东起的呢。

《沙家浜》说的是在阳澄湖畔一位开茶馆的女共产党员阿庆嫂，为掩护18位新四军伤病员，与日本鬼子和伪军斗智斗勇的故事。故事中的人物无不给人以神秘之感。其中阿庆嫂、胡司令、刁参谋长的那段脍炙人口的对唱，成了千古绝唱，人尽皆知，几乎人人会唱。

全连唱着"朝霞映在阳澄湖上"的唱段，那是新四军指导员郭建光在阳澄湖上，养伤期间抒发内心情感的中心唱段，是部队战士最喜欢唱的一段，也是指导员邵金城在全连临行前反复教唱的一个唱段。只是战士们大都出自农村，真正有音乐素养的不多，包括我在内总是把A调唱成B调，尤其是京剧高腔就更唱不到了。不过不要紧，大家跟着哼也能抒发情感。大家唱着京腔，踏着泥泞的小路，向沙家浜进发。一路上还真是领略了一番江南美景。

阳澄湖位于江苏省常熟县（今为市），跨苏州市区及昆山市，是江苏省重要的淡水湖泊之一。阳澄湖分为东、中、西三湖，以东湖最大。阳澄湖南连苏州城，北邻常熟山，就像她的名字一样，阳澄湖水质澄清，阳光透底，远远望去，湖中的绿洲莲花岛就像一块晶莹的翡翠，泛舟湖上，微波荡漾，仿佛人在画中，画在水中。

正值春日，那田野里绿油油的秧苗，给人以一种生命的召唤；那金灿灿的油菜花，叫人心花怒放；那岸边的柳条吐出嫩绿的柳叶随风飘荡，扰人心霏；那湖中摇曳的芦苇，让人觉得神秘莫测；那镶嵌在绿色田野中的红男绿女，更是惹人喜爱。好一派江南田园风光啊！真像戏里唱词所描绘的那样“芦花放，稻谷香，岸柳成行”。据“上戏”课堂老师介绍，这句美丽的唱词还是江青改定的呢。

在我的印象中，这次行军是最轻松、最愉快的一次。

傍晚时分，我们住宿在一个叫湖浜大队的村里，就是阿庆嫂开茶馆的地方。它是著名的常熟县里的一个小村庄。村庄不大，周围到处是水网，湖水纵横交错，到处都是芦苇荡，很是宜人。

村里的老百姓非常热情，要把床铺让给我们住，真是老区人民对子弟兵的一片深情厚谊。但我们连队进驻南京路睡在马路上，不扰民出了名，自然不能去住老百姓铺好的床，仍然用稻草铺在潮湿的泥巴地上。老百姓还给我们烧好了洗脚水，送来了年糕，可我们有《三大纪律八项注意》，当然不能随便乱吃。连首长也只是象征性地尝了一点。

第二天，我们全连来到阳澄湖畔，参观一只当年曾打过游击的旧船，一位老游击队员站在这条船上，给我讲当年新四军抗击日寇的故事。

1971 年，“好八连”指战员在阳澄湖畔听老游击队员讲抗日的故事。

阳澄湖是一个十分富饶的湖泊。湖中的大闸蟹赫赫有名，肥美味美无比，是名副其实的鱼米之乡。

人们把阳澄湖大闸蟹、河虾、鲢鱼称为阳澄湖三宝。章太炎夫人汤国梨有

“不知阳澄湖蟹好，今生何必在苏州”之誉。其实阳澄湖的水产资源十分丰富，盛产70多种淡水产品，白鱼、鳗鱼、清水虾等都是湖中之宝。

遗憾的是，现在人们只知道阳澄湖的大螃蟹，而新四军18位伤病员的故事却渐渐被淡忘了。

听完故事，老游击队员撑来了船，引导我们坐上船，在阳澄湖上周游了一圈，那心境真是十分美好。阳澄湖方园数十里，湖水清澈蓝绿。深绿的湖水中，到处长着茂盛的芦苇，不像太湖那样一望无际。船在一簇簇芦苇荡中穿行，一会儿像钻进密林深处，窄小的水面只见芦苇，将船隐于其中；一会儿湖水无限开阔，望不到边，给人以大海般的感觉，真是有趣极了。

正好是朝霞升起的时候，霞光映红了湖水，芦苇倒映在水中，景致美极了。船轻轻地漂浮在水面，就像婴儿睡在摇篮里，摇啊摇…… 远处的鱼不时地跳出水面，给人以一种鲜活的感觉。

作为一个山里伢子，有生以来第一次体验到这样的闲情逸致，享受到这种碧波荡漾。真是不到此处不知江南美。面对如此美景，真想留下来永不离开，去做一个江南梦，体验一下梦江南。

在这里，在沙家浜，在阳澄湖畔，我们喝了阳澄湖的水，吃了阳澄湖的鱼，饱餐了阳澄湖的稻米香，也尝了尝当年新四军用芦苇根充饥的涩味，走过了那里坑坑洼洼的泥泞路……

江南的美景吸引着我们，新四军的顽强精神鼓舞着我们，乡亲们的热情感染着我们，革命熔炉陶冶着我们。在那里，在阿庆嫂的茶馆旁，在新四军战斗过的芦苇荡，在乡亲们的渔船上，在稻香醉人的田野里，在岸柳成行的美景中，我们受到了熏陶，受到了教育，真是叫人永世难忘！

19. 一百六十五里

为了适应战争的需要，挑战极限，上级特地为我们安排了一次在规定时间内的远距离行军。所谓的挑战极限，就是身上背着超负荷的行李，带着压缩饼干，一天行程165里。沿途不仅要进行一些必要的军事演习，而且每到一地还要给老百姓挑水、扫地……

这天，天蒙蒙亮，部队就打好背包出发了。从一个不知名的小山村，一直走到了上海的朱家角镇。由于中途的军事训练，包括吃饭时间在内，165里路走了21小时，从清晨走到了第二天清晨四时，才到达终点。

1964 年，“好八连”战士在山区训练。

我曾在一篇长征回忆录的文章中，看到红军抢渡大渡河时，为要在规定时间内夺取泸定桥，一天一夜走了240里，有红军战士甚至一边走路一边睡觉，有的战士一脚踏空掉下万丈深渊。对此，当时我根本不相信，怎么可能一边走路一边睡觉呢？那次行军却让我彻底相信了。我们同样体会到了一边走路一边睡觉的滋味。到最后十里路时，我们休息了几分钟，班里一个战士不想起来，说叫我们先走，他会追上来，其实是走不动了，我们只好架着他走。类似这种情况，连里并非个别。最后的路程，我们就是一脚高一脚低，一边走路一边睡觉，摇摇晃晃走完的。

下面是我当时写的几段日记：

—— 今天早晨七点半到晚上四点，21个小时，行程165里。这次长途行军对我们来说是第一次，它使我得到了极好的锻炼和极大的收获。

——一天一夜行军165里，在以前，我想都不敢想。公路两边的树木好像是无边无际的森林，没有尽头，公路的白光好像是通往天际的一条白带，无边无际……这165里的每一步，都是改造世界观的每一步，磨炼意志的每一步。

——困难只是向我们示威的纸老虎，没有什么了不起，只要坚持一下就克服了。坚持就是胜利，什么困难都靠毅力来坚持、克服。当然它对活命哲学的人来说就是一只真老虎了。

——通过行军，我对毛主席“二不怕”的彻底革命精神有了更深的体会和认识，如果我们没有不怕苦的思想，就不能为建设社会主义和保卫祖国立新功！现在，我们死还谈不上，或者说很难谈上，我们还有什么苦不能克服呢？我想，不怕苦和死就是检验一个革命者的根本标志。

说起来可能会让人难以置信，到了朱家角，已经凌晨四点了，我还坚持打着手电筒学习雄文四卷《毛泽东选集》，直到看完一篇文章才睡。其实，这种学习习惯并非我一个，全连有文化的战士都是这样，可以说已蔚然成风。在营房如此，在一个月的行军途中也一样，再苦再累再晚都坚持不懈。这种办法还真有点效果，我的《毛泽东选集》四卷就是这样坚持看完的，至今留下了许多红杠杠。在艰苦紧张的军营生活中，这种学习劲头，我自己都不知道是怎样坚持下来的，这不能不说是精神力量所致。那时部队号召学“毛著”，但部队任务繁重，生活紧张，有严格的作息时间，要想学点东西，只有在睡前打着电筒，安静看一点书。连队首长也是支持的，只是查房时会提醒不要看得太晚。

美丽的朱家角是上海青浦县（现为区）有名的古镇，号称“衣被天下”，成为江南巨镇，有着江南古镇特殊的人文景观，是上海四大历史文化名镇之一。然而，我们深夜造访，第二天一早又匆匆离去，根本无法领略这被誉为“上海威尼斯”、“沪郊好莱坞”的美丽风光。

战士是一切行动听指挥的，是随着冲锋号而行动的，不可能像记者一样自由自在地去采访。因此，这次千里野营拉练到过的许多好地方，实际上无法真正欣赏到那些美丽的风光，有的地方连地名也不知道。

从朱家角回到大场营房，就算结束了这次野营拉练。同时也结束了整整一个月试吃压缩饼干的日子。回忆起来真是艰辛无比，自豪无比。

体力的痛苦不用说了，就说吃压缩饼干吧，一个月下来，连见到老百姓吃咸菜也流口水。在长达30天里，全连无一人违纪私下买什么东西吃。像我这样肠胃不好的人，几乎天天拉肚子，真是苦不堪言。而且是在超体能极限的强度中试吃的，其艰难困苦真是难以想象。与其说我们是靠体力来完成这次千里野营拉练的，不如说是靠坚强的毅力来完成的。

试吃701压缩饼干结束后，我在日记中留下了这样的话：

“为了革命吃饼干，不怕艰苦不怕难。”

“口吃的是压缩饼干，埋葬的是帝、修、反。”

试吃结果表明，只要有水确实可以在特定的条件下坚持半月，甚至一月数月。试吃结束后，我们全连受到表彰。

这次千里野营和试吃压缩饼干，在人的生涯中能有几回？对我们来说，是有生以来的第一次，是人生难得的一次，也是唯一的一次，永远难忘的一次，这不能不说是人生的一大财富，也完全可以说是人生的一大享受。

这次千里野营拉练，对我们的思想是一次大考验，对我们的作风是一次大锻炼，对我们的体力是一次大检验，对我们的心灵是一次大陶冶。它使我们练出一副铁脚板，练出一双飞毛腿，练出了一副野蛮的体魄，练出了坚强的意志，练出了顽强的精神，练出了压倒一切敌人的英雄气概，这在我们的人生中，有不可替代的作用，是一次不可多得的大锻造。

20. 天马山之夜

根据上级的指示，为宣传“南京路上好八连”，要制作一个“好八连”纪录片，以全面反映“好八连”的战斗生活。

拍摄任务是由上海电影制片厂来完成的。因此，我们在整个野营拉练中，不仅要进行真正的实战性军训，而且要配合上海电影厂拍摄纪录片中需要的连队训练战斗的场面。为此，经常每到一地，就用大卡车拉到拍摄现场，那个累呀！就别提了。不仅坐汽车挤，别说坐，有时站都站不下。记得有一次，我一只脚站在车上四个小时。更让人叫累的是，拍摄电影要求很严，一点点不合要求就得重来，有时一个镜头要反复十几次，弄得疲惫不堪。这次千里野营拉练结束后，有人做了统计，证实那次千里野营，不仅脚跑了千里，汽车还跑了万里呢，可谓是万里野营了。

军垦农场是世界上独一无二的产物。是毛主席建军思想和治国方略的组成部分。所谓军垦农场，隶属于中国人民解放军建制，同正式军队营、连、排一样的编制。有营房，过集体生活。闲时搞军训，忙时搞生产，但以生产为主。所不同的是，人员由大城市来的知识青年组成，而且差不多男女各一半。他（她）们都没有军衔，也不算是正式军人。他们中只有排以上干部才是军队正规编制，穿军服，佩戴领章帽徽。其他的都穿老百姓衣服，发低微的工资，当然，在那个年代，他们处境比农民好多了。这种建制，战时可参加打仗，平时主要搞生产，实际上是军队中的生产队性质。这种军垦农场大部分建在边疆，如新疆、云南等地至今还建有大型军垦农场，而且颇有名气。这种军垦农场平时为国家开荒生产，战时拉起来就可参加打仗，可谓是建军治国的好方略。

有一天，我们来到一个坐落在太湖边上的军垦农场，叫湖山林场。

我们所到的这个军垦农场，是个规模较小的农场。这个军垦农场建在太湖边的山区。营房不大，大概有一个团的编制，也不知道他们归哪个兵团管辖，但属于南京军区是无疑的。

军垦农场住的都是少男少女。特别是那些细皮嫩肉的女孩子，从事如此艰苦的劳动，给我留下了很深的印象。很难想象她们是怎样承受那种繁重体力劳动的。

更糟糕的是，两性关系一旦败露，最可怜的还是那些女孩子。那时对两性关系监管得极严，人在这个问题上是最没有自由的，别说败露出来，就是发现卿卿我我的恋爱关系行为，也会受到批判，从而让人抬不起头来。只有正式向组织申请结婚，批准后才可结合在一起。但如果这样，你永远别想离开这个小山沟。女孩子最惨了，那时避孕方法很差，常常肚子大了不得不出丑。说也奇怪，如此严厉，丑闻照样出。

无独有偶，那个年代上山下乡，有的知青点带队干部也把女知青当作猎物，闹出许多丑闻，为此，中央为保护女知青不得不下文严厉惩处这样的坏蛋。

那个年代，这种两性关系的严重扭曲，实在叫人不可思议。在这个军垦农场，使我印象最深的是那些姑娘的眼睛，那一双双痴情的眼神，那渴望走出大山的期盼眼神，那眼神中流露出来的内心恐惧和无奈，让人至今难以忘怀。看得出来，她们多么希望和我们一样，带上领章帽徽，离开那个小山沟啊！

我们来这里，主要是拍摄电影纪录片的，为的是组织一场战斗演习。所谓演习，虽然前面没敌人，但冲锋号一吹，前面即便是刀山火海也得往前冲。为了使镜头逼真，在一口烂泥塘里设置冲锋路线。大家冲到那里半点也不含糊，冲过去后，全身都是泥巴。与此同时，到处都是手榴弹爆炸声，到处都烟雾滚滚。其实，这些手榴弹是纸做的炮弹，只炸起泥土伤不着人；子弹也是空炮弹，只有弹壳没有弹头，伤不着人。记得那天，连长特别安排我拍了个冲锋枪点射的特写镜头，一气打出几百发空炮弹。

为了配合拍摄一个规模宏大的战斗场面，我们深夜被拉到了上海天马山上。

天马山位于上海佘山西南，山势陡峭，山形如一匹展翅飞翔的天马，故称天马山。天马山是上海佘山九分十二山中山林面积最大、海拔最高的一座山，是上海陆地的最高点。天马山历史悠久，人文荟萃，为佛教圣地。天马山上有不少梵宫寺院，香火极盛，故又名烧香山。山上有座大寺庙叫圆智教寺，寺庙半山腰上有一座塔，名叫“护珠宝光塔”，传说，南宋高宗赐五色佛舍利藏于塔内，后人时常可观其宝光显现。每当日出和傍晚时分，阳光透过带水的云雾，就会在塔的四周出现一个七彩的光环，给天马山涂上一层神秘的色彩，吸引着成千上万的善男信女来此朝拜。

我们到达天马山时，已是深夜，根本未能见到天马山美丽的景色。其实，我们是来执行任务的，即使是白天，我们也没有机会去那些香园寺庙，更何况在那个群情激昂、热血沸腾、横扫一切牛鬼蛇神的年代里；同样，经过无产阶级文化大革命洗礼过的天马山，也不可能出现什么善男信女，因为，那时一切所谓的牛鬼蛇神都不复存在。

4月初的一天，上海的初春，天气反差大，白天暖和，晚上很冷。我们穿着单衣，深夜趴在山上一动也不敢动，加上风又大，冻得直打哆嗦。整个山上被探照灯照得通明，整整折腾了一夜，到天蒙蒙亮才结束。连里炊事班送来了瘦肉炒饭，连首长们大喊吃饭，可谁都吃不下，随便吃几口便匆匆离去，战士们脚也不洗便倒在床上睡着了。

这是一个让人永生难忘的天马山之夜。

遗憾的是，花了九牛二虎之力拍摄的纪录片，谁也没看到，根本就没有公开放映。后来才知道，由于“九·一三”事件的发生，再也不可能放映了，付出的辛苦就这样白费了，那个时候的彩色胶卷需从国外进口，可谓贵如黄金，也就这样被白白浪费了。

第四章　军营生活

21.特殊的生日

4月25日，对“好八连”来说，是个特殊的日子。这个日子，是中央军委、国防部为“南京路上好八连”命名的日子，可以说是“好八连”生日。

在圆满完成了千里野营拉练的各项任务之后，1971年4月中旬，我们回到了连队所在的大场营房。

1963年，时任国防部副部长、南京军区司令员许世友将军（左一）为“南京路上好八连”授锦旗。

回到大场营房的第一件事，就是为“南京路上好八连”命名纪念大会的召开做准备。作为战士，我们的准备工作就是打扫卫生，整整用了几天时间，把房前屋后，里里外外扫了个一尘不染。

4月25日一大早，全连干部战士穿上了崭新的军装，排着整齐的队伍来到大礼堂。战士们个个喜气洋洋，脸上挂满了笑容，特别是连首长们更是喜不自禁。

大礼堂内，黑压压坐满了千余名军人，都是来开会的。参加开会的人除了我们团外，还有警备区各部队的优秀代表，再就是南京军区的首长和上海市的领导。

会议十分隆重热烈，鞭炮声声，锣鼓喧天，好不热闹。会上，除了领导讲话之外，连队要向大家汇报工作，再就是各部队代表向“南京路上好八连”学习的发言。

这种纪念大会，我经历了三次，最隆重、最热烈的要算1973年4月25日这次了，因为这是“南京路上好八连”命名纪念十周年大会。这次纪念大会不仅有各部队的同志参加，还请来了历届的老连长、老指导员和部分老班长。最有名气的要算是1963年连队命名后的指导员王经文等老一辈了；再就是时任团政治部主任的原指导员王传友，他是南京军区政委杜平同志的女婿，曾受到毛泽东主席的接见。班长中只请了几个典型，其中一个是在江西总工会工作的李祖根，他是江苏人，是“好八连”工具箱的创始人。因为他在江西工作，我作为江西人，故对他印象较深。

那次纪念大会还筹办了“八连连史室”，展出了自连队成立以来，各个时期艰苦奋斗的事迹。其中，除了连队各个时段老同志留下来的各种艰苦奋斗的原件外，还有数以万计的群众来信以及媒体宣传“南京路上好八连”的各类文章，颇有点教育气氛和教育意义。

自这次“好八连”千里野营拉练回来后，全军进一步掀起了向“南京路上好八连”学习的热潮。各大报刊媒体争相报道“好八连”的事迹。其中解放军报派了两名高级记者来“好八连”采访，撰写了几篇长篇通讯，登在《解放军报》、《解放日报》、《文汇报》、《人民日报》及各省各大报刊上，影响很大。那时“好八连”千里野营拉练，本身就有许多生动感人的事迹值得宣传，加上媒体一渲染，名声大噪，都说“好八连”战士是飞毛腿。“好八连”战士个个都成了英雄，作为一名“好八连”战士，自然感到无上光荣。

在连长王振华的关心下，我也成了被采访的重点人物之一。不仅在各大报刊登的长篇通讯上登了我的一段事迹，还指派我单独谈艰苦奋斗的体会，由中央人民广播电台录音，向全国播放。

其实，我受到的采访和宣传是受之有愧的。记得为录好这个音，中央人民广播电台的同志特地选择在深夜两点钟进行录制，主要是为了避免飞机的隆隆声和其他嘈杂声。录音资料自然不可能给我，我只好把各大报刊上登载的那段文字抄录如下：

“黄明光，这个来自井冈山地区的民兵骨干，是在“文化大革命”中入党的优秀青年。（本人在“文革”前夕入党，笔者注）入伍前，他在家乡就习惯穿草鞋干活。刚到八连，他走进连史室，见到了当年老战士穿过的草鞋，联想起在长冈乡展览馆里也曾见过革命前辈穿过的一双草鞋，立刻意识到，草鞋里面有精神。他决心做一个名副其实的好八连战士，为连队的红旗增添新的光彩。到连队第7天，他就参加了千里野营。行军路上，他没有把自己当个新兵，而是处处学习好八连老一辈的战士，不怕苦，不怕累，一会儿帮这个同志背背包，一会儿帮那个同志扛机枪。很快，他就成了连里的骨干。”（1973.4.27《人民日报》）

上海人对“南京路上好八连”可以说到了无限崇拜的地步。“好八连”去单位和工厂“支左”，去农村做群众工作，别说不能暴露出“好八连”的身份，就连“43分队”这个代号也不能暴露，否则，定会招来许多麻烦。比如要你签字留名什么的，有的还要认亲呢；最难的是遇上年轻姑娘，缠着要你讲故事、做报告，那就更惨了，因为这一切连队都不允许。为防止意外，连队党支部规定，凡给女性谈心、做思想政治工作，必须两个战士一起去谈，否则是属于违反纪律的。

那时我们部队有一条内部的特别规定：不管干部战士，非上海籍的，原则上不能和上海的姑娘谈恋爱，更不能结婚。“好八连”干部战士更是如此，这条规定，看起来不通人情，甚至是违反婚姻法的，但这是他们一心为上海人民着想的自我约束。因为那时解放军威望很高，姑娘们都愿意嫁给解放军。如果上海的十几万部队都同上海姑娘结婚，那就给上海男青年寻找配偶增加难度。这一规定，现在看起来不可思议，可那时就是这样做的。不过，尽管如此，还是有人铤而走险，有的干脆脱下军装转业，也要追求爱情。然而，此举常常导致“竹篮打水一场空”，脱去军装的人，最后结果不是棒打鸳鸯，就是离婚，因为上海姑娘都不愿离开上海，而男方又无法在上海落户。但“好八连”干部战士无一此类事情发生。

22. 大场营房

使人纳闷的是，“南京路上好八连”是在南京路上起家的，却不驻扎在南京路上，而驻扎在上海警备区某团军营内的大场营房。也许是“好八连”在南京路上完成了使命？也许是南京路上太平了，无须站岗放哨？也许“好八连”有更重要的任务？也许……总之，我们那时就驻扎在上海大场镇的大场营房。

大场镇属于上海宝山县（今为区），是一个商业重镇。早在公元502年，就在此设盐场，因盐场甚大而得名。明朝正德至万历年间(1506～1620年)，大场堡镇已初具规模，到清代中期就已有大小300余家商铺，可见一斑。清代雍正年间，大场镇开始有“铁大场”之称，与“金罗店”“银南翔”“铜江湾”齐名，成为历史上上海市北部四大名镇之一。

在大场镇内，有为纪念“一・二八”“淞沪战争抗日将士”大场纪念馆，有著名的上海少年村，有人民教育家陶行知纪念馆，有中国佛家协会首任会长圆瑛法师纪念塔。

大场镇南傍上海市区，东倚机场。沪太路纵贯南北，南大路连接东西，真大路通向西南。境内河道纵横，遍布城乡，可航达黄浦江、苏州河等各大江河，实为水路交通之枢纽，因而也成为兵家必争之地。

1932年，“一・二八淞沪战争”，十九路军在大场浴血奋战，抗击日寇，伤亡惨重。1937年，“八・一二淞沪抗战”，中国军队在这里与日本军队展开殊死搏斗，阻击日寇达半年之久。在此次战役中，日寇出动150架飞机，密集投弹60多吨，整个大场成为焦土。

有资料记载，当年日本鬼子占领上海，四川军队步行一个多月赶到上海大场，展开了一场殊死搏斗。就在这里，在大场这个战场上激战7天7夜，牺牲7000多人，都是整营整连伤亡。有一个连在日本的飞机大炮袭击下，十分钟之内全部阵亡。

大场营房坐落在离大场镇约三华里处的沪太路。大场营房是早年日本人修建的营房。老百姓都称其为马桥营房，因其在上海宝山县大场镇境内，我们部队都称它为大场营房。

我们住的大场营房较大，约有一平方公里。上海警备区某团就驻扎在这里。团部在南边，门朝南，进了大门，中间高高竖立着一杆军旗。军旗左右两边是团部机关办公楼。团部办公楼后面是个小操场，是团部机关干部、战士进行体育活动的场所。小操场后面是个大礼堂，可供千人以上开会用，我们来部队的第一天，就是在这里被分配到各营各连去的。

营房中间有一个大操场，操场周围有一条煤渣路，是部队出操用的跑道，可通汽车；路两边有两行柳树，每当阳春三月，柳絮飞扬，犹如鹅毛飞舞，酷似大雪纷飞，十分好看，坐在柳树下，春风和煦，催人入眠。

跑道后面是一排排平房，是战士们居住的地方。操场北边有个射击场，供练习射击打靶用。北边还有个养猪场。西边是个家属工厂，是为解决驻军家属的工作而办的。平房后面的周围有一条深深的水沟，是用来与外界隔离的。水沟外面是片田野，每到春天，麦苗翠绿翠绿的，给人以生命的召唤。田野里竖着一个个坚固无比的水泥碉堡；这些碉堡是当年汤恩伯按蒋介石旨意为死守大上海而修建的；解放上海时，因为攻打这些碉堡，牺牲了很多解放军战士；当时，从军事角度考虑，这些碉堡即使拆掉一个也要报中央军委批准。

“好八连”所属的上海警备区某团规模较大，有一、二、三、四营和炮营等五个营，还有防化连、运输连和卫生队等，约有三、四千人。大场营房虽说较大，全团人马并不都驻扎在这里，像“好八连”所在营的七连、九连都在市区执行警卫任务；还有四营，全营在南汇县（今为区）农场种田；营房里只住着一营、二营、炮营和通讯连、运输连、防化连、卫生队以及团部机关，此外就是养猪场和家属工厂了。

“好八连”驻扎在营房的东大门，旁边是防化连和运输连。防化连紧挨着“好八连”，中间只隔了一条路，我有个老乡叫刘振旗的就在这个连，因此，时常还去找他串串门、聊聊天。据他介绍，防化连就是用喷火器对碉堡或其火力点实施焚烧摧毁，每个战士身上只背有三瓶火枪焚烧弹，火枪打出去三枪，如果都不中，那就必死无疑，因为为了命中目标，战士必须单兵进到离敌人极近的距离，三枪打完后，再也无进攻力了。因此，最怕的是刮风，因为射出去的火苗，经风一吹就会偏离靶，导致无法命中目标。

有一次，上海警备区演习，规定一个班进攻一个碉堡，其中一位防化连战士，因刮风未能摧毁碉堡，按演习要求，就得派战士携炸药去炸碉堡或用炮弹击毁。派出的战士按规定出色完成递放炸药的任务，返回趴在离碉堡17步半远的低洼处。然而，意外事情发生了，远处的榴弹炮教练弹奉命击中碉堡，炮弹打在水泥上，弹头飞到那趴在低洼处的战士头上，当场死去，酿成惨剧。演习结束后，班长清点人数，居然未发现班里少了一名战士，造成重大事故。

从沪太路东大门进来，就是“好八连”连部，连部边上是饭堂，饭堂门口有一小坪，供平时全连集合用的。连部正对面有四栋平房，包括连部在内一共五栋，每栋三个大间一个小间；一栋住一个排，每个大间住一个班，小间是储枪室，储枪室的门平时总是关着的，主要是为了防止武器被盗。每栋门前有一口井，是为节约用水而打的。到了20世纪80年代，上海下沉，严禁挖井，估计现在早已不用了。营房里的路，包括大操场都是用煤渣铺成的，黑瞅瞅的，看上去很脏。但上海的泥土少沙，不铺煤渣，下起雨来行走十分困难。

我在“好八连”当兵3年多，有一半时间是在大场营房度过的，给我留下了一个“家”的概念。在我们住的营房旁边，就是团部的大礼堂，礼堂南侧有一化妆室，后来，我一度调到团部报道组，在这间化妆室里住了几个月，这是后话。

那时的“好八连”编制算是满的，有一百多人，属陆军步兵战斗连队。全连有一、二、三排，外加一个机枪排。每排三个班，每班约10～12人，每个班配备正、副班长各一名。每排配一名排长，没有配副排长。排长为国家23级干部，月薪54元；当了排长就算是军官，这对战士们来说是最诱人的了，都把当排长作为当兵的奋斗目标。此外，连部还有通讯班、炊事班，由连部事务长直管，事务长是排级干部。全连配有连长、指导员、都是一正两副，比其他连多两个副职，加上四个排长和事务长，共有11名干部。列队时，连长、指导员排前面，副连长、副指导员排后面，排长则在各排前头，这就是所谓排头兵吧。

连队的火力配备也较强。除步枪、冲锋枪外，还有重机枪、轻机枪、火箭筒、配备至各班。连长、排长使用的都是五四式手枪。除排长以上的军官外，从班长到士兵，每人都配有手榴弹，算是有较强火力的战斗连队。

1973 年，作者（左一）和战友们在“好八连连史室”合影留念。

我当兵时的连长叫王振华，安徽人，干练、坚强、睿智、风趣、幽默，是一个很有理智和才干的人。他遇事不迷糊，处事不慌，沉着机智，始终清醒；他看问题总是二分法，尤其是在对待一个人时，总是一分为二，对自己更是有自知之明；他有足够的能力，以完成党交给他带好“好八连”的带兵任务。他总是对战士们笑容满面，和蔼可亲。经常模仿《霓虹灯下的哨兵》中鲁大成的手势和语言，指挥唱歌和讲话。他负责培养我，非常关心我，有幸好几次到他住在天目山路附近的家里吃饭。

1991年，我带了个剧团到上海去演出，请他来瑞金剧院看戏，他欣然接受，并与我合影。他那时已是副师级干部，特平易近人，请我到他家吃饭，临走还送包洗衣粉给我，说是他们农场自己出产的，一定要我收下。

指导员邵金城，江苏南通人，不苟言笑、温和善良。他对工作一丝不苟，对同志总是无比温和，但对自己却要求很严。我们调防到人民广场执勤时，驻地后面就是人民公园，他自己从不去玩也就罢了，记得有一次，他爱人来连队，正好是国庆节，我问她为什么不去人民公园玩玩，她微笑着说："指导员说不能去。"此事给我留下深刻印象。他转业回地方工作后，我再也没能见到他。

副连长吴瑞生，江苏人，就是在新兵连时带我们的最高指挥官，后很快调离，升任副营长。

副连长戴大喜，安徽人，皮肤白皙，精明能干。后来升为指导员，后又改任连长，之后转业到地方工作。

副指导员王家友，江苏人，娃娃脸，说起话来不紧不慢，但很有点理论水平，一直被派往上海市团委支左，我们到连队时他才回连里来，后转业回到地方。

俞昌盛，我所在排排长，安徽人，瘦高个，有较高的军事素养后升为副连长、连长，排长由徐祥接任。

到"好八连"后，我被分配在三排九班，后调到七班。

那时分配到"好八连"的兵，政治上要求特别高，祖辈三代都必须是贫农；现实表现更要好，可谓纯之又纯，红之又红，对毛主席忠之又忠，对共产党诚之又诚。一句话，必须是靠得住、信得过的人。

23.当兵的一天

在许多人看来，“好八连”的生活是丰富多彩的，是非常有趣而又神秘的，事实上，和千千万万个普通连队一样，每天都重复着单调和乏味的军营生活。这些看似平凡的军营生活，虽然枯燥无味，但却是军人的神圣职责。“好八连”就是在这种枯燥平凡的工作中发掘着不平凡，在这种不平凡中创造着伟大。因此，在这里，也只好枯燥地介绍“好八连”战士当兵的一天，让大家也知道他们每天都做些什么。

在完成了千里野营拉练之后，连队就住在大场营房，开始了正常的军营生活。

1971 年，“好八连”连长王振华（右二）、指导员邵金城（右一）和指战员在学习。

那时“好八连”的军营生活可以概括为两大活动，六个字：“天天读”、“天天练”。主要是围绕以“四个第一”为内容的创建“四好连队”和“五好战士”活动而展开。四好连队，即政治思想好、三八作风好、军事训练好、生活管理好。五好战士，即政治思想好、三八作风好、军事技术好、完成任务好、锻炼身体好。

所谓“天天读”，就是每天早饭后开始的集中政治学习。学习的内容主要是毛主席的著作和语录以及当时的时事政治。学习的资料，除了毛主席的著作外，还有以下几个方面的内容：一是传达上级的有关指示精神，如中共中央的会议精神和毛主席最近发出的指示等；二是学习报刊上登载的社论和时势政治文章；三是开大会、听报告。学习的形式主要是以班为单位，大家集中在一起，念完某篇文章后，结合当前工作，谈思想认识和体会。

当时流行一个响亮的口号是："斗私批修，灵魂深处闹革命。"所以在发言谈思想认识时，要检讨一天来自己工作的不足，要深挖自己灵魂深处怕苦怕累、骄傲自满等方面的私心杂念，不断地净化自己的灵魂；同时还要表示改正的决心，这才是讲到了点子上。而且人人必须谈，不可"漏网"。

后来，这种政治学习又叫路线教育。这种形式对于来自农村文化不高的战士来说，是大有好处的。大家集中在一起互相谈认识，不仅集思广益，可以提高大家的理论水平，净化人的灵魂，还可以学到文化。一些不识字的战士，几年下来至少可以达到读书看报的水平。社会上称"好八连"战士能说会道，政治水平高，就是这样锻炼出来的。

这种政治学习，每天大约进行一小时，这是不成文的规定，而且雷打不动。特殊情况下例外，如果因紧急情况外出执行任务，也要抽空补上或自学。

这种学习方法，我认为挺适合部队情形，这算是几十年军队建设的总结。和平年代，也总不能一天到晚都搞军事训练，也要学习政治、文化，以提高部队整体素质。即使在战争年代，也总不会天天打仗，也还有闲下来休整的时候，这时就是学习的好机会，可以大大提高政治思想文化水平。当然，不一定规定死一块时间，可以灵活机动的安排；学习的内容也应当丰富多彩，不应局限于政治学习，应当更多地学习文化和军事理论知识。只有这样，才能真正做到毛主席在"五七指示"中所要求那样，既学政治军事，也兼学别样，使部队成为一所真正的大学校。

"九·一三"事件后，"天天读"受到指责，说它是花架子，其实，这种学习形式在部队一直沿袭着。事实上，一种好的形式并不是每个人的心血来潮，而是长期实践的经验总结，只不过不一定叫“天天读”罢了。同时，对林彪倡导的创建“四好连队”和“五好战士”活动，也自然否定，说它是形式代替实质，“四好”代替路线，名利代替改造；说“四好”是毒害军队的甜药、争名争利的引子、形式主义的黑标本。说“一好带三好”是带向黑暗，带向旧社会，带向资产阶级。

1964年，“好八连”战士在练射击（资料图）。

“好八连”是十分重视学习的。连里有学习要求，班里有学习制度，个人有学习计划。大体上每周集体学习一次，内容主要是毛主席著作，也可学习其他认为健康的东西；每班天天要组织学习，时间不少于一小时，每人每天要坚持40分钟自学，并要求有阅读能力的要通读《毛泽东选集》和马列经典著作，如《共产党宣言》《哥达纲领批判》等；每人每周写1–2篇心得体会，每班每星期组织交流一次，每月全连组织一次交流；各排成立辅导学习小组，并经常组织检查。

当时，我们班是全连的典型班，我执笔写了篇学习体会文章，是班里向连里党支部撰写的学习马列、毛主席著作的情况汇报。当时我只有初中文化水平，无论在文章结构和理论水平方面都是拿不出手的。但这篇文章是班里学习马列、毛主席著作的真实写照。它集中了全班的智慧，从中仍然可以发现“好八连”战士那种刻苦学习钻研的“钉子精神”，那种向往崇高的精神境界，那种追求真理的孜孜不倦，那种为共产主义理想奋斗的不屈意志……现特将这篇文章附于本书后面，也借机向读者作个汇报。

所谓“天天练”，主要是针对提高军事素质而言的。

具体地说，我们每天出操或长跑半小时，雷打不动，除非下雨；每天坚持练射击、刺杀、投弹、匍匐前进，经常训练翻越障碍。

射击分卧姿、跪姿、立姿三种，以立姿为最难，卧姿最重要；射击又分白天和夜间射击，白天射击要求打优秀，也就是说每枪要九环以上；夜间射击不计环数，子弹上靶，哪怕擦边就算数，这主要是用来消灭敌人火力点的，只要掌握了要领，一般都可中靶。

投弹要求30米及格，“好八连”要求投50米。刺杀是硬功夫，在新兵连时练的是空枪，就是说没对刺对象，而现在不仅要练空枪，更要练实的；所谓实的，就是两人对刺，只不过仍然用的是教练枪；别看是教练枪，枪头还有橡皮，练习时还穿了防护甲，一枪刺到胸前也特别难受，弄不好还会摔个仰面朝天。

匍匐前进和翻越障碍也是必练项目，而且要带真枪实弹，这是一种特辛苦的训练。

此外，除了紧急集合，还要进行长途奔袭。所谓长途奔袭，就是带着武器弹药等战斗用的武装跑步前进，一般每小时要跑18–20华里，按指定的时间到达指定的位置。但这种练习不常搞，而紧急集合倒是时不时有的。

“好八连”的军事训练是高标准严要求的，是按毛主席在《八连颂》中提出的“军事好，如霹雳”要求来的。全连射击及格率要达95%以上；投弹要达到40～50米。至于其他项目，虽没硬指标，但表演给人看，要让人心服口服，这是非常不容易的。为此，经常在人与人、组与组之间开展竞赛，掀起练兵热潮。比思想，看谁指导思想明确，练兵热忱高；比劲头，看谁勤学苦练，掌握技术快；比技术，射击看谁打得准，投弹投得远。同时开展毛主席倡导的兵教兵的练兵运动，老兵教新兵，新兵帮老兵，能者为师，既当教员，又当学生，开展军事民主。组织一个互帮互学小组，利用业余时间，互相训练、学习；射击好的帮射击差的，投弹远的帮投得近的。

训练中，贯彻毛主席关于“严格要求、严格训练”的指示。明确为谁打仗，为谁练兵，做到瞄准不怕气候差，投弹不怕手臂痛；从难、从严、从实战出发，高标准，严要求，不放过一点时间，不浪费一枪一弹，不满足一知半解；采取课堂与训练场相结合，训练场和平时相结合，练时和战时相结合；做到每瞄一枪想到人民，每投一弹想到革命，每操练一次想到连队建设。

1972年春天，不知什么原因，我得了肠炎，拉痢疾，连卫生员赵从华把我送到离连队很近的卫生队治病半月，稍好后，正逢连里实弹射击，指导员邵金城来看我，我请求参加射击，开始指导员死活不同意，因为一旦我打不好，就会拖全连的后腿，我毕竟有半月未练射击了啊！在我再三请求下，也许他考虑到我的老练成熟，最后还是同意了。结果，我打了优秀，为全连还增加了百分比，那次射击达到了98%的成绩，连首长甚是高兴。

当时我记下了这样几句话：

“今天我住院了，真是出乎意料，心里很不舒服，一天也待不下去。苦恼统治了我，倒不是为自己，而是因离开了连队、离开了工作感到难过。还要住到什么时候呢？不行，我得出院，我得为革命而活，为连队而工作，我再也不能坐视了。我偷偷摸摸，背着军医的视线，跑到了靶场打靶去了，回来受到了批评。我不怕批评，批评吧，我心里高兴哩，因为今天也总算为连队争了点光，多一个人的优秀成绩就提高了百分比嘛。”

与军事训练有关的还有擦枪。擦枪有时还进行比赛，看谁擦得亮、擦得快。擦枪就是把枪的各个部位卸下来，用破布擦净灰尘，涂上枪油，再装回去；装回去后要验枪，看枪里是否有子弹。

我们步兵用的枪有三种。一种是半自动步枪，这种枪在单人匹马时，射程在400米内有效，集团人马时在800米内有效；其穿透力在100米内，钢板为6毫米，墙为150毫米，土为300毫米，木板为400～600毫米；这种枪有十大部分组成：瞄准具（包括准星缺口）、枪管、枪刺、推杆活塞、弹仓、枪机、机匣、木托、复进机和击发机。

另一种是冲锋枪，冲锋枪是近距离打点射的，其准确性比步枪差，射程也没那么远，但近距离杀伤力比较大，一般只有正副班长才配用；冲锋枪分为九大部分：瞄准具、活塞、枪管、弹匣、击发机、枪机、枪托、复进机、机匣。

再一种是轻机枪，这种枪射程较远，杀伤力也较大，随身携带有300发子弹以上，比步枪、冲锋枪多了几倍。这种轻机枪一个班只配一挺，由两个人共同使用，一般都配给个子较高、力气较大的人；这种枪也是十大部分组成：瞄准具、脚架、枪管、弹盘、受弹机、枪机、机匣、枪托、复进机、击发机。

擦枪也会出意外事故，如不认真有时会打坏撞针，撞针断了也是事故。连首长们特别重视事故，如果超过指标，就不能评“四好连队”。更要命的是，如果鬼使神差，把子弹装进了枪膛，容易出大事。

为避免此类事件的发生，连长王振华还特地给我们讲了发生在部队的一个真实的故事：说别的部队有个连长擦手枪，验枪时对着指导员脑袋开玩笑，说我一枪毙了你，结果一扣扳机，没想到枪里真有子弹，子弹正好打在指导员的左眼上，酿成大祸。所以，每到擦枪，班排长们都要做婆婆嘴，交代大家验枪时千万不要对准人，以防万一。

除了这些政治和军事的训练外，还有思想和作风的训练。

所谓思想和作风的训练，就是平时严格要求自己，自觉练思想、练作风。具体地说，就是平时利用休息时间学习、谈心、做好事。在部队，主要是主动打扫卫生，帮助厨房劳动，帮助战友们洗衣服、补衣服等等。比如，早晨起来洗脸，在井里打水，大家都争抢着给别人先打水；看见哪个的衣服没洗会偷着去给他洗，这叫互相关心、互相帮助。又比如，营房边有个大厕所，又脏又臭，大家就偷着早起去扫厕所，连首长见了会表扬；可这一表扬不要紧，大家越发起早抢着去扫，害得连首长不得不要求大家不要起太早，以免影响休息和工作；再比如，哪个战士家中有了困难，其他人知道后会主动寄钱去帮助。还比如，如果你今天外出了，在公共汽车上要让座，路遇老百姓有困难就主动帮助等。好事做完了，就学毛主席著作，看报纸，学打草鞋，学补衣服，学写日记……总之，任何时候都没人闲着，事事处处，时时刻刻，都要首先为集体着想，为别人着想，把困难留给自己，把方便留给别人，以顽强的意志和全心全意为人民服务的精神，过好自己的每一天。

24.星期天劳动

在军营里，每逢星期天，都要安排一部分人去参加生产劳动。

连队的生产劳动有两部分。一部分是种菜，这是“好八连”的传统，每逢星期天，步行到郊外去种菜，收获的菜，除了改善连队的伙食，还要送给当地的群众吃。另一部分是帮助群众劳动，每驻扎到一地，都要和当地群众取得联系，定点帮助当地老百姓劳动。

在许多次的劳动中，有一次在郊区挖莲藕印象最深。记不清在什么地方，好像是个军队的一个靶场，也不知叫什么地名。早饭后，大家步行几十里，到了菜地，不是种菜，而是挖莲藕。

池塘的水已放干，塘里的污泥很深很深，人踩下去最深处可淹没膝盖。过去在书里看到关于荷花出淤泥而不染的诗句，不置可否，这回还真有点切身体会。可惜的是，时值初冬，美丽的荷花早已凋谢了，只剩下枯萎的荷杆。我们用双手挖开过膝的污泥，黑色的污泥中露出洁白的莲藕，让人欣喜而又浮想联翩。当年，“好八连”的老前辈，身在大上海最繁华的南京路，不就是出淤泥而不染的生动写照吗！

我们小心翼翼地从污泥中挖出一根根雪白的莲藕，双手捧着那雪白雪白的莲藕，还真有点爱不释手。大家干得热火朝天，喊声不断。不安分的人，开始顽皮起来，故意把污泥弄到别人身上，甚至脸上，谁都不会因此露出怨色。几个小时下来，个个成了泥人。为了一气干完这个活，一干就干到了下午两点才吃午饭。

午饭后，我们把莲藕装上三轮车，装了好几车呢。这时副连长戴大喜要我踩三轮车，我傻了眼，因为我连自行车都没骑过，更别说三轮车了。可他说没关系，不会骑自行车更能踩好三轮车。我半信半疑，只好勉为其难，硬着头皮上。心想，好在有会踩的人坐车上跟着。开始路上行人少，踩了一段还勉强过去。后来行人越来越多，我怯生生的双手把住车把手，小心翼翼地避让行人，手心一次次渗出了汗水，身上也出了一身冷汗。我太紧张了，想下车换人，没曾想，坐在车上的人也说不会踩。这下我更傻眼了，没法子，只

1963年，“好八连”指战员在南京路上（资料图）。

好硬着头皮撑着。就这样，也不知道是什么魔力支配着，竟然顺利安全地回到了大场营房。可见人在关键之时潜力是很大的。想起看过的有关抗美援朝的文章，说在朝鲜战场上缴到美国的汽车大家不会开，有个会开的，当场教大家，于是大家壮着胆子，跟着教官慢慢地竟然把几十部卡车开走了，这种描述真叫人难以置信，这回还真信了。后来回到地方学会骑自行车后，居然真的踩不好三轮车了，踩起来总在原地打转，你说奇怪不奇怪。那次在上海繁华的路上踩三轮车，每每回忆起来都有些后怕，真不知道当时是怎么过来的。

另一种劳动方法是结对子。就是与农村生产队结对子，定期帮助农民挖土、插秧、收割。我们连队的对子，是离大场营房不远处的一个生产队，大约有二、三里路远。我们一般在农忙时节帮助生产队劳动，以减轻他们的负担。

劳动中，生产队里往往派年轻的姑娘来和我们一起劳动。也不知什么原因，每当参加这种劳动都不觉得累。也许是长期关在营房枯燥的缘故吧。

部队的星期天，按规定请假人数不得超过5%。这样，战士们几乎长年累月不能与外界接触。到生产队参加劳动，和老百姓在一起，特别是和姑娘在一起劳动，精神自然会为之一振。这也许是人所需要的一种精神激励因素吧。

帮助老百姓劳动，包括帮助她们扫地，挑水，解困解危，不仅仅是“好八连”的传统，而且是整个人民军队的传统。我们连队除了这个固定的对子外，每换个驻地就要结新的对子。即使野营拉练在外临时住下，也要深入到老百姓中间去，和他们一起劳动，帮助他们解决困难，和老百姓打成一片，建立军民鱼水关系。

25.人民的利益高于一切

“好八连”的一切所作所为都是为了人民，人民的利益高于一切。

我在“好八连”三年的岁月中，不管连队驻扎在那里，只要出现了险情，老百姓的利益受到了威胁，那么，不管是炎热的夏天还是寒冷的冬天，也不管是白天还是黑夜，是刮风还是下雨，都要无条件去抢救。

在我的记忆中，三年里，经常为抢救人民的生命财产奋不顾身。我印象最深的是一次深夜，那天刮台风，又下倾盆大雨，把整个大地搅得昏天黑地，就像要把地球卷走似的，又像是天要塌下来。突然传来消息，北边有火光，发生了火灾，原来是一家化工厂起火。火光就是命令，我们从床上跳起，二话没说，刚穿上雨衣，全连紧急集合的哨声就响了，我们跑步奔袭了20里，到达现场立即闯入火海抢救财产。火海中，人人都被烟火熏黑了脸，有的还烧掉了头发和眉毛。整整一夜在那里清理现场，抢救人和重要物资。整个行动过程中，无一人考虑个人安危。所幸那次没出任何人身事故。

类似这样的抢险救火，在我的人生经历中不止一次。早在参军前，我这个入党不久的共产党员，被调到赣县金盘修水库。记得那时住在一个学校里，一日中午，突然发现离我们二十多里的山上火烟冲天。我们二话没说，抬腿就跟着一位退伍军人跑，一跑就是20多里路。到山上后，立即投入扑打山火的战斗中。我们有几次被山火包围，生命危在旦夕，但却毫无畏惧。当时也不知道是什么力量支撑着，我想唯一的解释，就是当时正是活学活用毛主席著作的时代，是向雷锋、“好八连”学习的时代，是向张思德、白求恩学习的时代，是他们的精神鼓舞了我们，使我们义无反顾。我们硬是拼着一种为人民利益不怕牺牲一切的精神，与当地群众一道扑灭了那场大火，保护了国家山林。那是一次自觉的行动，事前无人通知，事中无人组织，事后无人表扬，更没任何报酬。现在回想起来，还真有点后怕，因为我们在毫无组织的情况下，仅靠两只手、一支树榜与猛烈的山火搏斗；要不是命不该绝，恐怕早已去见马克思了。那次救火回来后，已是深夜，浑身的骨头就像散了架，足足痛了半个月，但仍然坚持参加修水库的繁重劳动。

多年后，我经常想起这件事，并把它当作人生的骄傲。那是中国的一个特殊年代，是学雷锋、学“好八连”年代。对我们这些年轻人来说，是一个思想净化的年代。那时所受到的教育就是为人民服务，就是党和人民的利益高于一切。人人都无私无畏，人人都为国家着想，谁都不为自己着想。人人视金钱如粪土，人人把图钱图利当作是一种最卑鄙的事。这是毛泽东思想哺育的结果。那个年代人人都成了小毛泽东。人人为了党和人民的利益，随时可以献出自己的一切，乃至生命。与现在的一些唯利是图、唯钱是举、唯官是上的现象，形成鲜明的对照。

“好八连”无论到哪里，无论做何事，首先考虑的是人民的利益。他们心里装着人民，一切为了人民。为人民而生，为人民而死。和人民同呼吸，共命运。这不仅是“好八连”这样，整个军队，整个党，乃至全国人民都这样。这正是这支军队、这个党区别于其他军队、政党的地方。也正是这支军队和人民群众建立起了这种血肉相连的鱼水关系，才使这支军队从无到有，从小到大，从弱到强，战胜了一切艰难险阻，取得了全国的胜利，在中国人民心中树起了一座永远的丰碑。

陈毅元帅在谈到淮海战役时说，淮海战役的胜利，是人民群众用小车推出来的，意指老区人民冒着生命危险，用木独轮车送粮上前方。这话生动而深刻地表明了军队和老百姓的这种鱼水关系的重要性。因为我们的武器装备远远不如国民党军队，而且淮海战役是以解放军的60万打败国民党的80万，是世界军事史上以少胜多的光辉战例。可见，胜利来自人民群众的支持。而要想得到人民群众的支持，就无论何时何地，都要时时处处为人民着想，为人民奉献。这就是所谓的“先天下之忧而忧，后天下之乐而乐”吧。

26.小小化妆室

1971年，毛主席发表了“艰苦奋斗是我们的政治本色”的指示，我学习后深有感触，写了篇《艰苦奋斗是我军的政治本色》的体会文章。后来经过修改，以“好八连”党支部的名义发表在南京军区主办的《人民前线》头版头条（现将原稿附于书后，以供研究）。于是，连里抽调我去团部报道组跟班学习。可能是团部没有空余房子，我住到了团部大礼堂耳房的化妆室里。2015年10月，我再次来到“好八连”参观学习时，发现部队发生了翻天覆地的变化，整个营房仅剩下这个大礼堂没有拆除。看到当年曾居住过的大礼堂和那小小的耳房，颇感亲切。

当年同我住在一起的战友叫赵光云，他是从别的部队抽调上来的。赵光云是浙江人，满口浙江话，他皮肤白皙，性格文静，待人和气，聪明能干，老实本分。几十年后，他出差到赣州， 念着旧情，通过战友曾凡才电话找到我，大家在一起聚了聚，很是高兴。这时的赵光云已是浙江省杭州市药品管理局副局长了。

在化妆室的日子里，我们主要学写通讯报道，带领我们的是团部报道组的一位张干事。大礼堂就在“好八连”营房边上，可常回连里去看看战友们。

说是写通讯报道，开始的时候主要是为连长起草一个发言稿。这个发言稿是连长准备参加南京军区创建“四好连队”表彰大会用的。里面绝大多数的话都是王振华连长的话，我们只是起了个记录的作用。尽管如此，仍然用词相当讲究，讲究的地方主要是要注意谦虚谨慎的地方。比如，用第一人称写，是用“我”字好还是用“自己”两个字好，反复斟酌了多次，最后，连长王振华觉得还是用“自己”两字好。

2015年，作者在部队营房大礼堂前留影。

其原因主要是发言稿是以介绍经验为主要内容，以“我”字是怕别人听了会觉得“好八连”自我吹嘘，不谦虚谨慎，感觉不好。

从这篇“带好兵，建好连”的体会中，我们不难看出连首长的内心世界，发现他们的高尚情操，感受到他们谦逊的态度（现将这个发言稿一部分附于书后，以供研究）。

在化妆室大约住了两个月。在这两个月里，我不仅学到了一些写文章的技巧，练就了一手仿宋字，还听到了不少在连里很难听到的事情。

我们住在化妆室的那段时日，上海市舞蹈学校来了一批舞蹈演员。她们大部分都是女同志，是来部队深入生活的。她们每天在舞台上练芭蕾舞，大汗淋淋，很是辛苦。近距离接触这么多漂亮的女孩子，在我还是第一次。她们也很热情、很坦率。一位女演员告诉我们：跳芭蕾舞的人，小学未毕业就招来了，天天早起在舞台上练功，十分辛苦；她们要到35岁才能结婚，她是教练，今年已35了还没结婚，她说，人生最好不要选择芭蕾舞这一职业，真的太辛苦了。

听了她的话，我们很是震惊，女孩子到35才结婚，也实在太晚了，不过，我们看眼前这位自称35的女孩，顶多也不过二十出头。老实话，当时我很想与她交谈交谈，认识认识，倒不是有什么非分之想，而是想了解更多，但因为她们是女性，我又是“好八连”战士，“拒腐蚀，永不沾”常伴于耳，见到年轻姑娘，特别是漂亮姑娘，真的像见到老虎一样，警惕又警惕，根本不敢太接近她们，生怕她们会一口吞吃我们。这也难怪，在那个年代，“好八连”的战士在她们心中都是英雄，接触多了，一旦暴露出是“好八连”的战士，很难说不演绎出“美女爱英雄”的悲剧来。看得出来，她们也很想与我们交谈，比我们大胆主动多了，但我们还是拒而远之。

1997年，我与人合作创作了一个舞剧，叫《长长的红背带》，想请一些好的舞蹈演员来做主角撑撑台面，却因不认识她们而非常困难，我想，如果当时认得一二个，建立一种业务关系，这个戏的演出一定会好得多。

在这个大礼堂，在这个舞台上，经常会请一些剧团来演出。每次来演出，部队的干部战士比任何时候都高兴。不过，老实说，战士高兴的原因，与其说是看戏，还不如说是看漂亮的女孩。一场戏下来，留在战士们心里的只有那些漂亮的女演员的脸蛋。在全团流传最广的故事，是请了宝山县的剧团来演《沙家浜》，据说，当时一位团领导因为爱上演阿庆嫂的演员，因此而离开了部队……

也就是在这里，还听到一些难以置信而又非常正常的事情。我们团是独立团，可以招女兵。然而，卫生队和通讯连招来的一些女兵非常引人注目。她们就像是绿草丛中绽放的鲜花惹人喜爱，谁都爱看，欲伸手采摘。这些女兵，弄得一些干部神魂颠倒，每一茬都要出男女关系的绯闻。团长一气之下，发誓不招女兵。因此，到了我们这一茬兵，便再也见不到这些美丽的花朵了。

这位团长很有个性，又是副师级干部，谁也不敢惹他。有一次演习，有一个连里的一挺机枪打不响，团长走过来，二话没说，操起机枪扔到冰冷的河里去了，说“打不响要它干什么？”没辙，那个连的连长只好自己跳到冰冷的河里把机枪捞上来，算是惩罚。

第五章　南京路上

27.人民广场

上海，这个中国特大的城市，位于中国南北海岸中心，长江三角洲冲积平原前缘，东临东海，北界长江，南傍杭州湾，西接江苏、浙江；内辖崇明、长兴、横沙三个岛屿，面积6000多平方公里，人口达2000多万，是中国金融、贸易和轻纺工业的中心，是世界特大城市。

上海的南京路，是一条最热闹、最繁华的路，中百公司（原大新公司）、华联商厦（原永安公司）、上海时装公司（原先施公司）、第一食品公司（原新新公司）、中国最著名的四大公司都聚集在南京路上。我们在看反映上海20世纪30年代的影片时，画面上都少不了这几家公司的标志性建筑物。此外，不仅有迷人的夜景，而且中国最著名的商品、最著名的美食，也都在南京路上可以找到，吃喝玩乐应有尽有，早就被人称为“十里洋场”，又称“大染缸”。

当年，解放大军解放上海，“好八连”在南京路上露宿街头，打退了资产阶级“香风”“毒雾”的进攻，粉碎了敌人的种种阴谋与破坏，全心全意为人民服务，被上海人民誉为“南京路上好八连”。

一段时间以来，上海人民在南京路上找不到“好八连”，传出了南京路上不见了“好八连”的议论。随着“好八连”名声越来越大，议论就越发明显增多。

奉上级命令，1971年夏天，“好八连”重返南京路，驻扎在上海人民广场主席台大楼。这次“好八连”重返南京路，是第三次进驻南京路，被誉为“三进南京路”。为此，连队就如何在新的形势下、继承艰苦奋斗的光荣传统，按照《八连颂》的要求，在变化了的南京路上打退资产阶级“香风”、“毒雾”的进攻，打胜一场新的“拒腐蚀，永不沾”的战争，进行了一次深入的思想教育。连队特地请来上海的老工人讲旧上海帝国主义、资产阶级剥削劳动人民的血泪史，讲南京路上腐蚀与反腐蚀的斗争，讲英租界、法租界，讲上海跑马厅，进行新旧上海对比，从而武装头脑，重新认识南京路，打退资产阶级新的进攻。

上海人民广场是上海人民集会的地方，广场西头是主席台大楼，大楼有五层高，设有一个观礼台。主席台大楼前是人民广场，广场中央竖着一根高高的旗杆，是用来升国旗用的。主席台大楼后面是人民公园，公园后面是上海市图书馆。主席台大楼左边是南京西路。南京路上耸立着上海最高的国际饭店，跨过西藏路就是南京东路的中百一店。连长为让大伙了解当年老同志保卫国际饭店的事迹，还破例带全连弟兄们在国际饭店洗了一回澡。

我们所处的位置是南京路的中段，即南京东路和南京西路的交接处。南京东路直通外滩；南京西路直通静安寺，至美丽园。左前方是西藏中路，直达上海大世界。这个地方可以说是上海的中心，也是最热闹、最繁华的地方。

2006年，我再次来到上海，特地故地重游了一番，真让我大开眼界。人民广场变成了道路，主席台变成了上海大剧院，人民公园已是开放式的广场公园。南京路上新盖的高楼林立，其高度和繁华程度，远远超过当年的国际饭店和中百一店，但这两座标志性的建筑仍保留原样，看上去有点像乡下旧楼的感觉，和周围的高楼形成鲜明的对照，这大概是作为古老建筑的文物来保护的吧！

“好八连”这一驻地我并不陌生，全连到这里驻扎之前，连里曾经派我来这里做整理连史资料工作。说是整理资料，实际上是来学习，是连里对我的培养。这是上海警备区成立的一个史料整理小组，抽调了十几个来自各部队的人，其中有两个年轻美貌的女军医。

我在那里的时间并不长，大约个把月就离开了。在这一个多月里，我了解了不少连队的历史，学到了不少东西。工作之余，我们排着队到新疆北路吃饭，到澡堂洗澡。这是我第一次享受上海大澡堂的滋味，不过很不习惯，几十个人裸体在一起泡澡，对于我这个山里来的伢子，还真不太自在。

在那段日子里，发生了一件事，使我深受教育。有位女军医爱上了一位连首长。但是那位连首长已有一位乡下的女朋友。此事在今天看来，是微不足道的小事，是非常正常的事。但在当时的“好八连”却是惊天大事，组织上不同意他们结婚，要他选择：要不同那军医结婚，然后转业；要不娶在乡下的女友，留连队接班。那时这位连首长已是拿工资吃饭的干部，完全可以与那军医双双转业回到地方工作，生活照样过得幸福。但他却选择了后者，没与那位漂亮的女军医结合，而同乡下女子结了婚，留在了连队。他那乡下女朋友来过连里，我见过一眼，从外貌上看，确实不如那位如花似玉的军医。

1972年，作者（后排立右一）与战友们在上海人民广场合影留念。

从这件事中我们可以看到：“好八连”的干部战士，是绝不能也不会为了自己的幸福去损坏别人的幸福的！绝不能也不会把自己的幸福建立在别人的痛苦之上的！更不可能为了一个女人而不顾及连队的荣誉！一切的一切都要为人民着想，为连队的荣誉着想！这位连首长的选择正好说明了这一点。他这一举动，显然不仅仅是为了自己的所谓政治前途，更重要的是顾及“好八连”的荣誉。人生不可能不遇到各种各样的考验，可能随时随地都会碰到为己还是为人、为私还是为公的考验。在这个利益面前，关键看你如何抉择。为了别人的幸福宁愿牺牲自己的幸福，这就是“好八连”战士的本质所在。后来，这位连首长前途如日中天。在这件事情上，他是对的，是值得赞赏的。我对他的选择是敬佩的。

我们住在南京路上的人民广场，生活得到极大改善。地板是高级木板拼的，墙是瓷板贴的，卫生间是瓷具装修的，厕所是坐式的。我们再也不需要用井水，都用自来水。不过，战士们并不太习惯，特别是不喜欢用坐式厕所。鉴于许多东西都是第一次用，有的还不会用。为此，连长王振华不得不在大会上进行爱护公共财产的教育。王振华连长就是水平高，他不讲大道理，只说了一个真实的小故事，就让大家永远地记住了。他说，有一位战士的父亲，来大城市探望当兵的儿子，屎急了不知到那里屙，走进厕所找不到乡下那种蹲位，只见到洗脸的瓷盆，以为这就是屙屎的，于是蹲到洗脸瓷盆上屙屎，末了还说：“这屙屎的干净是蛮干净，只是太高了点。”这则真实的笑话，引得全连哄堂大笑，让战士们永远地记住了怎样来爱护公共财产。最后，连长特别交代，千万不要舍不得花钱买草纸而用写字纸去擦屁股，否则，冲进坑里后无法溶化，把厕所堵死，那就糟了。自那以后，战士们再也不敢用写字纸擦屁股了。

28.升 旗

我们住的人民广场和广场后面的人民公园，过去实际上是英帝国主义开的跑马厅，是供达官贵人享受的地方，是冒险家乐园的一处重要场所。

住在人民广场的主席台里，还有另一支部队。那是一支全是女兵的通讯连，但我们只有在早上出操时才能见到她们。那时，我们特别喜爱出操，因为出操的时间是和她们一样的。她们出操特别好看，特别是跑步时，胸前就像是有两只不安分的小兔子，在里头一蹦一跳的，特别引人注目。那草绿色的军装，穿在她们身上显得特别熨帖、俏丽；红色的领章帽徽，就像在她们身上插了三朵鲜艳的红花，十分艳丽好看。看着她们那美丽的身姿，常常萌发讨个女兵为妻的梦想，在那个年代，恐怕许多年轻人都做过这个梦。如果说现在追的是歌星影星，在那个年代，追的是解放军这颗红星了。

我注意到，每当我们出操时，看到她们就特别带劲，连一、二、三、四的口号都喊得更响。如果哪一天不见她们，口号声就明显减弱。

那时战士们有点时间，总喜欢到操场上去溜达，想碰碰运气见到她们。然而，无论出操还是无人时，见到她们都不会打招呼，相互只是羞涩地瞄上一眼。从她们的眼神里，明显地感觉出对我们的崇拜，也有很想给我们交谈的意思。看得出来，她们比我们大胆得多，而每逢她们想跟我们打招呼时，我们只是低头而过。因为我们不能忘记自己是“好八连”战士，绝不能在这个问题上犯错误，给连队抹黑。

我们住在人民广场，一个很重要的任务就是升旗。所谓升旗，是升国旗而不是军旗。在上海人民广场的中央，高高地竖着一根旗杆。伴随着东方鲜红的日出，我们每天都要在这里升起鲜艳的五星红旗，让这面鲜艳的旗帜，随着太阳的升起而高高飘扬。

升旗是很神圣的，也是很严肃、很光荣的事，所以要求很高。就是说，只能做好，不能出任何问题。因为这涉及一个国家的尊严，因此，仪式虽简单，但却很庄严。

升旗的任务不包括女兵，是由我们连各班轮流执行的。轮到升

1973年，作者在上海人民公园留影。

旗，天不亮就要起床，做好准备后，列队到旗杆下等候。当太阳升起时开始升旗。我们这个升旗仪式，虽然没有北京天安门广场的那么多人，也没有乐曲，没那么隆重，但也是很庄严的。我们将红旗小心翼翼地套在旗绳上，一个人将旗抛开，两个人奋力拉绳，直至将红旗拉到顶端。遇上有风，红旗随风飘扬，哗啦啦作响，我们的心情格外高兴。

升旗的活并不轻松，那时没电动按钮，只靠滑轮，靠我们用手拉，旗拉到顶端时往往要出一身大汗，好在我们轮流拉，要不还真有点吃不消。不过，当红旗飘扬在上海上空时，我们真的非常自豪，对祖国充满着热爱之情。到了晚上，升起的旗必须卸下来，我们照样排着队，一丝不苟地去完成这项光荣的任务。

我们在主席台大楼没住多久，就搬至主席台后面靠近人民公园的一栋二层楼房里。那是专门为我们连做的营房。 营房紧靠人民公园，一墙之隔。围墙中间有一小门，时刻为我们开着，我们，随时都可进入公园。那小门日夜派人站岗，外头的人不能进入营房。当一天的任务完成后，我们会借谈心之名，与要好的战友悄悄地进入人民公园，坐在公园的石凳石椅上，享受一下老百姓的舒适和快乐。那时部队时作兴开展谈心活动，把它当作做好思想工作的有效措施，后来还推广到地方。

进入人民公园，双双对对谈恋爱的人随处可见，他们坐在石凳上、树荫下。偶然瞄上一眼，总是能看到旁边的恋人拥抱亲嘴。在那个年代，也只有上海人才这么开放，这么自如。最有名的要数上海外滩，一对对，一双双，一排排，一对挨着一对，一眼望不到头，是一道亮丽的风景线。这样好看的风景线，当时全国也不多见，被认为是伤风败俗的。有人解释说，上海人房子紧，不到外头，在家无法谈恋爱。我们不管见到什么，认为只要是人民群众幸福的事，都是对的，更不会去惊扰他们。

住在人民广场这段日子，是我们三年中最舒适、最温馨的日子。

29.巡 逻

巡逻，是我们驻守在上海南京路上最主要的任务。当年，“南京路上好八连”就是在南京路上巡逻，打退了资产阶级“香风”“毒雾”进攻的。他们不为金钱美女所诱惑，从而赢得了上海人民的爱戴。

巡逻，主要是从南京路到外滩周围的一大片繁华路段。每当我们穿着崭新的军装，背着闪亮的钢枪，巡逻在南京路上，街头的群众就会用敬佩的眼光注视着我们，并在背后窃窃私语：这就是“南京路上好八连”。作为一名光荣的“好八连”巡逻战士，我们感到无比自豪，无上光荣。那时，人们又称我们为浦江哨兵。这里有一首打油诗，真实地反映了当时八连战士的心情：

咱挎枪巡逻在南京路上，
海关的钟声奏起了乐章，
迎着浦江火红的朝阳，
青春献给人民献给党。

咱挎枪巡逻在南京路上，
火红的战旗哗啦啦响，
毛主席指引革命路，
劈风斩浪跟着党。

咱挎枪巡逻在南京路上，
霓虹灯下枪更亮，
顶“香风”斗“毒雾”，
一尘不染无上荣光。

咱挎枪巡逻在南京路上，
喜看那十里长街好风光，
望不尽灯红酒绿南京路，
一辈子紧握手中枪。

上海外滩，有一条黄浦江，黄浦江把上海一分为二，划隔成浦东、浦西。上海人有“宁要浦西一张床，不要浦东一套房”的说法。可见，那个年代浦东和浦西是不能同日而语的，然而，如今可大不一样了。

据记载，黄浦江是黄人祖先春申君黄歇带领人开挖出来的，因此命名为黄浦江，又叫“春申江”、“歇浦江”。

无论是在最繁华的南京路上，还是在上海外滩巡逻，都好像是在逛街，是很有味道、很舒服的事。其实不然，我们巡逻，不仅要时刻警惕冒险分子抢劫，还要帮助老百姓排忧解难。即便碰不上什么事，我们也必须在众目睽睽下时刻保持军人的风度和本色。我们的一举一动，不仅关系到军队的形象，也同样关乎着党和政府的形象。我们昂首挺胸巡逻在南京路上，两边店里琳琅满目的东西是不会去看的。只能注视着街上可能发生的情况，以防止危及人民生命财产安全事件的发生。就连从我们面前擦肩而过的美女，我们也不会正视一眼，可谓是目不斜视。

在繁华的南京路上和上海外滩巡逻，子弹是不能上膛的。事实上，我们背的是空枪，是吓唬吓唬人的。即使真遇上危险也是不能开枪的，只能用格斗的方式去解决，除非遇上了为保卫人民生命财产而不得不开枪的事，而这样的事，在那个和平年代是几乎没有的。巡逻中，如果碰上人民群众遇到困难，我们会主动上前询问，尽力帮助他们解决。总之，我们在南京路上巡逻，一是保卫人民群众的生命财产安全，二是帮助群众解决困难。不过，那正是人们灵魂净化的年代，除了发生偷盗、强奸的流氓事件外，公开抢劫的恶性事件是极少有的。我们常碰到的是小偷偷钱包、挟持少女及外地人迷路等事件。

上海外滩是上海最迷人的地方，高楼鳞次栉比，黄浦江水波光粼粼，霓虹灯光怪陆离。每当夜晚，即使在那个灵魂净化的年代，江边一对对恋人数也数不清，那是人们最喜爱去的地方。

上海外滩，一个显著的标志是外白渡桥，这是一座见证历史的桥，也是中国第一座全钢结构的桥。据说，之所以称为“白渡桥”，是因为过河无需支付过桥费，因此是白渡。

在外白渡桥头，矗立着当时仅次于国际饭店高度的上海大厦。

我们在此巡逻，保卫它的安全，感到无比的光荣和自豪。因此，战士们最喜欢到那一带巡逻。

巡逻，想起来真有趣。有一次，我和班里战士薛景祥值天亮班。我们走着走着就拐上了人民路，因为不熟悉人民路，两人便商量沿着这条路一直走下去。我们想，有两个半小时不信走不出来，结果走到天亮也没走到头。原来，人民路是圆的，我们两人因自己的无知，禁不住相视而笑。

1973年，作者在南京路上留影。

除了巡逻，我们还要在南京路上站岗放哨。一支部队不管到哪里，白天黑夜都要站岗放哨，在南京路上就更不例外了，更何况在人民广场、在主席台大楼、在上海的中心，其意义就更非同寻常了。为此，连里十分重视。连长王振华还特别就站岗放哨的注意事项给大家上课。他告诉大家，这里是上海最繁华的市中心，是上海人民集会的地方，而且还是上海市领导登主席台举行庆典的地方。在这个地方站岗，绝对不能出半点差错，特别是不能发生擦枪走火的事件。如果在南京路上发生枪响，那就会惊扰市民，发生恐慌。他还举了个例子，说原先在这里站岗的部队，有一个战士晚上站岗害怕，擅自将子弹装上枪膛，结果下岗验枪时忘了把子弹下掉，一扣扳机，一声枪响震惊了上海，也震惊了上海市委，导致一个特大事故。他告诫大家，站岗不要害怕，千万不要把子弹装在枪里，否则极易走火，在市区走火，属重大事故。如果发生这种事，不仅当事的战士，而且连首长都要受处分。这样，连队可能就要换防，因为不配在这里担任如此重任。何况是“好八连”，应当比别人做得更好。

为了给“好八连”留下在南京路上站岗放哨的身影，留下浦江哨兵的英姿，上海电影制片厂专程来给我们拍纪录片。为了在画面中反映出南京路上的背景，我们主要在国际饭店到上海图书馆路段拍摄，这样可以把图书馆钟楼和国际饭店拍摄下来。连队多次集会在南京路上，引来许多群众观望。还有就是外滩，也是上海最有特色的地方。每次拍电影我们都感到非常光荣，因而也非常卖力，尽管这项工作不但要求我们不厌其烦，还要不怕苦不怕累。但我们都用心去完成拍摄。为此，我们常常受到电影厂导演和摄影师们的表扬。

30.扫 雪

1972年的春节，一场大雪铺天盖地，把大上海遮了个严严实实，整个上海披上了透亮的洁白“衣裳”，广场上、高楼上、大街上都积起了厚厚的白雪，大上海成了个银色的世界。

大雪，给我们带来了欣喜，也带来了寒冷，更带来了为人民服务的机会。

早晨五点，战士们早早从温暖的被窝里爬起来，面对银装素裹的大上海心情格外兴奋，格外异样。大家手持扫把、铁锹，列队听从连长的分工。分工完毕，一声令下，一百多号战士奔赴人民广场、南京路、西藏中路等路段，展开了一场为人民铲雪、扫雪、开路的战斗。

在这场打雪仗的战斗中，我在日记里写下了一段难忘的文字：

“一朵朵洁白的雪花在空中飞舞，整个大上海淹没在雪雾之中……大雪一个劲地下着，北风卷着雪花飘飘洒洒，在眼前跳跃；大雪整整下了两天两夜，整个大上海铺上了一层银装，偌大的上海笼罩在纷飞的雪雾之中，变成了一座雪城。”

“一、二、三、四”，雪雾中，人民广场内传来了短促洪亮的口号声；霓虹灯下，一队威武的解放军战士，头顶着风雪，脚踩着积雪，跑步向南京路等地跑去。“唰、唰、唰……”，在空无一人的街道上只听得扫雪声。在十里洋场的南京路上，在西藏中路到大世界这条长长的繁华路上，战士们冒着纷飞的雪花，顶着呼呼的北风，摆开了扫雪的战场。

战士们只穿着粗布军装、薄薄的棉袄；没有戴棉帽，也没有雨鞋，只穿着普通的解放鞋，唯一让人感觉像是有防冷装备的，只是在那红肿的两只手上戴了一双薄薄的棉纱手套，见了叫人真觉得寒栗。早起路过的行人，情不自禁地发出“他们不冷吗”的惊问。

战士们顾不了这么多，他们唯一想的就是赶快铲走积雪，铲出一条让老百姓能走的路来。他们挥舞着铁锹铲雪，扫帚拼命地在人行道上清开积雪。人行道上，积雪被人踩过后又冰冻，坚硬如钢，战士用铁锹敲打着坚硬的积雪，不时发出火花。别看天气冷得让人打颤，可在战士们的脸上却冒出了汗珠，扑打在他们脸上的雪花，也立刻变成了一粒粒水珠，雪水和汗水混在一起，在战士的脸上流淌，分不清是汗水还是雪水。

天越来越亮，行人也开始越来越多，而雪却越下越大。肆虐的鹅毛大雪像是有意要捉弄我们，刚刚扫出的地方，顷刻又被大雪覆盖。就像是和雪争路、抢地盘，战士们不顾劳累拼命地和雪开战，不停地挥舞铁锹和扫帚把积雪清到一边去，为越来越多的行人清开一条条安全顺畅的大道。

“你看，解放军这么早就起来扫雪了”。“是呀，解放军真好！”“听说他们是‘南京路上好八连’”。“‘好八连’真好！”

1963 年，“好八连”战士在扫雪。

三三两两的行人，一路走过一路议论着。听到这些议论，战士们心里甜甜的，更加拼命地扫着飘落下来的积雪。

在“好八连”三年，连队不管在何时何地，都自觉地为人民做好事，都始终如一地把人民的利益放在第一位。三年里，每到一地，首先想到的是为群众做好事，即使是在最苦最累时也没放弃过。在大场营房，定时定点去生产队帮助老百姓劳动；在野营路上，放下背包第一件事就是为老百姓挑水扫地；即使一天一夜行军165里路的最苦时刻，也会利用中午吃饭的时间帮老百姓挑水、扫地；在南汇海边围海造田的艰苦岁月，帮助老百姓种棉花；在崇明岛军垦农场，自己种了地，首先想到的是给老百姓收麦、割稻、插秧；在金山县（今为区）收豆，在宝山营房冬种，在洪径大队割麦……“好八连”的战士不管到哪里，都已经养成了为老百姓做好事的习惯。在公共汽车上让座已是家常便饭，而没有座位也想尽办法让群众舒服些、更舒服些，这里，有两段日记抄录在此，足见一斑。

——我和副班长乘坐拥挤的公共汽车赶去人民广场，汽车上十分拥挤，有个老妈妈六七十岁了站立不稳，可车上的座位已经满了，我立即放下背包，让这位老人家坐在自己的被子上。事后有人告诉我说，女人坐男人背包会走霉运，我不以为然。没想到这事让家乡的朋友们知道后，也说我不该如此……

——这天是星期天，我从学习班回大场营房，路上车子很挤，别说座位，连站也站不下，此时，一个抱着刚出生婴儿的妇女，挤上车后很是焦急。一个“黄花崽”的被子、枕头要给一个刚生孩子的妇女坐，实在有些不情愿，可一想到自己是“好八连”战士，为了老百姓的幸福，还有什么多虑的呢？！我立即挤开人群把背包放在车板上，请这位妇女坐在背包上……

“好八连”就是这样，把人民的痛苦当作自己的痛苦，把人民的幸福当作自己的幸福。路上下雨，要是你没带伞，那他的雨伞就一定是给你撑的；路上小孩要是迷了路，遇上他们，那你尽管放心，他们哪怕历尽千辛万苦也会把他送回到父母怀抱；你如果有困难，那他们一定会想方设法给你解决；他们就是在公园谈心，见到情侣来了，也会把坐暖的绿色长椅让给他们……这就是“好八连”！这就是“好八连”的战士！把方便留给别人，把困难留给自己。这就是他们的本色！一种永远不褪的本色！

31．“小红花”

“小红花”，是南京军区的一个儿童艺术团，这个儿童艺术团是由十岁左右的孩子组成的，因演技精湛，在江浙一带挺有名气；又因他们是孩子，被誉为“小红花”。据说是许世友将军亲手扶植起来的。当时，哪个部队能看到“小红花”的演出是最高奖赏，是非常荣幸的。

这是我第一次看到来自孩子们的艺术表演，那些天真、活泼的孩子们真是可爱。我在观看完演出后，还记下了小孩子们演出的歌舞《大桥颂》的歌词：

“紫金山下飞彩虹，一道金桥凌空架，自力更生威力大，祖国盛开跃进花。”

演出结束后，在上海锦江饭店召开座谈会，我作为连队代表参加。座谈会上，那些小艺术家们把我们当作英雄，表现出极大的热情和无限的崇敬之情。他们“叔叔”叫个不停，拉着我们亲不够；他们一个个不停地剥开糖纸，往我们嘴里塞糖，生怕我们少吃了。看到这些可爱的小孩，望着这一张张笑脸，拉着这一双双鲜嫩的小手，真觉得应当用生命来保护他们。

上海锦江饭店是一家有悠久历史的著名大饭店，见证过无数重大历史事件，曾接待过五百多位国家元首和政府首脑。

我是第一次去锦江饭店，也是第一次知道锦江饭店是上海最高级的饭店之一。在那里，我第一次知道空调并享受它，不过那是冬天，开的是暖气，空调打开后暖烘烘的，热出一身大汗来。但更多的了解锦江饭店，却是在几十年后的一部电视剧里。

1972年，是极不平凡的一年，是值得纪念的一年。那一年，就在上海这座世界特重要城市，就在这个著名的锦江饭店，发生了一件惊动世界的大事：中美联合公报在这里正式签署。

1972年2月21日，美国总统尼克松应邀来中国访问，伟大领袖毛主席会见了他。两位大国领导人的握手，打开了冰冻了几十年的中美大门，从此，中美关系开始走上了正常化轨道。

尼克松总统来到中国，历时一星期，和周恩来总理进行了历史性会谈。在此期间，尼克松一行不仅去了北京故宫和长城，还去了杭州和上海，最后下榻在锦江饭店，于是，具有伟大历史意义的中美第一个联合公报在此应运而生。

当时从政治层面而言，中美两国是敌对的大国。在中国，“打倒美帝国主义”的标语随处可见，并作为口号响彻中国大地。为此，针对尼克松访华，连队进行了一次特殊教育。当时的教育，从理论上讲显得很苍白，非常牵强：我们和尼克松握手，只能说是和美国人民友好，并不是和美国反动派友好。不过，在这次教育中，连首长还给我们透露了一些当时普通人无法知道的事。

尼克松想来中国，要我国发出邀请，毛主席说，我没请他来，我得实事求是，不好意思可以别来嘛，他找我们来的。尼克松到中国来要乘美国空军一号，坐总统防弹车，怕不安全，毛主席说，在中国安全问题不是他考虑的，到这里来就得坐中国汽车，乘中国飞机，怕死就别来嘛！美国总统到世界各地访问，都要电视直播，美国人要看，中国没有，说送一套给我们，那东西贵，要几百万美元，毛主席说，我们这样的大国不用你送，我们买得起，一打听只有美国、日本才出产，那去美国买。美国一看，送你一套不要，涨价，翻一番，派去购买的同志打电报回来说因涨价钱不够，请示是否通过外交斡旋，毛主席说，给他们讲什么价，咱们这么大的国家不讲价，有钱，要多少钱给多少钱！有人说，毛主席不懂经济。相反，毛主席太懂经济了，设备买回来调试好后，美国先遣组长黑格很满意：中国为美国总统访华专门购置了美国的电视直播设备。然而，对不起，你要用得出租金，我们多少钱买的，你就出多少租金吧！他傻了！你涨价还是涨你自己的，跟我们没关系。毛主席这一招，既维护了民族尊严，又白捞一套设备，你说，毛主席懂不懂经济！

尼克松为来中国练习了3个月用筷子，才开始他的历史性跨越。中午11点半到，我们中国认为这时间是来赶饭的。吃完饭要睡午觉，尼克松有睡觉前洗澡的习惯，刚放好水准备跳进浴缸，周恩来通知基辛格，毛主席要会见他们。基辛格马上来告诉尼克松：总统先生，澡洗不成了，毛主席要见你。尼克松傻眼了：什么？我是世界上最强大国家的总统，毛主席要见我也事先不通知？基辛格满脸愁云：毛主席会见外宾从来不事先通知，你见不见，你不见我不能保证你此行还能见到他。那时到中国访问，要见不到毛主席等于访问失败。尼克松说，去吧去吧，赶紧去吧！其实，因为毛主席晚年身体不适，事前并未做出会见尼克松的具体安排。这会儿毛主席非常高兴，尼克松一到北京就要会见他，而且一谈就一个多小时。这不仅周恩来感到突然而匆匆安排，连尼克松也颇感意外。

会谈中，毛主席一见尼克松就风趣地说，我们（当时美方参加会见的还有基辛格）在这里见面，有人不高兴哟。尼克松听了丈二和尚摸不着头脑。毛主席接着说，我们的蒋委员长就不高兴啰。尼克松等人听了哈哈大笑。毛主席说，我们的手握在一起可以改变世界。尼克松说，你（指毛）的著作影响很大，改变了中国和世界。毛主席说，不，我只改变了北京几块小地方。毛主席接着说，我们今天不谈别的，别的你跟周恩来谈，我们只谈哲学。毛主席还提到“放空炮”之事。所谓“放空炮”，就是基辛格秘密访华的第二天，新华社在《每日新闻》中的报头上，当时通常只登毛主席语录的地方，突然换成了“打倒美帝国主义及其一切走狗”，当服务员按惯例把这份报纸送到基辛格手中，基辛格看后莫名其妙。汇报到毛主席那里，毛主席说，你们告诉他，这是放空炮。

这时，毛主席面对尼克松和基辛格重提此事，说我这个人放了好多空炮，无非是打倒美帝国主义和修正主义。尼克松说，大概要打倒的是我这样的人。毛主席幽默地说，你们两个（指在座的基辛格）可不在打倒之列啰，你们打倒了，我们就没有朋友了。你不也经常放反对共产主义这样的空炮吗？

毛主席给他们谈了一个多小时哲学，临了，尼克松连姿势都变了，右手握右手，左手搀扶着毛主席的胳膊肘……

后来，尼克松说，毛的风采，毛的睿智征服了我，站在他面前，我不敢说半句假话，像犯了错误的小学生站在严厉的先生面前一样，因为毛智慧的双眼仿佛把我看透。

据资料记载，早在延安时期，毛主席就曾谋求与美国友好，但由于美国对共产主义意识形态的敌视，以及他们的傲慢与偏见，而遭到了美国人的拒绝。新中国成立后，特别是60年代后，毛主席又多次暗中谋求与美国的友好，甚至托外国友人捎话，传递信息，说他要到密西西比河游泳。这一平常话语可谓石破天惊。一个共产主义大国的领袖，要到外交大门长期冰封的另一个国家去游泳，这不是一石激起千层浪吗？可见，毛主席早就高瞻远瞩，为了中华民族的复兴而谋求打开美国的大门。

两年后，尼克松再次访问中国时，称毛主席是巨人、是战士，是他的远见卓识，打开了美国的大门，改变了世界。毛主席不仅打开了美国的大门，而且在制定国内独立自主外交方针的同时，提出了五项基本原则的基本内容，与印度共同创造了在外交上处理国与国之间的五项基本原则；提出了划分三个世界的理论，并且得到世界绝大多数国家的认可。

周恩来总理全程陪同尼克松，可谓操碎了心。北京的二月积雪铺满大地，尼克松登长城时一路上积雪全无。谁能想到，细心的周恩来连夜就已通知沿途部队，将积雪清扫干净。为了中美第一个联合公报的签署，周恩来等人马不停蹄，日夜操劳，没睡上一个好觉，与尼克松、基辛格一行进行了一个星期的艰苦谈判。

据连首长介绍，涉及有关台湾问题的表述最为艰难，周总理想方设法，一定要在公报中写上“台湾是中国的一个省”的表述，为此，周恩来据理力争，充分显示出周总理的智慧和才干，显示出他在外交上高度的原则性和灵活性。但这一切都是在毛主席的主导下进行，毛主席在台湾问题上一点都不退让，对周恩来说：他是有勇气访问中国的第一个美国总统，我们可以适当照顾他。但是在台湾问题上一个字都不能动！动一字就让他空手回去。周恩来有点担心，毛主席又说：恩来啊，你不要担心，要知道美国人比我们更需要这份公报。

在当时两国处于敌对状态，公报要取得一致同意极其不易，时任美国国务卿的罗杰斯代表的是右翼势力，对中美友好持反对态度，但尼克松又不能甩开他而不让他参加中国之行，他到锦江饭店后发难，对已经敲定的公报提出了多处修改，而此时离公报发表的时间仅有12小时。为使公报能及时发表，更为了中国的利益，周恩来不惜屈尊，专程拜访罗杰斯，周同罗长谈后，公报才得以修改好。

尼克松离开中国登上飞机时，自豪地对周恩来说，他改变了世界。事后，周恩来将此话告知毛主席，毛主席说，他改变了世界？是世界改变了他！

中美联合公报发表后，紧接着日本田中首相访问中国，并同中国建交。此后，英国等一大批欧洲国家也陆续同中国建立外交关系。从此，中国得到世界大多数国家承认，结束了帝国主义封锁和孤立的局面。

报章记载，1975年，也就是后来的福特总统来中国，临走时说：我代表美国人民真诚地邀请您访问我们美丽的国家，我听说您七十高龄还畅游长江，如果您能去美国，尽管我不会游泳，我冒死也陪您去游密西西比河，我不知道我有没有这个荣幸。毛泽东面无表情地说：你没有这个荣幸了。福特愣了！毛主席又说，因为我已接到马克思的请柬。接着话锋一转：再说，台湾的大使还在你们那里，我怎么去啊？！把一个礼仪问题立即变成了一个外交的实质问题。福特当即表态：尊敬的毛主席，我向您保证，只要我胜选连任，我做的第一件事就是同台湾断交，同北京建交。毛主席仍面无笑容地说：中国有句老话，叫听其言观其行，年轻人还是看你的实际行动吧！再说你明年能不能当选还不知道呢？

锦江饭店，给我留下了深深的印象。

32.《霓虹灯下的哨兵》

20世纪60年代出了一部话剧，后来拍成电影，叫《霓虹灯下的哨兵》，轰动全国。

这部戏真实反映了“南京路上好八连”的英雄事迹，引起了全国军民的强烈反响。据记载，毛主席后半辈子只看过两部话剧，一部是《霓虹灯下的哨兵》，一部是《雷锋》。1963年7月29日，毛主席看《霓》剧时十分投入，当看到剧中童阿男因受到批评要离开连队时，十分着急，喃喃自语说：“童阿男，你不能走啊！”当童阿男受到教育回到连队时，毛主席面带笑容，微微点着头说：“回来就好，回来就好。”

演出结束后，毛主席高兴地走上舞台和编导、演员们一一握手，并说：“是个好戏，很动人，写得好，演得也好，要多给一些人看。”还和大家一起合影留念，最后说：“话剧是有生命力的，是最能反映现实的。”接着，在两天后的八月一日挥笔作诗写下驰名中外的《八连颂》。

周总理则七次观看《霓》剧，这至今都还是个无法破解的谜。他在看了《霓》剧后说：“八连工作做得好，全军全国都要向八连学习。”在1963年4月12日接见当时的连指导员刘仁福时谈到该剧，并有段精彩的对话。周恩来问：“陈喜是怎么回事？”刘答：“连队有那么个排长，结婚不久要离婚。”周恩来又问：“童阿男这个人物呢？”刘答：“连队有

1963年，《霓虹灯下的哨兵》剧照（资料图）。

个战士叫童新根，是个孤儿，来到部队后开始思想有点问题，以后进步很快。”周恩来说：“哦，抗美援朝连队参加了吗？”刘答：“去了一个人，是司务长。”

这出戏对学习“好八连”起到了极大的推动作用。那一年，在掀起向雷锋同志学习的同时，又掀起了学习“好八连”的热潮。那个年月，全国人民都像雷锋、“好八连”一样做好事。在公共汽车上，不仅给老人、孩子、孕妇让座位，对一般人也相互谦让，彬彬有礼。我们解放军战士上了公共汽车，除非有空余座位，否则是绝不会占据座位的，不管里程有多远都是如此。不管在什么地方，什么情况下，我们都把方便让给别人，把困难留给自己。在那个年代，不仅我们，许多群众也是这样。在车站、码头、街道、剧院，在一切公共场所，到处可见助人为乐的好人好事。人们把帮助别人当作最光荣最快活的事。那个年代，最奢侈的是自行车，但你即使把自行车放在大街上过夜不锁也无人盗去。整个社会视金钱如粪土，出现一个先公后私，人人为我、我为人人的和谐局面。可以说，那是我国几千年以来最好的治安时期，也是社会风气最好的时期，也是最文明最和谐时期。比较起现在的一些人见钱如命、唯我独尊、一心为己、贪污腐化、行贿受贿、物欲横流、尔欺虞诈、攀龙附凤、欺负弱小。真有说不出的滋味。现在你如果要帮助别人拎东西，别人还把你当抢劫而遭拒绝，真叫哭笑不得。

《霓虹灯下的哨兵》里的人物在“好八连”都能找到原形。原剧作者在“好八连”生活了很长一段时间。这个剧本起先是话剧，整整一个时期被称为话剧的样板。说它是样板并非名不符实，因为这个戏较好地做到了思想性和艺术性的统一，故事情节和人物性格的统一，语言也生动活泼，可看性极强。上海戏剧学院还把该剧当作话剧样板来授课。

到了20世纪70年代，雷锋已经远离了我们。全国人民又一次掀起学“好八连”的热潮，把美好的愿望寄托在“好八连”身上，“好八连”人人都被称为活雷锋。不仅是“小红花”把“好八连”战士当英雄，全国大、中专院校的同学们，乃至全国人民都把“好八连”当英雄，他们纷纷来联系要我们去讲艰苦奋斗的故事。

培养教育年轻人本来就是部队的义务，连队早就建立了校外辅导员的传统。这也是为了教育下一代的需要。于是，连队派我代表连里到大、中专院校和中小学去作艰苦奋斗的报告。先是到五原中学，在那里，一位叫许文榴的女团干给我留下了很深的印象，她为人坦率真诚，开朗活泼。后来又去了位于城隍庙附近的福佑路小学，那里有个叫瞿佩华的天真活泼的小女孩，甚是可爱。再后来到复旦、同济大学，受到他们的热烈欢迎，纷纷要求签名留念。

在报告中，会场总是鸦雀无声，这不是我们的报告做得好，而是出于他们对"好八连"的崇敬之情。在大学做报告，学生们总是要求录音，但我们有规定不能录音，更不能照相合影。这点，我每次做报告之前都要声明，但他们老是偷偷摸摸的在背后录下音来。

这几场报告会我印象极深，对我来说更是一次学习和锻炼。这几次报告，印象较深的是五原中学的许文榴和福佑路小学瞿佩华两位学生。我到了上海戏剧学院读大学后她们还来看过我。我还到过瞿家作客，她家住在离城隍庙不远的地方。留给我的印象是除了热情之外，她们家的住房特别小，她和哥哥住在一个高高的小阁楼上。她哥哥在淮海路上的上海长江刻字厂工作，记得我还曾拜访过他，后来就中断了联系。

在几个学校所做的报告，没留下任何影像资料，只留下了一个发言稿。这篇发言稿不是我个人的先进事迹，而是全连战士真实写照的点滴记录。从这些点滴记录中，你不难发现，他们只字不提"好八连"，只强调"好八连"的所作所为是向雷锋学习的结果，是向人民群众学习的结果。从中你也可以看到，"好八连"战士那种艰苦奋斗的作风，那种谦虚谨慎、不骄不躁的作风，那种不畏艰难的过人勇气，那种先人后己的无私行为，那种一心为民的奉献精神，那种革命到底的英雄气概……（为让读者了解那个时代的精神风貌，特将该发言稿附在本书之后，以供研究）。

33.参 观

“好八连”非常重视革命传统教育，我在连队的三年中，全连经常拉出去参观学习，接受教育。

中国共产党第一次代表大会会址是我们常去的地方，几乎每年去一次，每次都有不同的感受。

“一大”会址位于上海望志路106号（今兴业路76号），是中国共产党召开第一次代表大会的地方。1921年7月23日，来自全国各地的共产主义小组代表，陆续来到这座石库门式楼房，在这里举行了具有伟大历史意义的中国共产党第一次代表大会。这次大会可以说是决定中国命运的一次会议。

小小的会议室内，墙上挂着马克思、列宁的画像，屋内摆着一张会议桌，会议桌周围摆着12张凳子，说是当年有12个人在这里开会。参加这次代表大会的代表有：毛泽东、董必武、何叔衡、陈潭秋、王尽美、邓恩铭、李达、李汉俊、张国焘、刘仁静、陈公博、周佛海。还有一名叫包惠僧的，是代表陈独秀来参加会议的。加上包惠僧，就有13人。后来据考证有十五个人参加会议，另两名是共产国际的代表，一名是荷兰人马林，另一名是俄国人尼柯斯基。

我们曾多次来这里参观，每次来这里，望着这张庄严的会议桌，望着墙上挂着的与会者照片和他们的生平简历，总是浮想联翩。

就这么个小小的会议桌，当年在这里坐着十几个人，代表着当时全国57名党员。尽管12个代表中，有人脱党，有人叛变。但正是这些共产党人，领导全国人民战胜了一切艰难险阻，夺取了一个又一个胜利，发展成为世界上第一个大党。

“一大会址”不只这一处，当会议开到一半时，有一个人突然闯到门口望了一眼，警觉的共产党人立即做出撤离的决定，十几个共产党人转移到了嘉兴南湖的一条船上继续开会。

这是个美丽的小岛，岛上有烟雨楼，楼上留下了包括董必武在内不少文人墨客的诗篇。十几个共产党人就在这个美丽的岛上，在这条荡漾的船上，完成了中国共产党第一次代表大会的各项议程。

我们来到这个岛上，登上这条船，仔细观赏了一番。据王振华连长说，当年未曾参加过那次代表大会，而自始至终都在共产党最高领导机构担任要职的周恩来，看到如此漂亮的船时说，如果当年开会的船是这样豪华，恐怕这个会也难以开完啰。

后来，人们发现，当年这个闯入会场窥望的人，正是法国的密探程子卿，他是上海帮会黄金荣的结拜义弟。十几个共产党人撤离后，几个法国侦探闯入会议室，翻箱倒柜地搜查，唯有一份共产党组织大纲。幸亏代表们已经撤离，否则将一网打尽，中国革命的历史将重写了。

自“一大”会议后，宣告了共产党的诞生。这次大会不仅通过了中国共产党的第一个《纲领》和决议，还选举出了党的中央局领导机构。从此，中国人民革命开始有了引路人。

共产党几十年革命的航程，尽管历经了许多风雨，但却依然走向了胜利。其中一个根本的原因，就是有了一个正确的纲领，它的正确性就在于始终为广大人民群众谋利益。此后，在几十年的工作中，每当我出差路过此地都心潮澎湃，望着美丽的南湖，眼前就会出现这条不同寻常的船，这条历经暴风骤雨，闯过惊涛骇浪的船，这条为中国人民指引航程的船。望着这条船，仿佛又看到了井冈山上的红旗、中央苏区的烽烟、长征路上的雪山、延安窑洞的灯火、血刃倭寇的战场、解放战争的炮声。

参观“一大”会址后，大家激动不已，缠着指导员邵金城写诗，指导员拗不过，只好即兴作了一首顺口溜，题名叫《火红的战旗传万代》：

南湖水上红船开，
劈风斩浪滚滚来，
喝口南湖水，
党的恩情深似海。

光照天地五十载
斗风斗浪斗狼豺；
喝口南湖水，
继续革命不徘徊。

党的光辉照千秋，
火红战旗传万代，
喝口南湖水，
枪杆子打出新世界。

“好八连”不仅参观革命旧址，还经常深入到工厂、农村，向工人、农民参观、学习。也许和上海的金山县有缘，我数次到那里参观，还住了几个月。

据记载，金山县（现为金山区）有个小山村叫圣水寺村。在那个村子里，有个虎石沟，在这个沟里埋有几万具中国人的尸骨，因此叫万人坑。

1918年，日本帝国主义为掠夺我国矿产资源，在这里建立了“南满矿业株式会社”，拐骗和强征中国劳工，疯狂采掘菱镁矿石。为奴役广大劳工，1939年又设立了“营口第二监狱”、“矫正辅导院”，以惨绝人寰的手段强迫劳工服役。到1945年日本帝国主义投降时，共掠夺菱镁矿石一千多万吨，烧结镁块300余万吨，用中国人的生命换取矿石，使数以万计的中国劳工被迫害、屠杀致死。据统计，在这个虎石沟万人坑里，就堆积了三万一千七百具尸骨，尸横遍野，白骨累累，成为日本帝国主义野蛮侵略中国，残酷奴役中国人民的铁证。

1971 年，“好八连”指战员在中共“一大会址”参观学习。

我们全连拉到那里，向死难者哀悼，为的是不忘国耻，激发对日本军国主义的仇恨。

在金山县（今为区）参观上海石油化工总厂时，我们全连干部战士充满自豪。这是个长十几里，宽四五里，中国人自己建立起来的大型化工总厂。连长王振华告诉我们，这是毛主席、周总理为解决全国人民的穿衣问题而下大决心建起来的。毛主席亲自批了21个亿人民币，按现在美元的比值，相当于几千亿人民币，是一笔相当巨大的投资数目。据说当时引进了三套设备，一套是日本的，一套是美国的，一套是西德的，为的是防止关键时候在技术上卡我们的脖子，因为当时的西方资本主义对共产主义中国在经济上实行封锁制裁政策。那时中国人穿衣发布票，每人每年最低时只有六尺布票，多时也只一丈二布票，每年只能做一套衣服穿。“的确良”要靠进口，贵得很。当时买一件“的确良”，要花费差不多一个大学毕业生一月的工资。那时经济相当困难，国家财政相当拮据，足见毛主席、周总理是下了大决心的。几年后，毛主席、周总理相继去世，到了1981年就摆脱了穿衣的困难，再也不要发布票了，彻底解决了中国人民的穿衣问题，这个厂起了举足轻重的作用。据资料显示：这个始建于1972年的石油化工总厂，有腈纶、维纶、涤纶等7个生产厂，有供水、供电等5个辅助厂，还有设计、环保、实验等研究机构。现在，在满足国内需求的同时，产品行销到海外30多个国家和地区。

几年后，我来到上海戏剧学院读书，开门办学的地点在金山县的八二大队，一住就是几个月，这是后话。

“好八连”除了走出去参观，还特别注重请老工人、老模范来上课，特别注重向英雄人物学习。

金训华是上海一位知青，在黑龙江插队时破冰救人英勇牺牲，成了第二个罗盛教。金训华有句名言：“活着干，死了算”，让人觉得十分豪气。我们走访了他家，家里还真没有什么值钱的东西。他的弟弟金继华也在“好八连”当兵，他任一班长时，我任七班长。我们两个很熟，常常是全连吃饭最快的一个，每次不是他先吃完饭，就是我先走出饭堂，是全连数一数二的。

魏尧升，一个住在南京路石门路段的工人的儿子，退伍不愿留在大上海，到了井冈山三湾村当了农民，事迹十分生动。我跟随连长王振华拜访过他在上海的家，家里异常简陋寒酸，我们很是敬佩。后来，我读大学时选择了到三湾深入生活，和他在一起干了半个月。在那深山老林干活，确实异常艰苦。在那段时间，还在班主任荣广润（后任上海戏剧学院院长）的带领下，特地到莲花县拜访了甘祖昌这位自愿回乡当农民的老将军。

这一切，对我来说一辈子受益匪浅。

34.巨鹿路的时光

1972年夏天，上海警备区政治部举办创作学习班，连里派我参加。这是我人生转折的开始，可在当初丝毫也没意识到。

巨鹿路是中国上海跨卢湾区、静安区的一条街道，全长仅2000多米。原先叫巨籁达路，由上海法租界董局修筑，因属越界筑路，故以法国驻沪领事巨籁达命名。后来，1943年汪精卫伪政权接受租界时，改名钜鹿路，1966年改为巨鹿路。巨鹿路是条文化街，当年鲁迅等不少文化名人曾居住在这条街上。

我们的学习班，设在上海巨鹿路733号的一幢楼上，是上海警备区第三招待所，四五层高。楼房院内是一块绿草如茵的草地，很是诱人。草地十分干净，闲时我们常在草地上打上几个滚，草地右边有一大厨房，我们每天就在那里用餐，早餐的油炸黄豆，馒头稀饭特好吃，多年后常常想起，以至于日后几十年吃的油炸黄豆，稀饭馒头都觉得没那么好吃。

学习班有十几个人，都住在大楼二层。学习班的人都是从各部队抽调上来的，抽调来的人都是排级以上干部，唯有我还是个兵。

学习班由警备区政治部的一军官带领，姓易，我们都叫他易干事。易干事高高的个儿，精瘦精瘦的，烟瘾很大，待人不错。学习班成员中我印象最深的是钱钢、贾晓晨。钱钢是位个头不高的白面书生，很有文才，学习班中数他文笔最好。我到上海戏剧学院读书时，他还特地来看过我，提出要插班听课，我给老师说好后，回过他一信，表示可以来听课，但他没来，后来听说他进了解放军艺术学院。唐山大地震后，我看过他写的一篇报告文学《唐山大地震》，很震撼人。

贾晓晨来自一一三团，这是个工程兵部队。他是个干部子弟，高高的个头，写起文章来常咬钢笔，自打学习班结束别后，我们再未谋面。

还有张晓林、侯阜晨等等，他们的文笔都很好。

记得有一位矮胖胖的干事，不知道是哪个部队来的，也记不得叫什么名字了，他当时写了篇短篇小说，写的是一个部队的文艺兵为演好杨子荣上山打虎的故事。有趣的是，他为写好这篇小说，在我们住的楼房内楼梯上跑上跑下，说是为体验其艰辛，准确写好这段文字。每当看到他大热天穿着棉大衣在那里上蹿下跳，我有点说不出的滋味。

在我的记忆中，还有一位女兵，她坐在我对面，是某通讯连干部，个子不很高，颇有点女性特有的气质。

在巨鹿路招待所，我们每天早晨起来跑跑步，锻炼身体。早饭后的第一件事就是抢着打开水，作为“好八连”出来的战士，我当然要多抢着做。那时，上海有一种烧开水的老虎灶，是专门烧开水卖的，每一瓶热水一分钱，极方便也极便宜。从驻地到打开水的老虎灶有一段距离，我们排队步行到那里打开水。

我们这些人集中在那里，说是学习班，其实没人教。只是把想写的东西写出来，然后互相交流学习，提出修改意见后继续修改。我们每天都趴在办公桌上写作，生活平静得很。但有一天，半夜里窜进一小偷，好在一位同志被惊醒，大叫起来，学习班所有的人都从床上跳了起来，当场把小偷抓住了。小偷没偷着钱，倒挨了几下打，好在是军人，意识到打人不对，轻轻教训一顿放了。

在那个学习班里，他们都是在报刊上发过作品的人，而我仅仅是写了点豆腐块通讯的战士，并没什么作品。当时依据连队生活，写了个艰苦奋斗的故事，叫《行军路上》，后经易干事等人帮助修改，改成《好八连的故事》，收录在上海人民出版社的小说集《浦江哨兵》里。说起来，我那时还是个初中生，又是第一次参加这样的学习班，门都没有入呢。不过，在那个禁锢的时代，大家也很难写出什么好东西来。有一次聊天，我说到老家“闹红”，村里一位支部书记的母亲被反动派剜奶后枪毙的事，没想认为这是邪念，可见当时的思想有多左；这么严肃的话题，这么好的英雄事迹，这么生动的创作素材，竟然当作邪念来抵制，真叫人哭笑不得。

在巨鹿路招待所那段日子里，是难得的一段日子，大约有半年时间。虽然没出什么好作品，但经过熏陶，看到了不少东西，也确实学到了一些东西。与日后我走上创作道路不无关系，至少打下了一点基础。在那段日子里，我们常到警备区大礼堂去看文艺节目，使我大开眼界。有一个叫《洗衣歌》的舞蹈，给我留下了深刻印象，也许在那时就种下了写舞台剧的种子。

就在那段时间里，我知道了文学是由主题、形象、情节、结构、体裁、风格、语言等组成；知道了美学主要包括优美的、崇高的、滑稽的、悲剧的范畴；知道了文学的来源是“从生动的直观到抽象的思维，并从抽象的思维到实践，这就是认识真理，认识客观实在的辨证的途径”，这是列宁在哲学笔记里说的一段名言；知道了高尔基说的“文学的材料便是人和他的一切形式的意愿”；知道了恩格斯的“典型环境中的典型人物”的说法；知道了语言的形式是文学的主要特征；知道了毛主席《在延安文艺座谈会上的讲话》中的许多论述，艺术作品要“更高、更强烈、更集中、更典型、更理想、更带普遍性。”同时，也使我懂得了文艺作品要敢于写矛盾，善于写矛盾，要把人物置于矛盾的中心，用当时的话说就是把主要人物推到风口浪尖上；懂得了一个作品，不但要有好的主题，而且还要有个好的情节；懂得了写感人的场面或行动，要写出人物的思想，写出他们的心怀；懂得了人物的思想要用形象来体现，靠生活细节来说明，有时尽管用了一大堆的好语言，也抵不上一个生活细节；懂得了语言靠生活的积累，没有生活是写不出好作品的，因此深入生活是写作的必修课；懂得了语言包含着闪光的思想、行动，通过语言看到他们的心理活动，刻画一个人的高尚情操；懂得了一个作品要有时代气息，要抓住时代的特点，反映时代的风貌；懂得了集中生活的素材，先要集中典型的东西，从个性中找出共性，找出有代表性的东西；懂得了不仅要看人物说什么，更要看他做什么，懂得了性格决定命运……对于搞好创作，当时我写下了这样一段体会：

1972年，作者在上海留影。

“一个人有骨、有筋、有血、有肉，才能站起来；有文化、有思想，才能工作，才能起到作用。写文章也是这样，要有骨头、有肉，有内容，有实质，从而提出问题，分析问题，解决问题，达到了这个要求，一篇文章才像个样，才有价值。但这还不够，一个人还要有鼻、有耳、有嘴、有眼，还要穿衣服，装饰起来才完整才好看。文章呢？也要有好的词汇，否则就是一杯白开水。”

就在那段创作学习班的日子里，我有幸见到盼望已久的，“南京路上好八连”命名时的指导员王经文老首长。他是接过并扛起“南京路上好八连”这面大旗的第一人，做出了不可磨灭的贡献。我见到王经文指导员时，他已经是上海警备区政治部宣传处长。他那谦和的笑脸，睿智的双眼和朴实无华的神态，让我终生难忘。此后再也没有机会见到他。

遗憾的是，2016年，我负责联络“好促会”组织“好八连”新老战友来赣南中央苏区参观学习，弘扬“好八连”精神时，本想邀请他来赣南中央苏区一游，但他因89岁高龄而未能成行。

然而，离开连队到学习班学习，还给我留下了一个大遗憾。那年夏天，连队拉到上海淀山湖去游泳训练，一个月下来，最差的旱鸭子也可武装泅渡一千七百米，而我却成了永远的旱鸭子，美丽的淀山湖也和我无缘，再也没有机会去领略她那绮丽风光了。

第六章　特别任务

35.国庆方块训练

进入1972年9月，连队奉命执行一项特殊任务，进行为期一个月的国庆方块训练。具体是练习正步走，准备一个月后的国庆节在上海人民广场接受检阅。

训练，在上海大场营房的大操场上进行。

所谓国庆方块训练，特别严格，这种方块训练就是正步队列训练。队列训练本来就要求高，是部队比较难的训练，正步方块队列要求更高，更要整齐划一，从而更难做到。

首先是练正步走，要求双目目视前方，腿要直，腰要直，胸要挺，屁股要翘；脚踢出去要有力，脚与脚之间距离不能超过30厘米；脚踢出后，脚板要平，离地面不能超出15厘米；双手前后摆动与身体不能超过15厘米。

动作其实并不复杂，目视前方，踢腿，挺胸，双手摆动，就那么几下子。可要达到要求却非常困难，尤其全连一百余号人，要达到整齐划一就更加难,要与兄弟部队形成方块队列，整齐划一，就难上加难。如此高的要求，不进行严格训练是不可能的。我们在电影里看到的从天安门前走过的方块队伍，其实不知流了多少汗水，才有这个效果。

按规定，9月30日前，必须训练出一支高标准的方块队伍。由于时间紧，要求高，任务是极其繁重的。因此，每天必须训练十个小时以上。除了吃饭，几乎连午休都用上了，不过午休是战士自觉进行训练的。

“好八连”战士们那种荣誉感，那种刻苦训练的精神，真是无法描述，生怕一个人影响整个连队的形象，因此，常常月光下也可看见他们的身影。

9月初，正是天气异常炎热的时候，白天在太阳底下，即使不训练，叫你站在操场上也汗流浃背，很难吃得消。训练中，有的战士跟不上，就得开小灶训练，那样就更惨了。所以，每个人都极其认真，每天下来，饭也吃不下，一倒在床上就睡着了。就这样，我们每天顶着毒热的太阳，头戴着军帽，身穿着厚厚的军装，脚穿着保暖的解放鞋，一丝不苟，反复练习每一个动作。十天半月下来，手、臂、腰，脚都痛，特别是小腿肚，痛得走路都得轻轻落地，浑身酸溜溜的，特别难受。

1964年，“好八连”战士在练正步走（资料图）。

这种训练，是检验一支部队组织纪律、战斗作风、集体主义、部队士气、精神面貌、战斗力强弱的重要标志。而且不仅是对连队的检验，更是对每个人的检验，从中可以观察出其思想作风、组织纪律、集体观念的好差。说起来也奇怪，全团有不少连参加，而且是在同一时间，同一地点，练出来的效果却不一样。“好八连”每每受到表扬，这种表扬并非刻意的，而是在众目睽睽之下，大家都看得清清楚楚的，打心底里佩服的。这不能不说“好八连”战士的荣誉感起了很大作用。

36.一级战备

1972年9月17日中午，炎热的太阳烤得大地热烘烘的，整个营房，除了知了的叫声，寂静得很，疲惫的战士们，正在享受一次难得的午休。

突然，一声急促的哨声，把大家从酣睡中惊醒。全连以三分钟的速度集合完毕。连长王振华一改过去的幽默，一脸严肃地宣布：全连进入一级战备状态。他要求大家用十分钟的时间迅速做好战斗准备。连长特别叮嘱：要在自己帽子里写上自己的血型，以备万一受伤了好输血抢救；同时要在自己包衣物的小包裹上写上自己的姓名、地址，以备万一牺牲后组织上好替你寄回家。

大家知道，一级战备是国家处于危难之时的最高级别的战备。如今连长又如此严肃的开门见山单刀直入地布置任务，知道可能发生了大事，这种情形还是第一次，大气都不敢出一声。

我们都意识到可能要开赴前线，准备打仗。可是大家又非常纳闷，如果开赴前线打仗，怎么着也不会是我们一个连，怎么着也要全体大动员，可望望兄弟连队，他们还正在睡觉呢。

我们丈二和尚摸不着头脑，匆匆忙忙打好背包，按连长的要求写好血型和小包裹上的地址，背好子弹带，挎好枪支，全副武装，集中到饭堂门前等待命令。

全连刚集合完毕，立正稍息过后，连长王振华命令子弹上膛，但关上保险；手榴弹撤开缝线，免得到时拿不出来。这一命令，使本来就紧张的气氛更加紧张起来，因为平时怕出事故，子弹是不能上膛的；手榴弹平时则要用针线缝住弹袋，以免行军时摩擦，使手榴弹盖脱落掉出，挂拉出引线扣环，发生爆炸伤人，这不是耸人听闻，是曾发生过的事。这回子弹上膛，手榴弹袋子不缝，还是参军以来的头一回。

几分钟之后，全连就快速登上了四部军用大卡车，急速驶出了营房大门。

一个多小时后，军用大卡车开进了上海警备区司令部，进门时发现，司令部屋顶上架起了重机枪。

接着，我们来到一所房子里，奉命打开背包，准备吃晚饭。然而，不知为什么背包刚打开，又命令重新打起来。此时，团政治部主任王传友来到大家面前，进行战前动员。其实他只说了一句话："今天晚上，我们每一个共产党员、革命战士，都要为保卫毛主席、保卫毛主席的革命路线准备牺牲。"他这简洁的话语，大家听得真切，一点也不含糊；它让人震惊，又一次感觉到事态的严重性。

话音刚落，全连又登上大卡车出发了。此时，我们发现后头还加了一部大卡车，车上坐的是别的连队的战士，全挎着冲锋枪，好家伙，一个加强连的火力。此时，大约已是傍晚时分，我们连晚饭也顾不上吃，就乘着夜色出发了。

车内，除了我们这些战士外，其中一辆车上，增加了两个军队的高级干部模样的人，他们双手戴着手铐，但领章帽徽并未摘除。我们不知道发生了什么事，每个人都意识到肯定出了大事。

天不作美，下起了瓢泼大雨。通过汽车灯光的光柱，我们发现雨下得又大又密；同时发现迎面开来一辆又一辆经过树枝伪装的军车，与我们交叉而过。就这样，我们双手抱着枪坐在车内，眼睛却敏捷地盯着车外，竖起耳朵听着随时下达的命令，随时准备射出怒吼的子弹。

约莫过了几个小时，汽车开进了一个山洞，我们奉命下车。连长告诉我们，这里是天马山，大家在这里吃饭。此时已是晚上十点钟了。饭很快就端上来了，瘦肉炒饭非常香甜，要知道，我们已经十个小时没吃饭了。

天马山，是上海有名的山。天马山底下是个巨大的山洞，洞中分隔着一间间房子，房子里摆满了通信设备，设备前坐满了女兵，她们正紧张地忙碌着接线。后来，我们才知道，天马山的这些山洞，实际上是防空洞，打起仗来，敌人的飞机、导弹、原子弹是炸不到的。类似这样的防空洞，中国各个城市都有这样的地下人防设施。

我们匆匆忙忙扒了几口饭，撒了泡尿，又登上大卡车出发了。

一路上，汽车乘着夜色疾驶。五六个小时后，约莫凌晨四时，车子才在路边停下来，让大家撒了泡尿，又继续前进。

第二天早晨八点，汽车来到南京郊外的一个部队，连长说是“临汾旅”驻地，我们把这两个人交给了“临汾旅”，就算完成了任务。

早饭后，首长对我们完成任务很满意，把我们全连拉到南京长江大桥参观。那是我第一次看到如此宏伟的大桥，心中充满了自豪。参观完后，全连当日就返回了上海。

37.保卫虹桥机场

1972年9月18日，我们从南京回来，没回到大场营房，而是直接被拉到了新兵连时住的小洋楼。我们班又正好住回了原先住的那栋楼。

9月19日，对我们来说是个让人震惊的日子。那天，全连集中在一起，听连长传达中央文件，一个震惊世界的文件。我们竖起耳朵，屏住气，文件的每一句话就像是在耳边炸雷。

文件说，1972年9月13日，林彪仓皇出逃，叛党叛国，摔死在蒙古温都尔汗，粉身碎骨，自取灭亡。

这简直是个晴天霹雳，让人喘不过气来。

一个立下赫赫战功的元帅，一个被亿万人称颂的副统帅，一个被写入党章的接班人，怎么突然叛党叛国？！一个被称为毛主席的亲密战友，被毛主席选定的接班人、中共中央副主席，怎么就走到了背叛毛主席，甚至谋害毛主席的地步？！一个极力宣传毛泽东思想的有功之臣，怎么成了反党反毛泽东思想的罪人……

这简直让人难以置信。然而，文件中披露的一桩桩一件件铁的事实，却又似乎让人不容置疑。文件很长，说到了许多我们不知道、也无法知道的事。

文件传达完后，全场鸦雀无声，很久，大家才长长地舒了一口气。

少顷，连首长告诉大家：我们住在这小洋楼里，不是来享福的，而是来执行一项艰巨而又危险的任务的。什么任务呢？就是保卫虹桥机场！

上海虹桥机场是我国最大的国际机场之一，始建于1907年，新中国成立后得以重建，并一直作为军用机场，直到1963年扩建后，才改为民用机场。上海虹桥国际机场位于上海市西郊，距市区仅13公里，我们住的小洋楼就在虹桥镇边上，离虹桥机场只有两公里路，可以随时出击虹桥机场。

最后，连首长号召大家，要与林秃子（指林彪）划清界限，紧跟毛主席革命路线，为保卫虹桥机场，保卫大上海，保卫毛主席，保卫党中央，随时准备献出自己宝贵的生命。

原来，我们前两天押送到南京“临汾旅”的那两个军队高级干部，一个是在上海的空四军政委王维国，一个是在杭州的空五军政委陈励耘，他们都是林彪的死党。

那天在上海警备区司令部，之所以放下背包准备吃饭，是因为在杭州抓捕的陈励耘尚未到达；而很快又打背包，连饭也顾不上吃就要走，是因为他们马上又到了，因此，只好拉到天马山山洞，躲着才吃上一顿晚饭。

这是因为，林彪的儿子林立果，在上海依托空四军，暗中组织了一个所谓“小舰队”，他们全副武装，配备了能折叠用的适应城市战斗的冲锋枪、机枪及各种当时最先进的轻型武器，据说火力十分强；他们培养了一批忠于他们的人，喊出了“忠于林彪、忠于林立果”的口号。他们的目标直接指向毛主席，并把毛主席编成B—52的代号，阴谋谋害毛主席。

这个“小舰队”归林立果直接指挥。那天，为迷惑敌人，防止“小舰队”来抢劫，掩护我们押送王维国、陈励耘这两个林彪死党顺利离开上海，安全到达南京，上海警备区当夜进行了部队大换防，这就是我们在那天夜里，看到的军用大卡车和大炮，向我们相反方向交叉行驶的原因。

如今，我们住在这小洋楼里，也是为了控制虹桥国际机场，防止他们利用空军优势逃跑。为此，我们每天进行的演习就是向虹桥国际机场奔袭。

在整个执行任务的过程中，“南京路上好八连”的干部战士，不愧是纪律严明、英勇善战的连队，非常出色地完成了任务。中央军委、国防部做出决定：为连队记集体二等功，以表彰连队这次执行特殊任务、成绩突出。

传达文件的会议结束了，但此时就像一块石子投入了池塘，泛起一层层涟漪。要知道，在那个年代，不仅是我们当兵的，甚至是全国人民，除了对毛主席的崇拜，就是崇拜林彪了。

林彪进过黄埔军校，早年参加过南昌起义，后又跟随朱德上了井冈山。自那以后，跟随毛泽东南征北战。土地革命时期，他担任红一军团军团长，成为毛主席的左膀右臂。抗日战争时期，指挥了著名的平型关大捷。解放战争时期，毛主席非常信任他，让他率数十万大军进入东北，开辟了巩固的东北根据地；著名的辽沈、平津、淮海三大战役，他指挥了两大战役；他奉命横扫大西南，解放海南岛，当时全国除台湾外29个省、市、自治区，他带领的第四野战军解放了10个。

林彪提出了短促突击、三猛战术、二百米内硬功夫等著名军事思想。他成为一代名将，斯大林都很器重他。他在元帅排列中，仅次于朱德、彭德怀，名列第三，这是因为朱、彭分别担任过解放军的总司令、代总司令而无法逾越。

“文化大革命”中，林彪的声望更是达到了登峰造极的地步。他第一个在全军掀起学习毛主席著作的高潮；他要求部队“读毛主席的书，听毛主席的话，照毛主席的指示办事，做毛主席的好战士”；他在部队推行“天天读”； 他提出创建“四好连队”。他以数字式的语言，提出了一些经典的提法，如“三八作风”“四好连队”“五好战士”“四个第一”等。他提出“大海航行靠舵手，干革命靠毛泽东思想”这样的名言，要求全国统一在毛泽东思想的旗帜下。由此种种，他被誉为毛泽东的亲密战友、全党全军全国人民的副统帅，学习毛主席著作的榜样 ；在党的第九次代表大会上，他被确定为毛泽东的接班人，并且写进了党章。他长期以来担任党中央副主席、国防部长，到头来成了反对毛主席、反对毛泽东思想、反对毛主席革命路线、阴谋谋害毛主席、叛党叛国的罪人，真叫人百思不得其解。

38、南京汤山

1969年，苏联侵犯我国黑龙江省珍宝岛，我国被迫自卫反击。那一仗，开始时苏联凭借坦克的优势占了上风，而我们20世纪40年代制造的“四零”式火箭筒，根本无法击毁他们的坦克，使我们吃了不少亏。后来，团长孙玉国带领战士事先埋卧在厚厚的积雪中，忍受着零下40多度的严寒，待苏军的坦克靠近时，用炸药包将其炸毁。用生命谱写了一曲反对苏联修正主义的赞歌。孙玉国因此被选为九大代表，受到毛主席的亲切接见。

为了对付苏联修正主义的坦克，我们连被拉到了南京汤山，专门学打坦克。

汤山，古时叫“温泉”，已有1500多年历史。据记载，汤山温泉日出水量达5000吨，常年水温在60~65度之间，温泉中含有30多种矿物质和微量元素，对治疗皮肤病和关节炎有较好的疗效。早在1000多年前，南朝萧梁时期就封其为御用温泉。1918汤山年被孙中山誉为“美善之地”。2012年，汤山被授予“世界温泉”名地，并授予“世界著名小镇”称号。南朝以来的达官贵人、文人雅士都来此游览沐浴。相传，唐朝时，浙江观察使韩滉的女儿得了“恶疾”，四处求医不见好，后听闻汤山温泉能治病，专程送女儿到汤山沐浴，洗个澡后很快就好了。为此，韩滉用其女儿陪嫁费用在汤山修建了“圣汤延祥寺”，就是“汤王庙”。除汤山古溶洞和阳山碑林外，民国时期，大批达官贵人在此建造温泉别墅，如江宁陶保晋建的“陶庐”等，抗战胜利后不久，“陶庐”就变成了蒋介石的温泉别墅。

1972年，“好八连”战士在练习打坦克（资料图）。

汤山，是一个旅游、休闲的好地方。

但我们来这里并不是享乐的，而是因为南京汤山有数公里低矮平坦的山坡，很适合坦克行走，是最适合我们学打坦克的好战场。

苏制T—62坦克，是当时世界上最好的坦克。它不仅外壳坚硬，而且水陆两用，还能爬一定的坡度；坦克中配有冲锋枪、重机枪、火炮和各种榴弹。苏联凭借坦克的优势在苏蒙边境陈兵百万，欲对我大举进犯，当时对付苏联的坦克成了战场上的主要问题。

坦克在战场上有巨大优势，但也有缺陷。当人离坦克只有15米时就成了坦克的射击死角，坦克无法打到人，而人则可以用炸药包炸掉它的履带，或爬上坦克将手榴弹塞入它的射击孔，使其瘫痪。我们就是学这种打坦克的方法。

要接近坦克并不容易，必须用匍匐前进的办法前进，稍有不慎就会被坦克发现而被打死。当然，坦克也有它的劣势，它只适应平坦地带作战，如超过一定的坡度它爬不上去；还有，30米内杀伤力差，15米以内是射击死角，一旦人接近到离它这个角度，它就必死无疑。

珍宝岛战斗时，我们只有20世纪40年代制造的40火箭筒，这种火箭筒无法推毁苏联的T—62坦克，其原因是弹头打中坦克外壳，弹头会滑掉。

珍宝岛战役后，吃了亏的中国人，很快在1969年研制出了“六九”式火箭筒。这种火箭筒很轻巧，射击时扛在肩上，弹头向前，扣动扳机射出，弹头在前进过程中碰到任何物体，哪怕是一根稻草也会爆炸。它的先进性在于，弹头上装有防滑帽，防滑帽是用磁铁做的，防滑帽一旦接触到物体就会被吸住，打到坦克上不会再滑掉，而是钻个手指般大的洞进入坦克内，然后产生几千度高温将坦克烧掉。

这种打法自然也要学，否则，一不小心，弹头碰上物体，就会爆炸。这种火箭筒，代价是很高的，打一枪要费去一两黄金。而且，远距离射击较难命中目标，这就需要练习瞄准，特别是学会近距离接近坦克，以确保百发百中。可见战士战术过硬也是很重要的。那次练习，连长叫我打了一枪，只见一盆火像流星一样飞抵而去，命中了目标，很开心。

在南京汤山学打坦克时，正值初冬的霜冻季节，一早一晚气候都很冷。由于条件所限，全连除连部外，全部住在一个大厅里的水泥地板上。地板仅铺了一层薄薄的稻草，晚上睡觉很冷。没几天，几乎所有的人都感冒了，这大概是100多号人挤在一起睡、互相传染的原因。好在年轻人抵抗力强，大家只要不是高烧都坚持训练，有的战士发烧39 ^{0}C也不吭声。可以说，这次学打坦克一个月，战士几乎都是带病参加这种十分艰苦的训练的。

学打坦克异常艰苦，白天在坡上摸爬滚打十几个小时，晚上还要搓好稻草绳，用来捆扎假炸药包，以备第二天的训练。由于天气干燥，山坡上尘土飞扬，战士们浑身上下都沾满了灰尘；又由于早晨有霜，露水好多，厚厚的军装都几乎沾湿，尘土沾在衣服上厚厚的一层灰土。一个星期下来，衣服成了泥衣，头发里耳朵里到处都积满了厚厚的一层灰。因为天气冷又无澡堂，不能洗澡，最多是洗把脸。衣服自然也不会去洗它，因为洗了也没用，第二天照常如此。

那次训练真让我刻骨铭心，连我这样身体强壮的人，都累垮了。那天中午，刚吃完饭，我路过连部门口一米多高的乱石坎上时，突然眼前一黑，不省人事摔了下去。好在，几秒钟后就醒过来爬起。别人还以为我是不小心踩空了摔下去的。真是老天有眼，我只有眼角下被石头碰出了一点点痕迹，奇怪的是，碰了个很深的窝却连血也没出。事后，我感觉这纯粹是劳累过度而晕倒的。

学打坦克整整一个月，在尘土泥灰中摸爬滚打，战士们都快成泥人了。于是，全连以出色成绩完成任务后，连长带我们来到了汤山温泉，痛痛快快地泡了一个澡。连长告诉我们，蒋介石和宋美龄经常来这里洗澡。我们连也享受了一次特殊待遇，在那个皇帝夫妇洗澡的地方洗了一次澡，舒服极了，让人永生难忘。

在南京汤山一个月，让人难忘的还是那刻骨铭心的艰苦训练，超人体能的艰苦磨炼。

39. 当班长

1972年冬末，连队驻扎在离吴淞口不远的宝山营房。连长没说原因，也没说任务，可能不便说，但我猜想肯定是有原因的。

吴淞口是松江流入长江之口，故名吴淞口。它位于上海市市区北部，黄浦江与长江合流处。是上海的第一大河，和苏州河一脉相承，它的上游称为吴淞江，下游称为苏州河。吴淞口为明、清两朝的江防要塞，也是战略要地。我们驻扎在这里，绝不是闲来无事。

宝山营房很小，只能容下一个连，而且还有一个排睡在一个空旷的平房大厅里。时值三九隆冬，地头都冻得膨胀裂缝；周围的水地也结满了冰。我们排住在大厅，大厅的水泥地上只铺了一层稻草，加上部队的被子极薄，常常半夜冻醒；为了更暖和些，睡觉前用热水烫脚，并把被子放脚的一头用背带扎牢，以免进风。同时把脱下来的所有衣服盖在身上。因为用背带捆住了被子，半夜里紧急集合，忙乱中常常出洋相。

1973年，作者挎抢在上海郊外留影。

那年的冬天，部队的新老交替早早就开始了。新兵们比往年早到了几个月，为的是防止苏联修正主义的侵犯。

就在这次的新老交替中，我被任命为七班长。连里的七班和一班都是典型班，一班长是英雄金训华的弟弟金继华，足见连里对我的器重。

我们班共有10个人，和我一起搭档的副班长叫张林海，浙江人，个儿不高，白皙的皮肤，不像是乡下来的，言语不多，诚实精明；与他一起来参军的叫孟锦昌，是他的浙江老乡，个儿不高，皮肤黝黑，显得壮实墩厚，平时沉默寡言，少说多做。班里有个老兵，比我先来一年，叫薛景祥，河南人，别看他没文化，很有政治头脑，看问题很准，什么事情都清楚着呢，他个子偏矮，灵活能干，记忆力强，对我非常要好，倾心，我们互相关心，结下了深厚友谊，退伍时留了个地址，后来怎么也没找到，他的音影笑貌至今还在我心中回荡。其他几位，一个是江苏涟水的刘华芝，文化较高，班里的学习辅导员；一个是王秀龙，也是江苏涟水人，叫干啥就干啥，从不多话；一个是安徽的黄德红，身体较单薄，但能吃苦，常常冲锋在前；一个是河南的王家全，少说多干，一看便知是老实人；还有两个新兵，一胖一瘦，都是山东兵，胖的叫邹世军，为人热心；瘦的叫栾晋国，积极肯干，看上去有点身单力薄。

当时上海警备区司令、政委都是江西人，因此在江西招了一批兵，在"好八连"的有：钟家光、李永金、刘一飞、刘瑞芳、刘文发、李同治、杨望奎等，其他的都分在"好八连"所在团。都说世界上最真切、最纯洁、最可靠的友谊是战友和儿时的伙伴。战友可以说生死之交，这些战友虽说相处多则三年，少则一年，可离别后总是念着想着。遗憾的是，这些战友离别后大部分都没能见面。

在宝山营房，除了正常的出操训练外，也经常在吴淞口附近演习短促突击，估计也是有特殊任务的需要，但不知为什么，连长始终没有明说。此外，我们照样要帮助当地老百姓劳动。记得正是朝鲜《摘苹果的时候》等电影在中国盛行之时，影片中有个胖姑娘被一句"一年能挣600个工分"的台词所颂扬。由于"文化大革命"的原因，当时全国影片禁止放映，全国只放映几部样板戏和特批的《南征北战》等几部电影，剩下就是新闻简报了。而外国进口的就只有朝鲜的爱情片、越南的战争片、东欧的间谍片，而全国流传一首顺口溜"朝鲜的说说笑笑，越南的飞机大炮，东欧的莫名其妙，中国的新闻简报"。像朝鲜电影里一句"600个工分"这样极简单不过的台词，却让全国人民都记住了，足见当时精神生活的匮乏。记得一次劳动，有个与电影《摘苹果的时候》里那位姑娘长相相似的胖姑娘，当时有人暗中开了句玩笑，说了一句"600个工分"，被连长听见后狠狠地瞪了一眼。

历届上海市领导都对"好八连"十分关心。春节很快就到了，时任上海市委领导的王洪文、马天水、王秀珍、徐景贤等人，驱车来到连队看望大家。连队干部战士列队欢迎，他们与干部战士一一握手。

也许是无缘，我和其他几位有点文化的战士被派去连部整理材料，未见到这位不久便成为党中央副主席后又成了"四人帮"的政治明星，当他们离开连队时，我们只是远远地看见他们的背影。

40.重温入党誓言

也许是林彪出事引起了信仰危机，在宝山营房，我们全连组织了一次重温入党誓言的活动，以进一步坚定共产主义信念。其实，“好八连”战士根本没出现什么信念动摇问题，也许是全国因林彪出事，出现了一些对共产主义的疑虑。

重温入党宣誓，主要是对共产党员而言，其实就是把自己原先入党时写的申请和举起右手宣誓的誓词重温一遍，同时再谈自己对党对共产主义的认识，以检查自己的不足。通过这样，使自己更符合一个共产党员的要求。这一活动，使我重新想起了入党时的情景……

1966年，我们这个小小的山村沸腾起来了。这年3月，从北京派来一批解放军进驻了我们村，开始了社会主义教育运动。

社教运动，是当时党中央、毛主席针对全国出现的情况部署的一次全国性的运动。方式是由上级直接派工作组到农村，分批分期地对全国进行社会主义教育运动。社教运动也针对工厂，但重点在农村。党中央为此下发了数个文件，最著名的是23条，其中明确提出整党内走资本主义道路的当权派。

党中央、毛主席非常关心中央苏区的社教运动，特地从北京派来了解放军指导社教运动。可能派出的数量有限，从地方上抽调了一批机关干部参加，数量各半，组成工作队。工作队由解放军牵头，每个生产队配备了一名解放军或干部。我们大队的领头人、工作组组长，是一位姓贾的解放军军官，他身经百战，身上至今还留有不少弹片；他和蔼可亲，操山东口音，时常嘴上叼着个烟斗，村里人都习惯叫他贾组长。

我们生产队的解放军，是个文绉绉的军官，姓刘，叫万通；他写得一手好字，他只要瞄上一眼，便可以在一堵长长的墙上，写下又好又均匀的大标语，村里至今还留下了他的手迹。他执意要到我们家吃饭，不吃派饭。因当时家里很穷，偶尔吃点蛋和咸鱼就算好菜了，我母亲常常为此过意不去。他非常能吃苦，无怨无悔，真心帮助我们，对我非常器重，很快就把我培养成共青团员。因我工作非常积极，很能吃苦耐劳，为了工作没日没夜地干，且大公无私讲公道，加上有点文化，很快又成为重点入党培养对象，于是，入团一个月就入党了，并且成为村里的骨干。我当时总结这几个月的思想行为，写了一篇活学活用毛主席著作的体会，没想到被发至全县，成为学习毛主席著作的积极分子，出席了全县学习毛主席著作积极分子代表大会。

解放军的到来，打破了山村的宁静，特别是年轻人，更是奔走相告。解放军像当年土改工作队一样，对那些苦大仇深的贫下中农特别重视，特别信任，和他们同甘共苦。那时，解放军特别重视培养一支不走的工作队，因此培养了一大批人入党，真正地留下了一支不走的工作队。

这批解放军，是我一生中第一次认识和接触到的解放军，他们真正做到了急群众所急、想群众所想，和群众同吃同住同劳动，全心全意为人民服务。他们教大家识字，学毛主席著作，教大家唱歌，和大家谈心，真正就像一家人一样。从那时起，我开始学怎样做人，做一个什么样的人。

几个月后，中央下发了“五·一六”通知，开始了史无前例的“文化大革命”，因此，这批社教工作队还差一个月的巩固期，便草草收场。本来，内定我参加下一期社教工作队，成为工作队员，转为国家干部，然而，因为“文化大革命”的原因，下一批社教被取消。中央认为，社教中没解决的问题，“文化大革命”可以解决，我自然也就没这个命了。如果我参加第二批社教，成为国家干部，我的经历和命运就是另一番样子了。

巧合的是，28年后，我受赣州地委派遣，被任命为社教工队队长，带着几十个干部，深入到安远县版石镇的各个村组，也算是与社教有缘了。

如今，重温那时的入党誓言，心情格外激动，更加坚定了共产主义的信念和为人民服务的决心。

第七章　围海造田

41．"上帝保佑"

按照毛泽东把军队要建设成为战斗队、工作队、生产队的要求，全连开始了新的征程，接受新的挑战。

"好八连"通过千里野营拉练，军事上"如霹雳"的战斗作风已为大家公认；"好八连"在"文化大革命""支左"工作中成绩突出，新时期打退资产阶级进攻，誉为美谈；唯有生产队这一项尚还欠缺。

"好八连"为了补上这一课，开始了大生产运动。对此，许世友将军还专门对我们作了具体指示！

许世友说，生产要不误农时，一年四季在于春，要抓紧。当前生产谁搞不好，就开谁的现场会。今年生产要有个跃进。部队搞生产是对的，是毛主席的一贯思想，是我军的光荣传统。部队不能完全靠国家供应，要自力更生，有了粮，事情就好办了。

20世纪70年代兴围海造田，上海海边就是围海造田的战场。1971年夏天，"好八连"奉命开赴到了东海边。

翌日，几辆军用大卡车载着全连进入了黄浦江隧道。

我们穿越的隧道是中国当时的唯一一条江底隧道，该隧道从卢湾到浦东，名为打浦路隧道，隧道全长约3公里。黄浦江隧道是那个年代的浩大工程。从黄浦江江底打隧道穿越到浦东，是中国人民早年的梦想。从宣统元年（1909年）动议开始算起，到1971年建成通车，这个梦整整做了半个多世纪，直到共产党执政后的20年后才实现，可见有多艰难。而如今在黄浦江底，已经有7条隧道，足见社会主义制度的优越性。

1971年，作者在上海外滩留影。

那时的打浦路黄浦江隧道，全是用水泥浇铸而成。隧道里，每隔30米左右装有一盏灯，宽敞明亮；水泥墙壁上显得有点潮湿，可见一滴滴水珠。通过隧道，汽车大约以每小时40公里的速度开了11分钟。连首长说，这个隧道从黄浦江江底穿越而过，是我们国家在江底穿越隧道的首例，而且是刚刚建成的，我们是第一次试验通行。

黄浦江是将上海分成浦西浦东的一条著名的江。几千年来，人们来来往往都是靠坐船。后来有了十六铺码头，人和汽车都可从甲板上通过；但甲板上每次只能停约十几辆车。那时的黄浦江上，既没桥，更没隧道，所有的车辆和人马都须从十六铺码头通过。“好八连”由于活动频繁，也经常从这里通过，有一次却演绎出惊心动魄的一幕。

这天，全连去执行一项任务，几辆军用卡车开到了甲板上，前头的车子上去停稳后，最后一辆车装着“好八连”六七十号荷枪实弹的战士……

这时，意外的事情发生了，汽车上了甲板停下后，整个车子继续往后滑行，怎么也刹不住车，后边的半个轮胎都被水淹没……看着这一情景，全场震惊，脸色煞白……

这时，团参谋长命令跳车，可是卡车上你挤着我，我推着你，人挤着人，根本跳不下来，当场只跳下了一名战士……汽车若是沉下黄浦江谁也别想生还……

就在这千钧一发之际，奇迹出现了，汽车后轮在水浸泡到大半个轮胎时，停止了向江中滑行。

事后大家都说，“好八连”有上帝保佑，这个上帝就是毛主席和人民大众。如果轮子继续往下滑，后轮一脱甲板，车子将无可挽回地沉入江底，那将造成震惊中外的惨剧：“好八连”六七十号人过早去见马克思，“好八连”将重建……

如今，我们过这条隧道是第一次通行，这条隧道的通行，结束了黄浦江两岸长期不通的历史，不仅圆了上海人的梦，也圆了中国人的梦想。

在以阶级斗争为纲的那些年月，过黄浦江隧道是要经过严格政治审查的。

而这次是从黄浦江江底，从新开的隧道穿越而过，就像平地一样，没有了车水马龙的拥挤，再也无须担心那样的惨剧发生。

汽车开出隧道后是一片田野，根本看不见黄浦江了，原来两岸都有很长的引道，离滚滚的黄浦江远着哩。

这个小小的隧道是当时中国了不起的成就。可见，当时中国的综合国力还比较弱小。从武汉长江大桥到南京长江大桥，从长江大桥到东海大桥，再到杭州湾大桥，还有世界最大的珠港澳跨海大桥等一系列特大桥梁的建成，不能不说是社会主义制度优越性的见证。中国人只用了几十年的时间，就完成了桥梁史的巨变。如今，中国不仅有了黄浦江隧道，有了长江口从上海到崇明岛的隧道，而且有了青岛胶州湾这个世界上最大的隧道，怎能不为祖国感到骄傲，引以自豪!

42.大 海

过了黄浦江，汽车直插南汇县（今为区），在一条江边的小学校操场上停了下来……

南汇县（今为区）地处上海浦东，相传建成于唐朝前后，因“大海环其东南，扬子江水出海后受海潮顶托折旋而南，与钱塘江水在此交汇”而得名。雍正四年，县治设在南汇嘴，固有南汇县名。南汇县（今为区）是长江三角洲冲积平原的一部分，是上海市郊成陆较晚的地区。不过，古时盐业鼎盛，早在宋、元时期就建成了大规模的集镇，有小新场镇赛苏州的美誉。

南汇县（今为区）还是著名的无产阶级革命家、马克思主义者张闻天的故乡；也是著名的翻译家傅雷的故乡。

由于南汇县（今为区）地处东海边，也成了日本鬼子过境大屠杀的地区，记下日本军国主义一笔笔血债。

我们在大团镇的一所小学周围驻扎下来。连部住在学校，其余各排分散在周围农家。我们班住在学校后面的一户农家，这家房子是平房，我们用稻草铺在厅里潮湿的泥地上，这就是我们的床了。

主人家住在里屋，只见一老人家和小姑娘，姑娘大约十七八岁，红扑扑胖乎乎的脸，总是对我们笑眯眯的，一双乌黑的大眼睛时不时给我们送来深情的一瞇，叫人见了难不心动。那个时期的年轻姑娘，无一不对解放军爱慕。主人对我们很热情，手把手教我们种棉花。

我第一次学种棉花，我发现种棉花的工具就像我们家乡做蜂窝煤的工具。双手扶着用脚踩下，将幼小的棉苗与周围的泥巴端起，然后在另一处用此工具打个洞，将棉苗植入洞中，就算移栽成功。

记得房东家住在河边，河堤上有一架脚踩水车，小姑娘非常喜欢教战士们踩水车。其实我很会踩这种水车，因为家乡常用这种水车抗旱，但来自北方的战士就不会踩了。踩这种水车还真有点难度，一不小心，踩不中车轮，一脚踏空会卡到脚。不过不要紧，只要你松脚，水车自然会停止。

这条河不大，约二三十米宽，看得出来是人工开拓出来的，是早年围海造田的产物；河水十分混浊，几天下来，我们白色的毛巾就变成黄色的了。小姑娘告诉我们，他们家离大海不远。

围海造田，顾名思义，是在大海边上筑一条高高的大堤，挡住海水的泛滥，堤内便成了千顷良田。这个工程说起来容易做起来难，它是一项十分艰苦，十分浩大的工程。在数百里的大海边上展开战场，我们连只是负责其中的一小段。

第二天，正值端午节，早晨，当我们吃上粽子时，才知道是传统的节日，也是在部队过的第一个端午节。吃完粽子，我们冒着蒙蒙细雨来到了大海边，当我第一次看到无边无际的大海，感到了巨大的震撼。那无限宽阔的海面，那万顷波涛，那碧波荡漾的蓝色的海水，那水天相连的景观，无不令人向往，无不叫人产生遐想，无不使人情不自禁地深深爱上她。望着这碧绿的大海，我突然觉得，人的胸襟也应当像大海一样，能容纳百川之壑、百江之水……

像是与大海结下不解之缘。上海电影制片厂为完善那个纪录片的录制，要拍摄一个部队在大海边迎着朝霞晨练的镜头，为了配合拍好这一镜头，我们早晨四时就起了床，趴在海边上，等待着朝霞的升起，日出的到来。

然而，第一天失败了，当太阳升起时，突然飞来一片乌云，出现的是乌云拦东的景象，只好放弃。

一连几天，都是如此。虽然露水打湿了我们的衣裳，蚊虫叮咬得我们十分难受，但终于等来了一轮红日冉冉升起，金光闪闪，霞光满天，就像姑娘的脸蛋，红扑扑的，给人以青春的活力，映在海水中，十分好看。

红日映红了整个海面，出现一片涟漪，极为壮观、艳丽。就像心中壮丽的共产主义事业，永远也不会逝去。

我看过朝霞，但那只是从山里钻出来的，无论如何不能和大海海面上的朝霞相比。这朝霞，在我的心灵中留下一片美丽、一片光明、一片兴旺、一片憧憬……

43.芦苇荡

东海海滩边长满了茂密的芦苇，一簇簇，一片片，形成一望无际的芦苇荡。围海造田的具体作业，就是先用刀砍去芦苇，再用铁锹将盘根错节的芦苇根和乌黑的泥巴铲进框里，然后一担又一担地挑上大堤，从而筑起一道延绵几十里，甚至数百里的堤坝，远远望去就像筑了一道万里长城，看不到尽头。通过这个大堤，挡住海水的侵袭，堤内就变成了万亩良田。

江南的六月，天气异常闷热，密密匝匝的芦苇挡住了少有的微风，使人感到窒息，即使你坐在那里不动，也会大汗淋漓。芦苇根系特别发达，盘根错节，每铲出一铲泥，都要费出很大的力气，有时用力过猛，还常常被芦苇根扳倒。

挑担，本是我们农村孩子的强项，但上海滩上的泥巴没有沙，吸力很大，一脚踩下去拔都拔不出来。每挑一担泥巴上大堤，都要汗流浃背，付出极大的努力。而且，一不小心踩上烂泥坑，脚陷进去无法拔出，有时甚至整个人都陷进去。如果遇上下雨，那就更糟了，人人都需穿上一件厚厚的雨衣，外面淋雨，内里出汗，湿透衣裳，那滋味无法言状。

我们就这样一担又一担，往返于千米远的海滩上。就像燕子衔泥做窝一样，一点一滴地去完成围海造田的巨大工程。在这样如此高温的条件下，进行如此繁重的体力劳动，即便我们这些年轻的小伙子也很难吃得消。

为了激活热情，连里还组织比赛，看谁挖得多挑得快。一天下来要足足干12小时，只有中午吃饭时，才能稍微喘口气。说是休息一会，其实前后加起来，也只不过个把小时，还要包括洗去身上的泥和吃饭的时间。傍晚回到驻地，一身骨头像散了架，倒在床就睡。

我们住在简易的工棚内，工棚内长满了芦苇，极其潮湿；由于是工棚，又是搭建在野外，到处可进风；好在是夏天，天不冷，但各种蚊子、蚂蚁、昆虫、甚至是蛇，都来跟我们做伴。不过，那里也给我们留下了一生难忘的美味，那就是大螃蟹。可惜的是仅此一次，在我的人生中，再也没吃过如此美味的大螃蟹。改革开放后，吃过不少螃蟹，但从未觉得好吃，而且总让我怀念起那次的味道。

说起来，部队的伙食不算差。可如此繁重的体力劳动，仅靠吃米饭是很难吃得消的。也不知什么原因，有一个星期都吃花菜炒肉，说炒肉其实也只见一两片肉，加之上海菜喜淡，天天都吃不饱。那些日子花菜吃腻了，以至于我回到家乡后，很长时间见到花菜都不想吃。其实，花菜是很有营养的菜，多年后在家炒出的花菜，哪怕不放肉也觉得好吃，好像第一次知道花菜是一道美味的菜。

后来，我看到一本叫《牛田洋》的小说，里头描写的围海造田情景和我们所经历的一模一样，甚至更为艰难。我们是幸运的，仅仅才在那里干了一个月，筑了一小段海堤就打道回府了。而兄弟连队的战友们，长年累月驻扎在那个海滩上围海造田，艰难困苦程度可想而知。

在围海造田那段日子里，还有一件事也叫人难以忘怀。说起来难以置信，这件事就是走路。从驻地到工地并不远，仅几华里，放在平常是十分轻松之事。然而，上海的六月是梅雨季节，几乎天天要下雨，有时还整天下雨。

我们走的是泥泞的田埂小道。上海的泥巴几乎没有沙子，特粘，大雨过后就像胶一样。泥巴粘在解放鞋上，足足有四、五斤重，根本无法走，只好提着沉甸甸的鞋子，赤着脚前行。

赤着脚走路也不好受，路滑得很，走起来东倒西歪的，一不小心就会跪在地上弄脏裤子，我们只好用脚趾尖抠住泥巴的实地蹒跚前进。那时正好看了舞剧《白毛女》的电影，战士们就一路戏称跳芭蕾舞，想起来也颇有趣的。

在大海边我记下了这样一段话——

东海之滨，一条大堤屹立在东海前哨的漫长海边上，犹如一道长城，抗御着海风恶浪。

我们沿着大堤，来到了东海边，信步向北前进，望着蔚蓝的大海，那大堤就像一座坚固宏伟的长城，抗击着飓风恶涛，保护着祖国的安宁。堤内，一簇簇村庄，一缕缕袅袅炊烟，一片片绿油油的麦田，映入眼中，更加感到祖国的可爱美丽。望着我们亲手筑起来的大堤，更觉亲切可爱，因为我们也曾在这里流下了汗水。

我热爱大海，爱这里的一草一木……

44.崇明农场

围海造田一个月，并不说明我们就是名副其实的生产队了。后来我们又被拉到崇明岛上的一个军垦农场，地地道道做起农民来了。

崇明岛位于长江口，三面临江，东南濒东海，东西长76公里，南北宽13～18公里，形似卧蚕；20世纪70年代岛上就有70多万人口，面积达1000多平方公里，是我国仅次于台湾、海南的第三大岛。

崇明岛是由长江泥沙冲积而成的。据考证，一千多年前的唐朝，长江口在今扬州、镇江一带，口门的沙岛只是江中的两个小沙洲，成为东沙西沙，面积仅10平方公里，直到唐神龙元年（705年），开始建立崇明镇于西沙，取名崇明。崇为嵩，明为海阔天空，意为高出水面而又平坦宽阔的明净平地。然而，它却源于一个传说，说东晋末年，孙恩农民起义失败后，起义军的几个竹筏飘到东海的长江口，在泥沙中搁浅。这些竹筏拉住了滚滚长江带来的泥沙，便慢慢形成个沙嘴，这片沙嘴随着江水海潮的涨落时隐时现，给人一种神秘之感。人们说它是个怪物，又是神仙，既鬼鬼祟祟，又明显，于是，起了名字叫“祟明”。后来，这片沙嘴越积越多，又高又大，完全露出水面，形成一个小岛，再不受潮涨潮落影响。人们观其气势壮观，已不再视其为怪物，产生一种崇敬之情。于是便把“祟明”改为“崇明”。

岛内资源丰富，是以水稻、小麦为主的多种农作物生产区。那里有一种像高粱样的甜杆，可直接剥皮口嚼之，比甘蔗更松口，更甜，更好吃，吃一次就终生难忘。

岛上柳树成荫，风景如画。在这个美丽富饶的岛上，农场星罗棋布，有的是地方政府办的，也有的是军队办的。名气和规模较大的是星火农场，其主体是上海知青组成，当时它就已成为有工业、农业的综合性农场。

我们连驻扎在离堡镇不远的一个军队的农场里。营房格局和大场营房差不多，只能住一个连的规模。营房为平房，靠东四大间，每个排一间，每间设有储枪室。连部在北，厨房在南，中间有一大土坪，是操场，靠西就是大马路了。营房的东边，是一大片一大片的耕地，整齐如画，显然是围海造田造出来的。

那时，我正巧受连里委派去执行一项任务，没有随大部队一起去崇明岛。后来，我一个人从吴淞口坐船去，那是我第一次过长江口，也是第一次坐轮船。那天正好刮大风，船像跷跷板一样一起一伏，就像要翻转来一样，很是吓人。晕船的人很多，我也吐了。这是我第一次体验轮船在大风大浪中的滋味，一个浪头打来，就像要把船淹没在水中……

从堡镇码头上岸后，还要坐一个多小时班车才能到达连队驻地。我到达连里时已是午饭后了。

1963 年，“好八连”战士在浇菜（资料图）。

我们是1973年夏天到达农场的，正赶上插秧季节。开始，有的战士早晨5时就起床去地里拔秧；为了表现积极，有的战士干脆晚上12点就起来下地拔秧，连首长不得不出来制止，要求大家不要起得太早，要注意身体。此后，最早的也是4时起来下地拔秧。我们从每天早上4时干到第二天晚上8时，拔完一垅秧吃早饭，用十几分钟吃完饭，就又下地插秧了；干到中午12点，匆匆忙忙扒几口饭就又下地干活了；一直干到晚上8点钟才回住地，晚饭后9时熄灯睡觉。整个算下来，一天要干16个小时。这种中世纪式的繁重体力劳动，不是上级的规定，而是战士们自觉的结果。渐渐的不少人吃不消了，只好请病假……

我这个从农村来的孩子，是吃苦头过来的，在“文化大革命”献忠心时期，可以一天干上十几个小时；遇上农忙“双抢”（指抢收抢种）时，那时没打谷机，用手将谷粒打在木斗中，名曰“打斗”，天天十几个小时，一个月下来，双手手指鲜血直流，仍要坚持，一直要到“双抢”结束。

在部队，我是班长，必须拼着这种吃苦精神，带头坚持，哪怕有病也没请过假。我们每天都累得直不起腰来，晚上倒在床上就像死人一般。这种超过体能极限的繁重劳动，真让人刻骨铭心。好在时间并不长，前后也不过半个月。

农闲时就好得多了，除了必要的军事训练，就是为禾苗施肥锄草了。施肥用的是化肥，锄草是化学锄草。我第一次知道化学锄草，懂得了化学锄草的道理。到了收割季节，好在那时已有了有收割机，无需我们去拼体力，要不然定会累得趴下一批人。我们只是跟在收割机后面拾稻穗。尽管天气炎热，但还是比较轻松。我们拾稻穗可认真了，就像小学生一样，半穗也不会放过的。

农闲时，我们也种菜，这也是我们连的光荣传统，但是只在业余时间进行。夏天的日子特别长，晚饭后太阳还挂在半空，只要连里不安排军事训练，我们便利用这个时间种菜。

我们班在一片荒地上挖了几垅土，种了一片蔬菜，有辣椒、茄子、豆角、大白菜，长势十分喜人。可不知为什么，一夜之间，大白菜干叶子死去。据说是遭了风而得病了。我们也不知怎么治，眼睁睁看着它死去，大家甚是心痛。

45.夜间射击

军队是要随时准备打仗的。尤其在中苏边界发生珍宝岛自卫反击战之后，那年月，毛主席“要准备打仗”的指示喊得震天价响。作为战斗连队，不管是搞生产还是做群众工作，也不管到了哪里，在什么时候，都要进行军事训练。为的是随时准备拉出去，打击来犯之敌。

我们在生产期间，也照样举行正常的军事训练。在农场期间，由于是机械化作业，除了插秧这段时间全天生产外，其他时间从未间断过军事训练。

1964 年，“好八连”战士在练射击（资料图）

军训，除了正常的军事训练外，我们在农场里主要进行的是夜间射击。

每天晚饭后，夏日的太阳还挂在天空老高，我们就趴在地上练习夜间瞄准。全连趴在公路上的柳树下，一个接一个，一溜溜长约有200米。过路的老百姓见此情景，无不放缓脚步观看；来往的汽车也放慢速度，以免给我们带来更多的尘土。

此时，太阳尚未落山，柳树上的知了叫个不停。我们静静趴在地上，看着太阳由白变红，再变成红彤彤的笑脸落入西山，瞬间，西边红霞满天，绚丽多彩，十分好看。就在等待晚霞消失的时候，我们便在柳树荫下的小窝窝里，用小手指去掏知了的幼虫，据说那幼虫做菜吃是一道极美的菜肴，我们便很想看个究竟，但只是听说，却从未吃过。

夜间射击，是为适应夜战需要，是夜战必须掌握的一门技术，其功能主要是用来打火力点，如对准碉堡、灯光、夜间低空飞行的飞机进行射击。

训练时，在百米外的地方，装上一盏一闪一闪的小红灯，活像个机枪火力点。小红灯一次闪十几秒钟，在这十几秒钟内，你必须迅速将缺口、准星对准目标，使之三点成一线，并准确地把握时机扣动扳机，才能命中目标。

其实，夜间射击只要掌握了要领，是最容易打出好成绩的，因为夜间射击的成绩不计环数，只要上了靶，哪怕擦了靶边也算数。不像白天的卧姿、跪姿、立姿要计环数，而且白天射击有虚光，虚光在阳光下和阴天又不一样，一不小心，连靶也上不了，更不要说打中八、九成十环了。

可是，夜间射击也有不少战士因掌握不了要领，一粒子弹也上不了靶。班里就有个山东来的新战士，怎么给他讲也不通窍，总是打零蛋，大家气得直跺脚，因为这会影响全班成绩，战士们荣誉感都很强烈。为了让他打个及格，我这个当班长的真不知道花了多少心思、费了多少劲。

就这样，我们每天趴在有厚厚尘土的泥地上，数月之久，天天如此，久而久之，不少战士阴部得了一种皮肤病，结了一块厚厚的疤，抠都抠不掉，说是一种癣。其原因是夏天趴在地上出了汗，汗沾湿了裤子，于是灰尘沾在皮肤上，加之太累，有些战士结束后不洗澡，时间久了皮肤就开始溃烂。开始时，不好意思说，后来没办法了，只好上医院。好在不是什么不治之症，也不是什么传染病，治好后只要保持清洁卫生，就再也不会复发了。

46.备战备荒为人民

“备战、备荒、为人民”，是那个时代最响亮的口号之一，也是毛泽东深入人心的一个思想。为落实毛泽东“要准备打仗”的伟大战略思想，1973年的冬天，我们连在长江口的海边上，执行开挖人工河的艰巨任务。

这条人工开挖的河在崇明岛上，在新筑起的围海造田的大堤内。显然，这是准备给新造出的良田灌溉用的。这条河除了满足灌溉以确保粮食丰收外，实在看不出有其他军事功效，当然，囤积粮草本身就是备战备荒。

那正是隆冬11月，上海已是打霜的时节了。早上，田里早已结了一层薄薄的冰。第一天开挖人工河并不觉得冷，因为刚刚开始挖，河床还未积水 。可是第二天，昨日挖出的河床已有很多水，并且结了一层厚厚的冰。面对刺骨的河水，战士们眉头也没眨一下，二话没说，卷起裤腿就跳到水中。那踩破的冰凌，一块又一块，漂浮在水面，渐渐被我们的体温溶化，变成了水。不过，我们的双脚倒是冻得红肿红肿的。

我们开出的人工河，约有两米多高，二三十米宽。为了加快进度，我们用抽水机抽干水，然后重复昨日的劳作，一担又一担地将乌黑的泥巴挑到大堤。说实话，每挑一担泥土到堤顶都非常吃力。不过，当你到了堤坝顶上，看到一望无际的大海，心情就格外舒畅。

但是，上海的天气十分潮湿、阴冷。要是刮起老北风，脸上像刀刮一样，特别是耳朵、鼻子疼痛难忍，像要掉下来一般。外面冷，内里的衬衫却湿了个透，大汗淋漓，汗流浃背。一个上午下来，吃午饭休息时，背上冰冷冰冷的，像放了块冰在背中心，十分难受。可是大家毫无怨言，歌声、喊声此起彼伏。

当时，大家喊着一句最流行的口号：“苦不苦，想想长征二万五；累不累，想想革命老前辈。”就这样，以坚强的毅力战斗着。半个多月下来，没有一个人退缩，总是以多挑几担泥土上大堤、多出几身汗为荣。也不知道是什么力量支配着，我们仿佛忘掉了什么是苦，什么是累。

在“好八连”几年，常常做这些艰苦繁重的体力劳动，倒把我们的身体锻炼成了钢筋铁骨。回到地方后，几十年来，虽也有小感冒发生，但从未住过医院，这也算是一种财富吧。

同年冬天，毛主席发出“深挖洞，广积粮，不称霸”的指示。这条指示作为标语，也同“备战、备荒、为人民”一样，贴满了大街小巷，家喻户晓。

据连首长说，毛主席发出这个号召，是因为苏联修正主义的头子勃列日涅夫欲攻打中国。珍宝岛战争之后，被我们称为所谓老大哥的苏联，与我国的矛盾达到白热化程度。这是苏联修正主义对我国的又一次严重的挑衅。

起因是美国中央情报局得知苏联要动用导弹，在我国国庆之时，对我们实施核打击。当时，我们和美国尚未建立外交关系，也是属于敌对的。但美国为了制止苏联动用核武器，于是把这条消息登在美国的一家不起眼的报上。我驻美办事处得知后，急报周总理。周总理组织人员分析后，认为这条消息是确切的。于是赶紧向正在中南海游泳的毛主席汇报。

毛主席并未当即表态，仰望在水面上一动不动……

毛主席游完泳后上岸来，针对此事，不紧不慢地说“深挖洞，广积粮，不称霸”，很快，这句话被当作最高指示传遍全国。

这一消息是我们连长在全连大会上披露的。但后来我从一家报纸上得到证实：说当时珍宝岛冲突爆发后，苏联人反应强烈。当时的苏联最高领导人勃列日涅夫，打算“一劳永逸地消除中国威胁”，准备用中程导弹对我国的军事、政治目标实施“外科手术式的核打击”。他们为取得美国的支持，通过大使馆告诉了美国。美国总统尼克松认为，一个强大的中国符合美国的战略利益，而一旦苏联人打开潘多拉合子，整个世界就会跪倒在北极熊面前，“我们能够毁灭世界，而他们却敢于毁灭世界”。几天后，这条消息刊登在《华盛顿明星报》上的醒目位置，题目是“苏联欲对中国做外科手术式核打击”。

消息一出，引起世界巨大反响，勃氏气得发疯，愤怒地喊道“美国人出卖了我们”。于是，中苏边境陈兵百万，对我国构成极大威胁。

据史料记载，毛主席“深挖洞，广积粮，不称霸”的话，出自明朝。朱元璋打了胜仗后，1368年明朝建立前，他征求学士朱升对今后战略方针的意见时，朱升说："高筑墙，广积粮，缓称王"。毛主席将这三句话改为"深挖洞，广积粮，不称霸"。看起来毛主席改了其中的头一句和后一句的一头一尾两个字，其实只把最后一句的"缓"字改成了"不"字，其意义就大不一样了。于是，全国掀起了"深挖洞"热潮。几乎所有的大、中、小城市，所有的单位都挖了自己的防空洞，以防原子弹袭击时便于躲藏。

为了防止苏联的挑战，周总理根据毛主席指示，精心安排在同年9月28，即国庆前夕进行了一次地下核试验。

这一来，吓倒了苏联修正主义，一场一触即发的战争得以幸免。

战争一直没有发生。后来这些防空洞未经历战争，倒是成了地下商场和地下招待所。特别是北京，地下招待所多如牛毛。

我们连队开始参加挖洞，是在这年的12月初，那时天气越发的冷了。地点也是在崇明岛上，工地离驻地不太远，坐汽车约莫半个小时，具体位置不太清楚，好像是往西走。我们去挖洞时，工地上人山人海，已经挖出了一个好大的坑，估计长有100米，宽有60米。这么大的一个坑，也不知是挖出来做什么用，猜想是军用的。

为了早日把洞挖好，工地上24小时挑灯夜战，部队一批批轮换进行。我们连挑选了一个最冷最艰苦的时段，即天亮班。每天11点出发，11点半赶到，直干到天亮。

上海的12月，深夜异常的冷，天上下着霜，地上虽然有十几台抽水机抽水，但仍有积水；积水和霜接触很快结成冰。我们的解放鞋其实不顶用，如同赤脚一样，唯一的办法就是不停挖土、铲土、挑担才不会冷。因此根本不能停下来，一停下来就冷得打颤，你要是偷懒不动就会冻僵。这样的日子，整整坚持了半个多月。但不管是我们连还是兄弟部队，都坚持了下来。在那个年代，这完全是一种精神力量所致。当面临艰难困苦时，人人都向毛主席献忠心。就是凭着这颗对党对毛主席的忠心，再大的困难都不在话下，再苦再累都化为乌有。

47.谈 话

就在快要离开农场的前夕，连里发生了一件令人震惊的事，排长张兴华为保卫边疆，自愿申请到黑龙江靠珍宝岛的一个小山村，落户当农民。

张兴华，一个文静的白面书生，高高的个儿，匀称的身材，用现在的话说是一个很帅的帅哥。说他是书生，主要是待人温文尔雅，脸上总是挂着笑，两边深深的酒窝给人留下深深的印象。其实，他文化程度并不很高，至少不是那种舞文弄墨的人。然而，他这个举动非同小可，一石激起千层浪。

他的举动，让人震惊，引起了媒体的极大关注。上海的大、小报刊纷纷都做了长篇报道。紧接着，全国各大媒体也都纷纷报道。就像一声惊雷，震响了整个上海，乃至全国。

是啊！一个“南京路上好八连”的排长，一个人们心中的英雄，毅然决定放弃官职和待遇，放弃大上海舒适的生活环境，到冰天雪地的地方去当农民，这在一般人看来，无论如何也是不可思议的事，怎能不激起大的波浪呢？！

不过，在“好八连”的战士看来，却是很平常的事，许多战士心里还打嘀咕，为什么不叫自个儿去呢。在当时那个火红的年代，想去还去不成呢。因为，在人们的心目中，这是英雄壮举，是有条件才能去的。

对于他的举动，我虽然心里总觉得有那么一点点不值，但我是很敬佩的。从繁华大上海到穷乡僻壤去当农民，这本身就是个壮举。想想看吧，当年毛主席为了培养接班人，号召在大城市里的知识青年上山下乡，到农村去接受贫下中农再教育，多少人怨声载道，过后，几乎100%都回城了。而如今，没人要张兴华去当农民，而张兴华义无反顾地主动去了。这种壮举，没有一种崇高的思想境界，没有一种献身精神，是不可能做出来的！我当时心里也曾有点疑惑，还甚至觉得是不是有人导演的，因为凭我对他的了解，他的心似乎没那么大。他的这种行为，完全是一种心灵的净化，一种为革命为人民勇于牺牲的精神所致。

有人说，是当时的政治气候害了他。然而，试想，一个国家，一个民族，艰苦的地方没人去，没人敢于去为她奋斗，为她去牺牲，这个国家，这个民族还会有希望吗？！我以为，到基层去，到艰苦的地方去，到边疆去，什么时候都是正确的，都是要提倡、要褒扬的。那种认为是在作秀的指责都是不对的，是一种患了阴暗心理疾病的反应。

打那以后，我再也没见到这位英雄，心里总是念着他……

这对我来说似乎是个好消息，因为就在那天夜里，指导员戴大喜约我到营房后面的田埂上谈话，说组织上决定让我当一排长，接替张兴华的工作，要求我向老同志学习，为连队做出更大贡献。

谈话，或谓谈心，在部队三年有许多次，最刻骨铭心的要算是连长王振华找我谈的一次，那次谈话使我受益一辈子，连长说："对于重大原则问题我们应当坚持原则，但作为一名普通党员和群众来说，一生中有多少重大原则问题呢？！"这句话至今铭刻在心。

而这次谈话，对我来说也是一次难忘的谈话，因为它直接关系到我的前程，按部队规则，组织上找你谈这样的话，就是已经决定给你提干，这就意味着你将告别士兵身份成为国家干部，这对任何一个当兵的人来说，都是梦寐以求的。更意味深长的是，你将从此离开农村，再也不用退伍回去当农民了。

那时，一个排级干部每月55块钱，比一个大学生工资还高，这几十块钱，足足可以养活一家人，是谁都做梦想要的，也是可望而不可求的。第二天，我单独行动，去了堡镇的一家医院检查身体，检查结果身体很好，我心里非常高兴。我知道，当组织上找你谈话后，实际上命令已下，只等一个月后当众宣布了。据说，从谈话到宣布，一个月便发两月工资。这期间，如身体和外调都没问题，就算铁定了。

这对我来说是特大的好事。坦率地说，在那个年代，谁不想去参军，参军又有谁不想升个一官半职，更何况是农村来的兵，因为农村兵退伍回去是没有分配的，谁都想摆脱当农民的命运。我当时的心里确实特别激动，暗暗下决心，要把壮丽的青春献给祖国的国防事业，为“好八连”光荣的旗帜上增光添彩。

然而，我的美梦很快被粉碎，连首长告诉我，说组织上决定让我去团部当干事。不久又要我退伍。公开的说法是那年正好召开“十大”，会上，年轻的王洪文不仅当了中共中央副主席，还当了中央军委副主席，据说，他在大会上宣布军队各级干部要年轻化，排长超过23周岁不提，我那时正好超过这个年龄一点点。

1973年，张兴华排长在练习瞄准。

其实，后来，据在防化连当兵的老乡告诉我，是我家乡的一个大队干部，在部队外调时搞了我的鬼，把我一个早年叫叔叔的，在苏区革命时因隐秘的两性关系而被人暗地里诬告走私食盐，打成AB团误杀的事，说成了是我的社会关系不好，部队的同志不明真相，只好如实奏报。那时政审是最严格的，于是出现了要我去当干事的决定，可见当时的团首长是很有水平的，没有因这个所谓的社会关系问题，一棒子打死，而是极力挽救，现在我想起此事，也对领导产生由衷的敬意，虽然，组织上想挽留我未成事实。

后来我才知道，事实上，我那叫叔叔的是专门帮红军从白区为苏区贩运食盐的。那时国民党反动派不仅在军事上围剿红军，而且对苏区实行经济封锁，食盐和药是最重要的禁运物资，一旦发现向苏区贩运，不管多少格杀勿论。我那所谓叔叔冒着生命危险偷运食盐到苏区，可以说是有功之臣，却被恶人诬陷成通匪的反动商人而被杀，真是冤枉。更让人无法接受的是，几十年后，我这个没见过面的所谓叔叔，却成了毁掉我前程的恶鬼。其实，这个恶鬼不是别人，而是那个蓄意诬告之人。

也许我根本没有当军官的命，谈话后始终没宣布命令，去团部当干事也泡了汤。有大气候的原因，有巧合的原因，但关键是碰上了恶鬼，这一切是我无法驾驭的，更是无法左右的。这个事对我的打击最残酷，使我的人生坐标跌到了最低点。

三年心血付诸东流，前途一片渺茫，心中无限痛苦。提不了干部就只有退伍的命。后来的人生发展，更让人觉得是命运的安排，只能认命。如果我当了一排长，结局可能比有的连首长还要差。

我离开部队后，很快进入了上海戏剧学院学习，获得了日后混饭吃的文凭；再后来，当上了一个地级市的文化局副局长，成了一名县级领导干部。如果从某些人的所谓前途去说，在部队要混到正团级，回来才能当上这个职务，天知道是否能当上这个职务呢。

第八章　重返南京路

48. 退伍

命运终于没让我在部队继续待下去。1974年元月，我无可奈何地退伍了。然而，虽然早就有思想准备，但当名单宣布时却泪如泉涌。毕竟，对连队产生了一种难以割舍的感情。在“好八连”的一千多个日日夜夜里，和战友们同甘共苦，留下了一个个深深的脚印，洒下了一滴滴辛勤的汗水。

三年里，是连队教会了我军事，是连队使我懂得了政治，也是连队教会了我怎么做人。

在这三年里，我学到了人生几乎一辈子都学不到碰不到的东西。尽管如此，退伍对我来说，比任何人都是更残酷更痛苦的打击。在那些日子里，我几乎要被击垮，就连身体也不争气，竟然突然大便大量出血。

然而，正是“好八连”磨炼出来的“八个不怕”、“五个好”的坚强意志，使我站了起来，我没被击垮，而是勇敢面对一切。

这是一段异常寒冷的日子，冷得浑身打颤。显然，这不仅是天冷，还有心冷，受伤的心冷。我咬着牙，度过了那些最寒冷的日子。在这个艰难的日子里，没人给我抹泪，没人来安抚我。不过，我还是得感谢那位写信给我的姑娘，毕竟，在我最痛苦的时候，她

2015年，作者（左二）和原“好八连”老战友李永金（中）、刘一飞（左一）和新老战友在“好八连”事迹展览馆门前合影留念。

还是赶来车站送我。尽管她表示无论如何都不会跟我分手，说哪怕是当农民也不二心。可我心里清楚地告诉我，这是不可能的事，只不过是几句安慰的话。很快，我的猜想就被证实了。从此，在爱情的问题上，所谓纯爱情的美梦彻底被击碎了，我认识到没有经济基础的爱情，越是海誓山盟就越是虚伪，最后都将如泡沫般地散去……好在并未有真正地恋爱过。

1974年1月4日，对我来说是个刻骨铭心的日子。我和战友钟家光踏上南去的列车，离开了上海，离开了大场营房，离开了南京路，离开了出生入死的战友，离开了“好八连”这个让人魂牵梦萦的地方。

虽然，我和我的战友们离开了“好八连”，但我们却高标准严要求对待自己，共同给全团退伍的战友留下一份倡议书，倡议书还是我参与起草过的呢，现抄录在此，以飨读者。

亲爱的全超期服役、服役期满的战友们：

“风雨送春归，飞雪迎春到。”在国内外一片大好形势下，我们满怀胜利的喜悦，迎来了1973年的复老迎新工作。这是伟大领袖毛主席的战略部署，是光辉的战斗号令，是加强部队建设、巩固无产阶级专政的重大措施，也是我们在新的一年里落实毛主席提出的“深挖洞，广积粮，不称霸”“备战、备荒、为人民”的伟大战略方针的实际行动。

亲爱的战友们，回顾几年来的战斗历程，千言万语也表达不完我们对党对毛主席的深情。是党，把我们一个个不懂事的孩子，送进了革命的大学校；是党，教我们学政治、学军事、学文化，使我们懂得了不少革命道理，学会了不少为人民服务的本领；是毛泽东思想，把我们一个个天真烂漫的青年，哺育成为有一定觉悟的革命战士。党就像慈祥的母亲，当我们受到挫折时，党鼓励我们前进；当我们遇到困难时，党给了我们勇气和力量。在大学校里，党的培养教育、首长的关怀指教、同志们的帮助体贴，给我们留下了永远磨灭不了的深刻印象，结下了深厚的无产阶级感情，更加使我们感到依依不舍、难舍难离。可以说，我们周身的每一个细胞都渗透着党的血液。

亲爱的战友们，为了报答党的恩情，不辜负党对我们的殷切希望。我们在这次复老迎新的工作中，特提几点作为我们共同奋斗的要求。

一、像雷锋那样刻苦学习马列主义毛泽东思想，自觉执行毛主席革命路线。

我们要发扬雷锋的“钉子”精神认真看书学习，弄通马克思主义。在学习中，做到学习的自觉性不放松，时间紧任务重不放松；做到每天坚持20～30分钟；做到离队和在队一个样，宣布名单和不宣布名单一个样，在走留工作上学习不影响。做到红心向着党，斗志更加旺；跟着毛主席，转业不转向，退伍不褪色，前进在毛主席的革命路线上。

二、像雷锋那样，党叫干啥就干啥，干一行爱一行，干好一行。

退伍就是转战场。不论到哪里，都要想的是党的工作，为的是革命事业。宁愿为党的事业操心，不为个人利益分毫心。在连队，开好最后一次班务会，谈好最后一次心，做好最后几件事：擦好枪，交好传统，（草鞋、纸糊信封、针线包）站好最后一班岗。走留都做到，斗志不减，标准不降，红心不变。同时，物质上不向组织伸手，政治上不向组织张口，不给组织添麻烦。做到走得心情舒畅，留得安安心心，使党和毛主席放心。

三、向雷锋那样，完全彻底为人民，把有限的生命投入到无限为人民服务中去。

退伍不是继续革命的结束，而是战斗岗位的变更。做到身份变了、岗位变了、任务变了，为人民服务的思想不变、艰苦奋斗的作风不变、为共产主义奋斗终生的决心不变 。在走留中做到三不伸手、三个满意。在物质上不伸手、在待遇上不伸手、在荣誉上不伸手。在队，各级领导满意；回去，贫下中农满意；走留，自己满意。绝不为个人前途着急，一心为人民利益着想。

四、像雷锋那样，自觉地保持艰苦奋斗的作风。

艰苦奋斗是我们的政治本色，我们要牢记毛主席的一贯教导，牢记我党我军的光荣传统。做到不需要的不买，不符合传统的不买，紧张物资不买，不合政策的不买。不请客送礼，不集体照相留念，不乱花一分钱，不改战士军装。做到，挎包里装的是马列的书，口袋里带的是针线包，入伍时一个背包，退伍时不用肩挑。

亲爱的战友们，让我们更加紧密地团结起来，发扬艰苦奋斗的作风，在新的岗位上再立新功！

三年的时间，国家并没有什么大的变化和发展。当年去当兵时在樟树县（今为市）铁轨旁上火车，如今仍在樟树县（今为市）那段铁轨旁下火车。

豪言壮语好说，但参军和退伍，一个是天上，一个是地下。参军时敲锣打鼓欢送，戴大红花；退伍时虽说也光荣，但却冷冷清清，灰溜溜的。

回到农村后，我准备下决心当一辈子农民，为严格要求自己，我按照“好八连”的要求，利用我在“好八连”学到的思想和语言，给全县的退伍军人写了一封信，信是以倡议书的形式写的，表示了我当农民的决心。可惜那份倡议书后来因家中遭火灾被烧掉了。

没想到这封信引起了赣县县委的重视，把信印发到了全县，并向全县人民广播，号召大家向我学习。那一刻，我下定决心当一辈子农民。

其实，当时我心里真是有说不出的滋味，甜酸苦辣咸五味俱全。要知道，那时的农村连温饱都没解决。我望着我那年迈的老母亲，望着一贫如洗的家，常在半夜里泪湿衣枕。这是我在人生道路上的一次惨败，而且是遭小人暗算的结果。不是我没努力，而是有人在我背后捅了一刀子，一直捅到了心脏，整个身心都在滴血。

在这人生最黑暗的日子里，仍然是我那老母亲给了我勇气和力量，使我振作起来，去面对这无情的打击，面对这茫茫的人生路。

然而，真正使我坚强起来的还是“好八连”。尽管我已退伍回到了山村，但连队并没有忘记我，退伍后不久就收到了“好八连”党支部的来信。信中充满了战友之情，使我感到无比温暖、无比幸福，也变得更加坚强。现将此信抄录如下，共同分享：

亲爱的黄明光同志：

新年好！分别一个多月，说实在的话，很想念战友，总感到有根什么“线”把我们连在一起，难分难舍。回想起往昔和战友在一起战斗共同建设连队的生活，你们老同志的印象在我们全连同志的心目中非常明晰并不断浮现。这是因为你们老同志在连队建设史上做出了贡献，你们在连队努力学习马列、毛主席著作，不断提高三个觉悟，牢记“两个务必”，自觉保持和发扬我党我军的光荣传统，刻苦改造世界观，给我们全连同志以教育。总之，你们的好思想、好作风、高贵的品质深深地教育了全连同志，激励我们搞好连队建设。也请你们老同志放心，我们一定牢记毛主席的教导，按《八连颂》建设连队。向老同志学习，谦虚谨慎，不骄不躁，扎扎实实做工作。抓大事抓路线，抓政治思想工作，全面加强连队建设。不辜负党和人民对我们的殷切的希望。以新的成绩迎接四届人大的胜利召开。

亲爱的战友，你们走后，连队又外出执行一次临时任务。当然，这是上级首长给连队安排了学习人民的好机会 。全连都出动，成立了几个组。对车站、海港、码头、工厂、学校、财贸、农村进行了广泛地接触人民群众，汲取了政治营养，有力地促进了连队建设。目前，我们部队正在进行中央文件的学习，并在连队进行试点教育。也许你们也在学习吧！我们这次学习首长很重视，很关心。当前连队正掀起一个学习的热潮，连队的形势很好，这一切都请你们放心。

形势在发展，革命无止境。我们也希望战友们在新的一年里，在新的工作岗位上，坚持党的基本路线为纲，抓大事，促大干，掀起一个学习高潮，为人民再立新功，以优异成绩向党和人民汇报。团结起来，争取更大的胜利！

致以

无产阶级的革命敬礼！

八连党支部

1974年1月30日

不仅“好八连”党支部关心我，而且“好八连”连长王振华也在百忙中关心我，多次给我来信，鼓励我努力学习。正是“好八连”这种无微不至的关怀，使我变得更加坚强。谁都知道，连长王振华是个大忙人，你无法想象他一天到晚忙到什么程度。但就是这么一位“好八连”的连长，三番五次给我一个退了伍的战士来信，足见“好八连”干部关心他人的心境。从中可以窥见“好八连”干部战士一心为他人、唯独没有自己的本质。虽然连长王振华给我写的仅仅是几封私信，但足见“好八连”干部战士纯洁的战友之情。

49. 上大学

命运终究没让我当农民。几个月后，我被录取到上海戏剧学院戏剧文学系编剧专业学习，于是，我重返南京路，来到位于南京西路末端的上海戏剧学院上大学。

那时的大学，被斥为资产阶级知识分子所统治，自1966年“文化大革命”以来，一直停止了招生，特别是艺术院校更是如此。直到20世纪70年代初，才在少数学校开始招生，叫工农兵学员。所谓工农兵学员，就是从工人、农民、解放军战士中招收一批优秀青年入学。当然，这也包括从城里下放到农村的知识青年，严格地说，其实他们不是真正的农民，他们不仅有生活补助，有的还有工资发。

按当时的说法，目的是要培养无产阶级自己的专家、学者，不能让资产阶级权威继续统治学校，从而专无产阶级的政。

我能进入上海戏剧学院是颇具戏剧性的。

开始，因为我喜欢理论，报的是复旦大学自然辩证法的哲学专业和江西工业学院。复旦大学据说招了个大队书记去。江西工业学院一位老师希望我去他们学校，我当然表示同意。就在这时，上海戏剧学院江西招生组在赣南招生落空，行署高招办的同志便同意他们查阅有关其他县的考生资料。他们看到我的资料时，发现我发表过文章、作品，便电话通知我去面谈。

1975 年，作者在“上戏”校园广场留影。

谈话是在赣州饭店西头一间房间里进行的。找我谈话的人有两个，一个是工宣队工人师傅，姓李，为人和善，他是把学员政治关的，我到校后发现他是理论班的支部书记。但真正给我谈话的是另一位教授。所谓谈话，是要考查我的业务素质，因为他们知道我是“好八连”出来的，在政治上是完全没有问题的。

这位教授，姓叶，名涛，是上海戏剧学院著名的教授。他戴着一副深度近视眼镜，中等个儿，略显微胖。当时天气很热，只见他不停地用毛巾揩汗，反复地说赣南天气很热。叶教授和蔼可亲，学识过人，为人坦诚，满腔热情，给我留下了深刻印象。后来的事实证明，这是个可亲可敬的人，是我人生中碰到的贵人之一。那次谈话后，他们认为我反应灵敏，又发表过作品，便顺利通过。临了，叶教授不无神秘地透露说，你等通知吧。

那时的上海戏剧学院招生，尽管是“张铁生时代”，但仍要考试，因为它是特殊专业的院校。考试分专业，演员主要看形象，考唱歌跳舞，说台词，小品表演。编剧专业主要考写作，因我有已发表的作品，故未叫我考笔试。我到赣州饭店考试时，叶教授正在对一个女知青进行表演考试，后来没见那个女孩被录取。

然而，我等了几个月也未等到通知。这几个月真是度日如年。那时又没电话，更没手机，无法与叶教授联系，急得真像热锅上的蚂蚁，茶饭不思。其实，我的录取通知书早到了公社，是一些不怀好意的人卡住了，故意不给我，也不知什么原因。直到几十年后，我当了文化局副局长，在一次餐桌上碰上当时的公社书记尹良炯，才知原委，他说有人想卡住不让我去，还是他出面干预开了口，才使我顺利上了大学。具体因为什么，我就不得而知了。我真心感谢这位党的好书记。

一直拖到十月国庆节后，我才拿到录取通知书，这时已经迟到了整整一个月。我赶紧跑到县里去办转移户口的手续，好在派出所所长是我们村里人， 因此手续办得很顺利。手续办完后已是下午，最后一趟班车还是没赶上，只好走路回家。

碰巧，遇上一位上海女知青，她也是考上大学来办手续的，被录取在复旦大学国际政治系；她下放在赣县江口乡，正好结伴同路，我们步行几十里，到江口时天已近傍晚，分手后再也没见着她。

当我来到上海戏剧学院时，已是10月10日了。这个日子是国共两党签订双十协定的日子。这个日子似乎与我有缘，在20世纪60年代上户口时，因父亲早逝，不识字的母亲只记得是10月初生我的，记不清是具体哪一天，结果登记的日子竟然是10月10号。这个日子尽管并不是我的生日，但它阴差阳错伴随了我的一生，它还将导致我提前退休一个多月。后来经查族谱，我真正的生日是1949年农历十月初二，公历11月21日。

50. “上戏”

“上戏”是上海戏剧学院的简称，演艺界都习惯称“上戏”、“中戏”（中央戏剧学院简称）。

上海戏剧学院前身是上海市立实验学校，1945年12月1日，由著名教育家顾毓琇与著名戏剧家李健吾、顾仲彝等创立，熊佛西为首任院长。此后，曾名为上海市立戏剧专科学校、中央戏剧学院华东分院，到1956年才正式命名为上海戏剧学院。

上海戏剧学院是以戏剧戏曲学位为主要学科的国内重点学科，全院设有表演系、舞台美术系、戏剧文学系、导演系、电视艺术学院、创意学院、戏曲学院以及舞蹈、地方戏曲、美术音乐、模特、木偶等众多专业门类，是培养高级艺术人才的名牌学府。

上海戏剧学院位于南京西路末端的美丽园，门牌号为延安西路355号，这是北门；南门为前门，门牌号为华山路630号。从北门到前门约有200米左右。北门右边是华山医院，是我们的公费医疗定点医院。从北门到静安寺不过几百米远，因而由北门进出的人比南门多。“上戏”是和上海音乐学院相媲美的两所专业性很强的高等学府。

“上戏”很有名，可和“中戏”媲美，有的地方还胜过“中戏”。在这个小小的院子里出了许多明星、名人、学者。如余秋雨、祝希娟、沙叶新、潘虹、奚美娟，郭达、李冰冰等，数也难数清。可以说，那时的江南各省话剧团和如今的电影、电视、戏曲界的骨干、名人，众多都是“上戏”培养出来的。

“上戏”是演艺界人士梦寐以求的学府，可以说进了这座学府，离成名就不远了。

不过，那时的“上戏”很小，方园不过300米。院内有两栋学生宿舍，一栋教学楼，一个图书馆，一个剧院，一个小广场，一个篮球场，一个食堂；另外还有四、五栋小洋楼，是学院和各系教职员工办公的地方。

“上戏”当时设有戏文系、表演系、舞台美术系，外加一个代培的木偶班。

“上戏”整体教学规模不大，有十几个班，每班约有10～30人不等，把学生和教职员工加在一起也就几百人。据老师说，人多时也不过千把人。

改革开放后，上海戏剧学院已发展成为有华山路、莲花路、虹桥路、大木桥等四个校区的综合性艺术院校。

当时我被录取在戏剧文学系，就读编剧专业。

班主任是荣广润老师，他是荣氏家族的后裔，荣氏家族是中国最具实力的民族资本家之一，其叔辈荣毅仁曾任中华人民共和国副主席。

辅导员是一个很有造诣的老师，叫周端木，他烟瘾很大，是个在编剧专业上很有学问和经验的老师。

当时流行派工人毛泽东思想宣传队进驻大学，班里配了一位老工人，姓韩，名孝林，任党支部书记。

我们班有25个同学，除6个分别来自江西、陕西、山东、黑龙江，安徽省外，其余的都是上海知青。

我们读书是免费的，用当时的话说，工农兵学员是学校的主人，因此，不但不要交学费，国家还发给我们每人每月19块5毛钱的伙食费和零用钱。当时一个月的伙食费约在13～15元之间，一般都够用。我属穷学生，家里无生活来源，通常伙食控制在13元以下，剩下几块钱除买肥皂、牙刷牙膏等日用品外，偶尔还可到新华书店买本书。那时的书很便宜，贵的也只几块钱。由于家中只有一个70多岁的老母亲，生活自然很拮据，因为没路费，每逢过年过节也无法回去看望她老人家，使得老母亲望眼欲穿。

开门办学可报销路费，于是我放弃了去黄山的机会，去了井冈山、兴国深入生活，为的是离家近，可以顺道去看望我那可怜的老母亲。

51.读 书

来到上海戏剧学院，给人以一种全新的环境、全新的感觉。我深知进这样的学校不容易，一心只想多读点书、多学点知识、多长点本事。所以非常重视听课，特别是被指责为反动学术权威的老师来上课更爱听，因为往往这些教师更有学识。

博览群书，是我们这些学编剧专业的学生最看重的学习方式。由于“文化大革命”等原因，教学的内容限制很严，许多东西是不可能在课堂上讲的，老师想讲也不敢讲，能讲的也就八个样板戏的创作经验了。因此，我非常想多看点书，从书本上多获取一些知识。我经常早起到教学楼旁边的花草丛中看书，回到宿舍也书不离手，床上摆满了各种内容的书，多时达十几本。

那时图书馆是我课余时间常去的地方。图书馆的方莱老师是叶涛教授的爱人，她非常关心我的学习，经常推荐一些书给我看，对我借书的数量也放宽规定。慢慢地，许多老师都认得我了，他们都主动帮助我，甚至偷偷地冒险借一些当时被封存的书给我看，现在想起来也非常感激。从那时起，我养成了手不释卷的习惯，几十年从未间断。

在学校期间，最大的遗憾就是没去学英语和上海话，它毕竟是人生存的一种本领。当时英语课被列为自修课，教英语的蒋老师非常关心我，还邀我到他家吃饭，本来是有学习条件的。当然，客观上我年纪较大，难学，加上我的外语先天条件本来就差，属笨鸟要先飞的那种；更重要的是，那时学制五年变为三年，学习时间十分有限，大家都非常清楚，必须集中精力攻专业，因为这毕竟是日后要见真功夫的本事，因此，大家学习英语的氛围也不浓；我和大多数同学一样选择了放弃，从内心讲是一种无奈。为了多学点编剧专业的知识，我每天往返于课堂、图书馆、宿舍，三点成一线。

我们的刻苦学习，倒使工人毛泽东思想宣传队着了慌，认为我们偏离了方向，在往白专道路上滑。于是要求纠偏，纠偏的措施是要我们写批判邓小平的文章。当时正值批邓、反击右倾翻案风，倒不是我们对什么路线认识得有多清，看得有多远，觉悟有多高，或

1976 年，作者在“上戏”图书馆学习。

者说有多糊涂、落后，而是不想去浪费宝贵的时间，去写这些没用的东西，觉得实在没意思。

在学校最有意思的是看戏课，看戏是我们编剧专业的必修课。在那时，我们看戏是多的；戏票是发的，那时社会上看的都是样板戏，而我们看的都是上海文艺界新创作出来的戏，而且这些戏在那时都是轰动全国文艺界的，如《盛大的节日》等，再就是“上戏”自己创作的戏，这些戏在外头是很难看到的，因此上海人非常羡慕我们。在上海，看戏很远，常常在路上也要花费几个小时，不过，坐公共汽车，最贵的车票也只两角钱。

我们的课程有十几门，我最喜爱的是剧本分析课。印象最深的是《杜鹃山》作者王树元讲该剧创作经验和经过。他说，当年参加老区慰问团来到共和国摇篮瑞金，听到一位老游击队员说了一句：“没有共产党，我们就抢一个共产党来闹革命。”这个“抢”字，使他有了灵感。后来到井冈山，听到红军改编袁文才、王佐两支绿林好汉队伍的故事，写出了《乌豆》这个话剧。

这个戏后来成功地改编成京剧《杜鹃山》。这出戏当时被第三世界一些国家的共产党，当作武装闹革命的经典和榜样来效仿。

记得他还特别提到江青对这个戏所起的作用，并列举了戏中许多细节来佐证，说明出自江青的意见，如柯湘露宿出场时裤子下半截应是湿的，因此改成深绿色，给人以露水打湿的感觉等。

那时的教学设备较差，一个系才一部黑白电视机，而且经常出问题。我们晚饭后抽时间去系里看，印象最深的是《枫树湾》，我们对这位作者很是佩服。几十年后，一次在火车上遇到这位作家，真是有幸，可惜没能请教。

开门办学和军训是当时大学教学的一项必须内容。所谓开门办学，实际上是去农村工厂劳动，向工人、农民、解放军学习。这项教学活动，同学们除了对学军有点兴趣外，全然没兴趣，因为都是当过工人、农民，下放过农村的人。而对我来说更是没有必要，纯粹是浪费时间，我除了没当过工人，农民、解放军我都干过。凑巧的是，这次开门办学地点竟然是在金山县八二大队，这里，是我在“好八连”时就来过的地方。记得那时开门办学还出了张简报，报道了我的一段事迹，其实我并没做什么，可能是因为我来自“好八连”的缘故，有点新闻价值吧。这则报道至今保留着，抄录如下，以感觉一下那时的气氛。

黄明光同学上政治课，介绍“好八连”的英雄事迹

12月10日，“戏一”黄明光同学给全体同志上了一堂生动深刻的政治课。他以自己在“好八连”当兵的亲身体会，向大家介绍了“好八连”“拒腐蚀，永不沾”，牢记“两个务必”，保持艰苦奋斗本色的生动事迹，并结合自己和当前同学中存在的一些问题谈了体会。这堂课受到了师生们的热烈欢迎。大家一致认为，这堂课上得好，上得及时，教育意义很深刻。课后各班都组织了认真讨论。学习“好八连”艰苦奋斗的思想，批判林彪宣扬的资产阶级思想作风，大大提高了师生抵制资产阶级思想侵袭的自觉性。（上海戏剧学院政宣组）

52.在“上戏”讲艰苦奋斗

作为“好八连”出来的战士，尽管已经退伍，人们都投来崇敬的目光，这使我受宠若惊。不久，由于“好八连”在上海的影响，学院党委决定，要我给全院师生讲一讲“好八连”艰苦奋斗的事迹。听到这个消息，我真有点诚惶诚恐。一想到要在全校大会上给高级知识分子做报告，虽然是讲“好八连”艰苦奋斗的事迹，但心里总有一种恐惧感。说实话，这并非我的情愿，一来水平低，不知道怎么讲，纯粹是班门弄斧；二来觉得和这些高级知识分子讲什么艰苦奋斗恐怕也没有什么用；三来我已离开“好八连”，不像在“好八连”时代表的是整个连队，人家把你当英雄来崇拜，你讲的好差，人家是不管的，而如今面对的是老师、同学，很是别扭。

但又一想，觉得我介绍的是“好八连”的事迹，又不是讲自己，即便有的事讲的是自己的某些事例，那也是真实的事情，不是吹嘘的，又似乎壮了一点胆子，有了一点信心。于是，我决定拿过去在同济、复旦大学的讲稿来讲，因为这份讲稿不仅经连队党支部审查过，同时还曾交由一些记者、文人过目过，政治上和文辞上都应该没大问题。

在学院党委的主持下，我终于鼓足勇气在上海戏剧学院的讲台上完成了这个报告。那天会场千余座位座无虚席，我尽量稳住神，想讲好点，但也不敢乱发挥，只好照本宣科。尽管这样，还是出了一身冷汗。我那时报告中虽然强调的是艰苦奋斗的精神，但涉及一些事例近乎苦行僧的做法，现在看来简直有点滑稽可笑。例如，人一旦图安逸就会越来越想好，越来越图高档，从而越来越丢掉艰苦奋斗精神，这从道理上讲是对的。但我们干革命，不就是要让老百姓的生活过得越来越好吗？！当然，时代不同了，那时是物质贫乏时期，处在那个时代的人，能做到把好环境、好生活、好地位、好工作、好吃、好喝、好穿、好玩的东西让给别人，做到“先天下之忧而忧，后天下之乐而乐”，把困难留给自己，把方便留给别人，就已经很了不起了，已经是标兵的标兵、榜样的榜样了。“好八连”也正因如此才获得上海人民拥戴的。其实，时代发展到今天，也还有个“先天下之忧而忧、后天下之乐而乐”的问题。作为共产党人，也仍然还有把困难留给自己、把方便留给别人的问题；还有到基层去、到边疆去、到最艰苦的地方去的问题；还有先公后私、还是先私后公的问题；还有一心想着自己，还是一心想着别人、想着人民、想着祖国的问题。

想到这些，就觉得现在有些贪污腐化的官员太龌龊、太肮脏，太可耻了。

1975 年，作者（前排中）向牛书强（前排右一）、张桂兰（立右一）、张佩飞（立左一）等同学们示范补袜子。

那天的报告大约有两小时，也获得了热烈的掌声，但不知怎的，我总觉得不太自在。

一方面，觉得是“好八连”的影响，而不是我个人讲的好差之故；另一方面，我也深知，这里面掌声有的是真的，有的是假的；来听报告的人大抵都是听命而来，其中有的是真心的，有的是被迫的，有的是好奇的；对我所讲的内容有的赞成，有的反对，有的则是在背后讥讽，有的甚至觉得可笑，有的压根儿是听归听、做归做。

不过，这样一来，我倒是很难做人，因为大家认识了你，你的一举一动都会影响到“好八连”声誉，因此我只有夹着尾巴做人，老老实实做事，勤勤恳恳学习。通过我的实际行动来赢得领导、老师、同学、员工的赞许。其中有不少同学投来崇敬的目光，甚至有不少老师请我到家吃饭。但我深知，我无论在哪方面，都远远没做到人们想象的那么好，都差距很大。

20世纪70年代，党中央特别重视武装民兵的建设，尤其以王洪文为首的上海市委，更加格外重视，在上海搞了个武装民兵师，据悉，各种武器都发到了工人民兵手中。这个事后来被作为“四人帮”武装政变的证据，不免有点牵强附会，因为靠这点兵力不是白日做梦，就是纸上谈兵，更何况其他大城市如北京等地也建有民兵师。实际上，这是落实毛主席“要准备打仗”的战略思想，是全国性的一盘棋。

“上戏”虽然是很小的大学，但也要做点这方面的事，特地抽调了学生去参与民兵集训。也许，因为我是“好八连”出来的，也许是因为我当过兵，有军事素养，学院任命我为系里民兵连副连长，连长是一位工宣队，系总支副书记。为此我又被调去参加什么民兵集训，耽误了我半个月的学习时间，心里隐隐作痛。要知道，我已学习了三年的军事，这些军事常识我不仅会，而且很熟了。不过在集训队里，我认识了一些上海的工人，其中有一位女子叫方方，给我留下了较深的印象。她是上海无线电四厂的，身材苗条，皮肤白皙，瓜子脸儿，眼神铮亮，头发乌黑，个儿高挑；她温文尔雅，脸上总是带着含羞的微笑，给人以一种亲和感；她既是平民的女儿，又像大家闺秀，气质颇佳，谁见都会动心。集训队结束后，她来学院找过我一次，可我不敢给她表示什么。如果我留在上海工作，说不定会向她求婚呢！而且我觉得可能她也会同意的。不过，在那个年代，我根本无心去谈什么儿女私情，不是不想，而是根本没有条件，不存在这种可能性。因此，我们完全是同志式的接触，而且时间很短，我们只是彼此有好感，把对方装在心中罢了。由于我去向不定，觉得不会有什么结果，很快就中断了联系，特别是想到自己是“好八连”出来的，更不应该去耽误人家。

53. 惊雷滚滚

刚刚进入1976年，就响起了一声惊雷。这年的1月8日，是一个让全国人民惊魂的日子。上海一月的天气很冷，当同学们还躺在温暖的被窝里，中央人民广播电台用低沉的声音播出一条让人惊吓的消息：周恩来总理逝世。大家从床上跳起，像是发生了惊天动地的大事，迷惘不知所措，根本不相信，大家来不及穿衣服，便坐在床上屏住呼吸聆听中央人民广播电台的广播。当证实这一消息后，大家半天没说出一句话，深深地陷入了悲痛和沉思。

上海，是被张春桥和王洪文等人控制的上海。那时节又正好是"批邓反击右倾翻案风"。懂得点政治味道的人都知道，这将意味着什么。谁都知道，所谓批林批孔批周公、批邓反击右倾翻案风，实际上是把矛头对准了周总理。然而我们班却控制不住对周总理的热爱之情，自发地写了一些文章，以此来悼念敬爱的周总理。我当时写了一首小诗，没想到，时任我们班主任的荣广润老师亲自用毛笔书写好，贴到了被称为"上戏南京路"的报栏里。

那次行动，学校里不少老师为我们捏着把汗。打倒"四人帮"后，班里受到表扬，说我们路线斗争觉悟高。其实并非如此，我们完全是出于对周总理的一片情感所致。一年后，在纪念周总理逝世一周年的日子里，我将那首小诗凑成八句，再次贴到报栏里，以寄托我的哀思。现将它抄录如下：

夜半醒来泪沾巾，
相会总理在梦中；
频频挥手微微笑，
笑声朗朗在北京。
翻开日历又一年，
才知总理早起程；
当年春种撒山河，
迎来大地百花颂。

1976年，是极为不平常的一年。总理逝世后，四月清明节前夕，上海《文汇报》在批邓反击右倾翻案风的文章中，用了“那个党内最大的走资本主义道路的当权派把那个死不改悔的走资本主义道路的当权派扶上台”这句话，矛头直指周总理。于是首先在南京爆发了大学生上街游行示威活动，紧接着波及全国。北京的大学生、工人、农民在天安门广场为纪念周总理举行大集会，以送花圈、写诗的方式纪念周恩来，矛头直指张春桥等人。不幸的是，那次事件被定为反革命事件，导致邓小平党内外一切职务又一次被撤销的后果。邓被斥为这次事件的总后台。于是打倒邓小平的口号再次响起。上海首先举行了支持党中央、打倒邓小平的大规模示威游行，我们也一样，奉命举着标语牌到南京路上游行。

同年7月，长期担任中国人民解放军总司令、全国人民代表大会常务委员会委员长的朱德逝世。

同年8月，唐山发生有史以来的大地震，24万人遇难，这在世界上十分罕见，据说毛主席都为此大哭。

同年9月，更大的“地震”发生了，中国人民的伟大领袖、伟大导师、伟大统帅、伟大舵手毛泽东主席逝世。这在中国人民心中引起极大震惊，谁都不愿相信，这比起唐山大地震更惊恐万状，比失去亲生父母还悲痛万分，仿佛天要塌下来一般。因为毛主席领导中国人民推翻了压在中国人民头上的封建主义、资本主义、帝国主义的三座大山，建立了中华人民共和国，是开国元勋。他不仅使中国人民站起来，做了主人，而且使中国屹立在东方，再也不受外国的欺辱。更重要的是，他为中国人民留下了“毛泽东思想”——这个十分宝贵的精神财富。因此，他受到了中国人民的深深爱戴。从城市到乡村，人们自觉地设起了灵堂，自愿地为这位伟人守灵。当时几乎人人泪流满面，许多人寝食不安，全中国人民陷入了群龙无首的境地，似乎失去了依靠。有的人公开说，以后再也不会信仰第二个人了。

不仅全国人民从上到下，从城市到乡村，从高级干部到平民百姓，都自发悼念毛主席，全世界都自发悼念这位世界级的伟人。仅仅十几天内，全世界一百多个国家纷纷来电吊唁，各国政要亲临我国使馆灵堂悼念，不少政要要求直接到中国参加追悼会，因我国不请他们来中国悼念而作罢。联合国当天下半旗志哀，53个国家迅速下半旗志哀。许多国家的人民特别是第三世界的人民，自设灵堂悼念这位为全世界人民谋幸福、改变了世界格局、给全人类留下宝贵精神财富的伟人。

毛主席逝世27天后的10月6日，时任国务院总理的华国锋成为中共中央主席，中央军委主席。他宣布粉碎“四人帮”，把江青、张春桥、王洪文、姚文元逮捕起来，关进了秦城监狱。于是我们又奉命举着打倒“四人帮”的标语牌走上南京路游行。两次截然相反的游行，与前次的“四五事件”导致邓小平下台举行的游行，相隔仅只半年，这不免有点讽刺意味。

1976年真是不平凡的一年。它对我来说是心灵震撼的一年、刻骨铭心的一年，也是无所适从的一年。让人深深地感到政治斗争的残酷和无奈。

54.重返“好八连”

在离开“好八连”后，心里总有一种强烈的愿望，想有朝一日回到南京路，回到连队去看看，去看看我昔日朝夕相处的战友，看看关心爱护过我的连首长，看看我的连队，看看我曾经战斗过的地方。虽然，我重新回到了上海，重返了南京路，但由于繁重的学业及其他许多客观原因，我一直未能实现重返“好八连”的愿望。随着时间的推移，随着政治斗争的扑朔迷离，这种想法就越来越强烈，越来越急迫了。

终于有一天，在一个风和日丽的日子里，我来到了南京路，来到了人民广场，来到了“好八连”驻地。

这是在1975年的秋天，离开“好八连”一年多了。“好八连”还是在南京路，还是在人民公园旁边的营房里。我怀着崇敬和激动的心情，从昔日走过无数遍的人民广场到主席台，来到“好八连”，远远就望见营房门口站岗的士兵，他们是那样的威武挺拔。

近了，更近了，走近岗亭一看，原来却是昔日熟悉的战友，一声“老班长”，是那样的顺耳，是那样的亲切，是那样的舒坦，又是那样的平常，心里暖乎乎的。

我越过岗亭，进入大门，心里格外激动。到了，到了，终于到了！这里是我昔日战斗过的地方，是我出操训练的地方，是我挎枪站岗放哨的地方，是我走上南京路巡逻的地方，是我亲手升起鲜艳的五星红旗的地方，是我和战友们朝夕相处的地方，是我洒下汗水的地方，是我魂牵梦萦的地方……

走进营房，还是那小院，还是那矮矮的围墙，还是那熟悉的二层楼房。那天正好是星期天，小院里和往常一样，晃动着战士的身影，他们有的在打草鞋，有的在扫地，有的在捡菜，有的在补衣服，有的在下棋，有的在学习……望着这一切，涌动一丝丝情思，真想再站入这个行列，再洒出汗水，再为它献出青春。

连长王振华亲自热情接待了我，他带我到各班转了转，来到七班自然格外亲切，战友们一拥而上，把我围了个水泄不通，“老班长”“老班长”叫个不停。望着那些朝夕相处、同在一锅吃饭、同在一处睡觉、汗水同洒一处的战友，心里的情感无法形容，似乎有许多话想说又说不出，又好像有一种无法言状的滋味，分不清是甜、是酸、是苦、是辣。我只是紧紧握住战友们的手，饱含着泪水，久久不愿松开、离去。

1973年，作者在“好八连”原“连史室”留影。

末了，连长引我到连部，见到了连里的首长们，他们一一与我握手问好，看着他们星期天也在忙碌着，真不忍心打扰他们。我站在连部，接过连长递来的水，望着墙上的一面面锦旗，心情久久不能平静。这些绝不仅仅是一面面锦旗，而是一面面血染的红旗、一朵朵闪亮的浪花、一簇簇跳动的火炬。那是“好八连”的战士睡马路睡出来的，在南京路上巡逻走出来的，在上海滩上浇洒出来的；它们是用艰苦奋斗的精神干出来的，用谦虚谨慎的作风赢得来的，用无私行为奉献出来的。它们凝聚着战士们的滴滴血汗，凝聚着战士们的滚烫心灵，凝聚着战士们的崇高精神。

几个小时一闪而过，连长执意留我吃饭。那顿饭是我永远难忘的，它虽然没有什么山珍海味，却是我一生中吃的最香甜、最舒畅的一顿饭。午饭后，我怀着依依不舍的心情离开“好八连”时，映入我眼里的仍然是我刚来时看到的情景。望着战士们打草鞋、补衣服、扫地、学“毛著”的身影和站岗的英姿，我又一次深深被震撼了，而且是前所未有的震撼。

虽然，我也曾经不厌其烦的做过这些小事；虽然这些小事是那样的平凡而又渺小，简单而又陈旧；虽然这些小事谁都可以做到而又谁都难以做到；可它们是那样的不同寻常、那样的鲜艳夺目。

正是这些小事，铸就了“好八连”的作风，铸就了“好八连”的品格，铸就了“好八连”的精神。

是啊！这时我似乎才真正认识“好八连”， 他们是那样的一般，他们是那样的普通，他们是那样的平凡！然而，他们的确又是那样的突出、那样的崇高、那样的伟大！他们不为名不为利，不居功不骄傲，不贪图享乐；不为名利而引诱，不为引诱而迷路，不为蛊惑而动摇。他们心中始终装着人民，一心为了人民，全心全意为人民，把一切献给人民；人民就是他们的一切，几十年默默无闻，无私无畏，鞠躬尽瘁，死而后已。这就是“好八连”，这就是“好八连”精神！之后，我写下了这样的话：

当你接触到一位八连战士时，他给予你的印象是那样的平凡、质朴、无华，你会觉得他们不过如此。然而，当你仔细地观察他们的一言一行时，细心体味他们这些言行的含义时，你就会发现他们平凡中透出伟大，质朴中透着铮亮，无华中透现彩虹。你就会在他们身上看到中华民族的形象、气概、精神；看到中华民族的灵魂、脊梁、希望；也会感觉到：做人要做这样的人。

毛主席曾经指出：“艰苦奋斗是我们的政治本色”。这就是说，艰苦奋斗是我们的志气、人格，是生命力的体现。

55.老师和同学

从上海戏剧学院南门的华山路到北门的延安西路，有一条不大的水泥路。这条水泥路一分为二，把上海戏剧学院分成两半。在这条仅有两百米的水泥路上设有一块报栏，是“上戏”最繁华的地方。

1966年“文化大革命”爆发，上海戏剧学院的师生们冲锋陷阵，贴出了打倒张春桥的大字报，说张是叛徒，而且有根有据。还有的是揭露旧上海戏剧学院教学中带表演系学生到妓院深入生活的丑闻。一时间这条短短的水泥路上，成了全上海大专院校瞩目的焦点，引发人们纷纷到上海戏剧学院来看大字报，被当时人们称为“上戏的南京路”，热闹非凡。后来，张春桥得势后，领头的被打成反革命关进死牢，直到我们进校时才得以释放。他知道我是赣南人，便主动找我交谈，说他认得赣南文工团当导演的宋学斌，他说，宋当年也在“上戏”进修，说是和他一起的造反派，非常要好，问我可否认识。

我在进“上戏”前与赣南文艺界无缘，一个也不认识。宋是赣南行署专员宋志霖的儿子，是赣南文工团的导演，我毕业后回到赣南工作才认识他。不久，因宋是重庆人，调到重庆电视台工作，导演了《死水微澜》等几部著名的电视剧。

打倒“四人帮”后，自然给他们平了反。相反，时任上海戏剧学院的党委书记张惠民却逮捕起来了，张是作为工宣队派来的，张春桥的倒台，必然导致他坐牢的命运。

叶涛老师是在“上戏”对我影响最大的一位老师，我也是他心目中的好学生。我离校后一直和这位可敬的老师保持联系。叶的学识水平很高，是“上戏”一流的教授、导演和表演艺术家。他不仅在话剧表演艺术上凤毛麟角，而且在话剧表演理论上有独到的建树和创造，撰写了《话剧艺术表演浅谈》一书，备受话剧界推崇，因为这是很有分量的专业教科书。叶涛不仅在表演、导演方面有建树，而且在编剧方面也非常精通，在“上戏”的几年，我得到他颇多指教。他原本是表演系教授，却非常关心我的学业。他把讲稿给我，把书送给我，同时利用业余时间给我讲课，修改我的习作，使我获得了在课堂上难以获得的知识。他不仅自己关心我，还把我引荐给他的爱人方莱老师，要她从图书方面多给方便，想方设法让我多看些书。方老师冒险给我借出的一些当时被封禁的书，水平都是较高的书，并非色情之类。

由于给我开“小灶”，并给我列出书单，使我少走很多弯路。他们不但关心我的学习，也关心我的生活，见我生活较艰苦，常叫我去他家吃饭；叶涛老师还亲自给我踩缝纫机补衣裳。在我离校后，闻知我家遭了火灾，千里迢迢给我寄钱以示资助。1988年我担任赣州行署文化局副局长后，非常想念他，便和当时的赣州地区采茶剧团的团长、校友徐协和请他到赣南来，为我们举办了导演学习班讲座，受到热烈欢迎。就在那时，我们在赣州的体育场留下了一张唯一的照片，成为永久的纪念。他七十高龄后，因患糖尿病视力极差，还经常写信来鼓励我。

他是一位高风亮节的老师。他对共产主义有着坚定的信念，是党培养出来的高级知识分子。他对党和人民有着特殊的感情，对党的事业无限忠诚。当我远在外地接到他家人发来的逝世噩耗时泪如泉涌，却无法去参加他的追悼会。2006年，我送小儿黄晟青去上海就读华东理工大学，特地去拜访了方莱老师，那时，方已坐在轮椅上，行动不便，我内心很是痛楚。

陈恭敏老师是湖南人，在话剧界很出名，是个才华横溢的编剧，后调入上海戏剧学院任教。20世纪60年代初，因对姚文元在艺术上的看法有不同意见，撰写长文在《文汇报》发表，对姚的观点进行辩论。当时的姚虽然在文坛上也有名气，有“南姚北李”（李希凡）之称，但毕竟还只是静安区宣传部门的一位干部。后因姚写批判《海瑞罢官》文章得势，成为中共中央政治局委员。由于和姚的那场笔墨官司，陈恭敏老师被打成反动学术权威，送到“五七干校”劳动改造。“上戏”恢复招生后，学院领导念他的才华，偷偷请回他来给同学们上课。没曾想被来“上戏”视察的上海市委副书记徐景贤撞见，徐狠狠地批评了“上戏”领导。陈恭敏老师在“上戏”教编剧技巧课，对我们学生还是很关心的，也很谦和。记得他请我到他家吃饭，还亲自动手炒菜。在他家里，我第一次见到用煤气做饭炒菜。后来，系里安排他带我一同到江西深入生活，住在江西饭店，到了杭州，他又带我到他朋友家吃饭。那是我第一次到杭州，并与陈恭敏老师一起游览“虎跑”，观赏了“花港观鱼”。这一路上，他教给我许多有关编剧的知识。他告诉我要多看戏，特别是多看优秀的戏剧，并经典总结说“写戏就是写人物命运”，使我大受教益。打那以后，我时刻记住这一名言和诀窍，从不会到入门，也写了几个获奖的戏。打倒“四人帮”后，陈恭敏老师长期担任上海戏剧学院院长。1987年，我为了家乡的戏剧事业，以行署文化局副局长的官方身份，拜访了他和当时担任副院长的荣广润老师，向他们要了两个导演进修指标。那时要派人到“上戏”进修是很困难的，可以说，他们两人都给了我这个学生很大的帮助。

陈耕耘老师是表演系毕业的留校教师。他写出了《年轻的一代》这个当时风靡全国的戏，全国县以上剧团几乎都搬演了。这个戏写的是一个矿工的儿子放弃城里优越舒适的条件，到大山里继承父业找矿开矿的故事。陈老师在给我们上课时说，因为周总理非常关心这个戏，戏中的一大段核心对白，实际上是周总理的原话，是陈老师在聆听周总理对这个戏的建议时，一字一句记下来的。由此，这个戏自然也成为我们的必修课。“文化大革命”前，陈老师按规定得了些稿酬，“文革”中批判他翻看全国报刊索要稿费，专为名利。当时我听了此事酸溜溜的，我不明白劳动所得怎么就成了索要。

祝希娟是演电影《红色娘子军》中主角吴琼花出名的电影明星。据老师说，当她还是学生时，著名导演谢晋到“上戏”去选演员，在吃完饭回来路经篮球场时，正好撞见祝在篮球场上与人吵架，而且吵得很凶，谢导上前观看，这一看不要紧，看出了一代明星。谢导脱口而出：吴琼花的性格是打不死就要跑，演吴琼花就要这样性格的人来演。于是踏破铁鞋无觅处，得来全不费工夫，祝成为演《红色娘子军》主角吴琼花的人选。这部电影放映后家喻户晓，人人皆知，祝因此深入人心，并受到周总理的接见，成为“上戏”的骄傲。祝在“上戏”时我见过她，个头不高，并不属于现在影视剧中妩媚的美人之类。

尤嘉也是“上戏”出来的。据老师说她长得极为漂亮，但究竟漂亮到什么程度我没见过。她是演《枯木逢春》中的苦妹子出名的。20世纪60年代，江西省余江县人民在共产党领导下铲除了世代吸人血的钉螺，从而消灭了威胁人生命的血吸虫病，毛主席看了《人民日报》的报道欣然命笔，高兴地写下了不朽诗篇《送温神》。《枯木逢春》就是根据这一史实，以毛主席《送温神》为背景创作的一部话剧，后改为电影。据老师上课时说，尤嘉原本演戏技巧并不理想，因为长得漂亮而选中她演《枯木逢春》中的主角苦妹子，不过看了电影确实让人觉得不像苦妹子而是甜妹子。在拍摄中，有一场苦妹子死了丈夫要她流泪的戏，可她的泪就是流不下来，无论导演怎么启发，都无济于事，无奈之下，导演心生一计，骂她是世界上最差最笨的演员，结果还是学生的她，受不了委屈泪如泉涌，导演于是下令赶快抓住机会开拍。这一故事成为“上戏”老师在课堂上的生动例子。

在“上戏”，同学之间都和睦相处，自然也有些同学相互之间会非常关注，常走到一起，甚至无话不谈。

同班同学牛书强，陕西咸阳人。焦辰龙，山东烟台人。我们常在一起散步，而且无话不谈。散步主要在华山路，那条街上的树木参天，林荫遮住了整个街道，凉爽宁静。那时我们谈论最多的是当时的时局，觉得张春桥、王洪文他们这样搞有悖人心，意识到我们这些工农兵学员在毛主席离世后是要吃亏的。我和小焦虽然毕业后未曾见面，但一直保持联系。牛书强更是有缘，1992年，我带了个演出队到兰州，去参加在那里举行的全国小品比赛演出，路过西安时，他特地从宝鸡赶到西安来才见上一面。

让我们始料不及的是，工农兵学员的遭遇很快就兑现了，1977年毕业分配时，我们这一届工农兵学员是最差的。原本“上戏”按计划培养的学生，至少也分到省话剧团以上的单位，回到地方后全扫地出门，几乎全部都下放到了地（市）一级。我们在学院时就戏称，这次分配会像秋风扫落叶一样，结果果真如此。

毛主席逝世后不久，我们班的肖光华同学被捕，原因是参加了造反派。

肖光华，这个来自井冈山的农家子弟，和我同住上下铺，因为同是江西人，关系不错。他是个活跃分子，很讨人喜欢。可临毕业时，我和他去井冈山深入生活，在表演系同学熊柏林家吃饭，突然来了几个警察把肖光华同学带走了。这件事使我感到震惊，又一次感到政治斗争的残酷。后来，听说他是因为响应毛主席党中央号召，1966年参加“文化大革命”造反时当了井冈山红卫兵司令，在一次批斗一位老师时，由于红卫兵的过激行为，致使这位老师自杀，当时肖是红卫兵司令，负有责任。25个同学中，唯有他命运不佳，事情发生后被判刑再也没回学校。与此同时，他在南昌的女友也告吹。直到1990年，我带一个剧团到南昌参加戏剧节演出，知道他已出狱并留在劳改农场工作，我们一起吃了顿饭才见上一面。当时他带来了一位年轻漂亮的妻子，他告诉我们，他比妻子大十五岁，我们见了心里感到安慰。可此后又失去联系，到2007年，听说他离了婚，带着一个女儿生活比较拮据。

与陈忠国和陈惠君两位同班同学算是有缘了。1981年，我奉命去南京看戏学习，没曾想在淮剧院门口碰上这两位同学，这是我毕业后最早见到的两位同学。他们两人都分在上海市淮剧团。陈忠国与人合作写了个戏叫《金龙与蜉蝣》，获得了“五个一工程奖”，后一直担任淮剧团团长。

陈惠君是我们班才貌俱佳的才女，思想活跃，为人坦诚，在团里创作了不少戏剧作品。

2006年我送小儿到华东理工大学读书，他们正巧住在附近，两位同学很是热情，不仅请我吃饭，还带我到他们家造访。

这次到上海，还见到了王佩飞同学，她是在江西插队招进“上戏”的，平时寡言少语，很是诚实，听说我来了，花大价钱请我们吃鱼翅；还有张桂兰，一位面相姣好的女同学；吴新嘉，一位精明能干的女强人；赵建华，我们的班长。他们一起从大老远赶来，很是感激他们。老同学见面，大家都非常欣喜、感慨。

还有留校的吴小均同学，我们不仅曾有书信来往，他还携夫人一同来到赣南，邀我共进晚餐，甚是高兴。

表演系有位同学印象很深，那就是著名表演艺术家潘虹。潘虹是我上一届的同学，我之所以和她熟悉，主要是因为我和其他几个新同学住在她们女生的楼下，一住就是一年，这大概是因为学院的住房太紧张吧，由此我们几乎每天都要在门口碰见好几次。一日中午，潘虹在门口大喊，有人偷了她的折叠伞，当时我正好路过，便劝她别喊，这样影响不好，我说家贼难防，不会是学院之外的人偷的，她听后脸露微笑便不喊了。当时折叠伞不仅贵，而且不易买到，许多同学都没有这种奢侈品，这件事给我留下了极深的印象。潘虹是来自上海某农场的优秀人才，她个头高挑，皮肤白皙，长着一对大眼睛，明亮无比，总是给人以微笑的形象。潘虹因演一个反映民兵抓阶级斗争的《红色尖兵》小话剧出了名，她在舞台上是那样的光彩照人，给我留下了很深的印象。毕业后听说她分配到上海电影制片厂，后又调到峨眉厂，再又调回上海厂。我看过她演的《人到中年》，演得确实很好。她演的戏很多，成为世界十大电影明星。同她这一届出了不少著名影视明星，如奚美娟等等。在我的印象里，奚是以演技著称，而不是以貌出名的。在学校，奚是个非常诚实、勤快、本分、善良的女孩。

第九章　离不开的日子

56. 到最艰苦的地方去

在“好八连”三年，是非同寻常的三年，在我的一生中，打下了深深的烙印，它的精神永远铭刻在我的心中。即使在离开“好八连”许久许久之后，在“好八连”时受的教育，无时无刻不在影响着自己的一言一行。

1977年10月，我们就要毕业了。那时，在全国人民还尚未摆脱唐山大地震恐惧，又迎来了一场前所未有的暴风雨，把整个大上海搅得天翻地覆，人们担心引发海啸，大雨下得把上海和大海连在一起，整个上海人心惶惶。大风把“上戏”院内的大古树拦腰折断，给人以一种疾风苦雨的感觉，使人觉着有些恐怖。

这一年，是毛主席逝世后的一年，我们这些所谓工农兵学员心中难免泛起一阵阵战栗。虽然没有迹象表明要拿我们开刀，但隐隐感到前途未卜，时世艰难，似乎这一年寒冷的冬天提前到来了。大家小心翼翼把毕业证揣进怀里，生怕会不翼而飞。大清早，起来望着阴沉沉的天，冒着风雨，不情愿地匆匆办完手续。没有举行任何仪式，大家悄悄地离开了留恋的母校。我们几个江西同学一同登上了南下的列车，经过一天一夜的颠簸，来到江西省会英雄城南昌，住进了省高招办招待所。

我们那届同学江西籍有六人，六人中分别来自赣南老区和井冈山，全部被分回江西，一同住在高招办招待所等待分配。一住就是半个月，结果，没按招生计划分配到省属文艺单位，而是一起分到了抚州歌舞团，理由是那里新成立一个剧团。当时大家都不愿去，但上级并不理会。

面对那年月都不愿意去赣州工作的情况，我萌发到赣州去，到最艰苦的地方去的想法。于是，我壮着胆子去省委组织部，找到一位姓贾的组长（相当于现在的组织部领导）说明想法，坚决要求回到赣州工作。因为这是全省最偏、最远、最苦，当时人们最不愿意去的地方，贾组长当场同意了我的要求。

赣州地区是全省最艰苦的山区，也是当年红军“闹红”的地方。由于土地贫瘠，人多地少，常常没饭吃，当时连吃的糠油也只每月每人平均三两配给。全地区十九个县（市），一些县连公路都不通，更不要说乡村的交通了，通了公路的也是崎岖不平的沙子路面，根本看不见柏油马路。一年四季有三五个月是春荒，能吃上番薯粒拌米煮饭度日的就算是富裕人家了。穿着就更糟了，个别的乡下，甚至几个人合穿一条裤子，无法出门。住的更是破旧低矮的土房，与当年“闹红”时的景象无多大区别。

其实，我被内定留在省里，这一消息还是两位女服务员告知我的，她们在开会倒茶水时，听到了要留我在省里的决定，原因有两个，一是我是“好八连”出来的，二是只有我一人是搞编剧的。这一切，我当时根本不知情，要不就可能留在省城工作了，那样命运就可能另个样子。知道这一消息后，我并没后悔。

有趣的是，在南昌我还邂逅一位张姓的美丽姑娘。她知道我在上海读的大学，便主动要我给她买手帕。那时上海的手帕很好看，我按她的要求，买了十几条手帕寄给了她，我当时根本没意识到她的用意，只是当作为人方便的事而代劳。后来她父亲去世还写信来给我，此时，我才知道她是老干部的女儿，但我那时已分配到赣州，和她无缘了。记得只是为其父亲的去世写过一首小诗寄给她，此后就再也没联系，成了心底永久的记忆……

57. 中央苏区

赣州地区，地处江西最南端的山区，俗称赣南，也称中央苏区，是全省最艰苦的地方。

赣南是个革命老区，早在30年代初，毛泽东、朱德、陈毅等带领红军从井冈山来到赣南，开辟出以瑞金为中心的革命根据地，使其成为第二次国内革命战争的中心。自此，瑞金成为红都，统称为中央苏区。

中央苏区包括江西赣南东部和福建闽西在内的几十个县，那时就有几百万人口，并在赣南的瑞金成立了中华苏维埃中央临时政府。因此，赣南成为共和国的摇篮。这是一次武装夺取政权的实践，也是建立新中国的一次预演。

1998年，作者在赣南中央苏区瑞金烈士广场留影。

中央苏区前后历经六年之久，在此期间，蒋介石为消灭红军于萌芽状态，发动了五次围剿。红军前四次反围剿，由于执行了毛泽东的“诱敌深入”正确的军事路线，都取得了伟大胜利。到了第五次反围剿，因王明“左倾”机会主义路线的盛行，使这次反围剿遭到了惨痛的失败，红军不得不实行战略大转移，开始了举世闻名的两万五千里长征。后来，毛泽东曾感叹地说，长征是逼出来的。

然而，那场革命的惨烈程度闻所未闻，据不完全统计，仅赣南一地就为中国革命的胜利，牺牲了近十一万人之多，差不多是几十年革命中整个江西牺牲人数的50%。据老人们说，当时十六岁以上到五十岁的男性全部上了战场，家里只剩下妇女和老人，而且还有许多妇女和儿童都参加了红军。著名将领肖华，当时领导的少共国际师就是真实的写照。

在长征开始后的湘江战役，八万红军锐减至三万，五万余红军战死在湘江，由于红军穿的是土布灰衣，江面上一片灰色和血水。可以想见，这五万人中，多数是赣南、闽西人。据统计，仅兴国一县，在长征中就死去两万余人，两万五千里长征中，每公里倒下一个兴国籍战士，三个赣南籍战士。

红军长征后，留下了项英、陈毅等领导的一支部队，钻进了位于大余、信丰县交界的油山打游击，进行了三年艰苦卓绝的游击战争。

国共合作共同抗日后，这支游击队奉命下山，与江南八省十五个地区的江南游击队来到皖南山区组建了新四军，著名将领叶挺担任了新四军军长。后来，这支部队虽遭到蒋介石的暗算，发生了震惊中外的“皖南事变”，牺牲了七千余人。然而，可以说是天意，正是这支部队，与“刘邓”大军一起，端掉了蒋介石在南京的老巢。从此，南京总统府屋顶上的青天白日旗，永远换成了鲜艳的五星红旗。随即，这支部队解放了上海，培育出了“南京路上好八连”。陈毅这位赫赫有名的元帅，成了上海市市长。

赣南所辖十九个县（市），其中包括1983年被划出去的广昌县。面积约四万平方公里，20世纪80年代，人口已达到七百八十多万人，如今已发展到近约一千万人，比海南省人口多，是青海西藏人口的数倍，是全国行政区划管辖较大的地区。

赣南不仅人多地广，资源也很丰富，它是世界钨都，其拥有量占世界的40%；它又是稀土王国，全国北边的包头和南边的赣南才富含稀土；它还是世界橙乡，这是一块全国最大的脐橙种植基地，脐橙的香甜可以与美国脐橙媲美，销往东南亚等世界各地。很快，它将成为世界最大的脐橙基地。

赣南更是客家人的摇篮。由于战争、饥荒，历朝历代都有大批的难民南迁到赣南山区，在这里做起了一幢幢坚固无比的土围屋。这些从中原来的汉民族，躲进深山老林，久而久之，形成了一种独特的客家语言——客家话；形成了一种独特的生产、生活方式，从而形成了一支独特的族群。因为其是外来客，人们便称其为客家。据不完全统计，客家人在全世界约有近一亿之多，散乱在世界各地，以东南亚地区较多，如今主要还是集中在赣南、闽西和梅州三角地带，又以赣南为最，其人数大约相当于闽西、梅州的总和，约八百余万。

客家人是汉民族的一支民系，是一支特别能吃苦、特别能战斗、特别能忍耐、特别富有智慧的族群。人们都把她和犹太人媲美，从某种意义上比犹太人更优秀。因为，客家人不仅具备犹太人诸多的优点，还具备革命的优点。

远的不说，从太平天国开始，其革命领袖洪秀全等大多数是客家人，那场革命是在客家地区的广东花县（今花都区）和广西纯客家村的金田村发动起事的，其队伍起初也大多数是客家子弟。

孙中山革命时如出一辙。不仅孙本人是客家人，至今其上祖的墓地还隐匿在赣南宁都县的山区，其起义的地点也主要在广东的客家地区，而且，北伐军铁军团长叶挺等大部分都是客家人。

到了毛泽东领导的这场“闹红”的革命，也同样选择了赣南、闽西这两个几乎是纯客家地区。这支红军中的团以上干部大多数是客家人。就连朱德、陈毅、叶剑英、肖华、陈丕显、张鼎丞、罗瑞卿等诸多将领都是客家人。

58.赣南采茶戏

回到中央苏区后，我仍然不挑肥拣瘦，依照组织安排，在地委宣传部副部长谢彬和组织部范茂生的关心下，分配到了赣州地区采茶剧团做编剧工作。

1977年12月31日，这是个难忘的日子，是我一生中梦寐以求参加工作的日子。

1988年，作者（前排右二）在乡下观看露天赣南采茶戏演出。

走进剧团，展现在我面前的是一个破烂不堪的小院，家家户户都在门口生炉做饭，一个仅几百平方米的小院里，烟雾弥漫，给人的感觉还不如“七十二家房客”的环境。这对一个在“上戏”毕业的人来说，简直像掉进了一座冰窟，从头到脚都是冰凉的。好在得到了剧团老团长王鹏飞、黄承焜，老编剧高萱兰、刘盛彩和老艺人李宝春、黄善志、张秀兰、张虹、曾靖仙、赵茵、沈家惠等无微不至的关照。得到了广大文化艺术界人士的帮助和支持。在戏剧界，歌喉甜美的黄玉英，谦逊勤奋好学的杨明瑞，志存高远的陈忠明，积极肯干的朱其林，不争名利的林家英，敢说敢干的肖长征，精明能干的武平，舞蹈尖子葛琼琪、兰文，采茶戏新秀罗菊花、谢小春、韩芳、华飞以及廖萍、刘红春、宋革萍，著名二胡大师王亮生，被誉赣南第一琵琶乐手的谢一丁，乐器专家王爱生、刘爱民、周珍兰，舞台专业人才张又虹、袁小济、毕兆文。著名作曲家罗晓航，著名歌唱家冯文起，著名主持人李媛媛，赣南京剧名角冷小枫。还有与我同一天报到的女孩，说是从石油公司调来当演员的，后来才知道，这女孩叫潘桃桃，她天真活泼，很有表演天赋，可惜的是，她无缘到“上戏”这样的学府深造，不然，定能成为一个颇有名气的演员。特别是兴国县文化局局长姚荣韬，是县（市）文化局长中唯一能写剧本的领导，他不攀权势，秉持正义的品格让人敬佩。如此等等，都给我留下了深刻印象。

赣南采茶戏，是江西的一个民间戏种，它流传于江西大部分地区，是江西的主要剧种之一，尤以赣南采茶戏最有特色。这种民间小戏，在过去漫长的岁月里，没有什么成型、成熟的剧本，一般是“三角班”规模，由走码头演出的民间艺人组成，其戏主要由演员即兴表演，相当于安徽黄梅戏《打猪草》之类。据戏剧专家考证，黄梅戏还是江西采茶戏流传过去发展起来的。采茶戏表演不比京剧有程式性表演技巧，它没有什么表演程式，以载歌载舞著称。典型的表演动作是矮子步和扇子花。然而，在解放前，艺人们为混碗饭吃，因演一些打情卖俏的戏而被禁止在大雅之堂演出。直到新中国成立后的1955年，新中国组织的戏剧改革，赣南采茶戏才开始有了新生，有了像《补皮鞋》、《睄妹子》、《茶童戏主》之类的剧本。然而，它的音乐却十分丰富，十分动听，电视剧《长征》中“十送红军”的曲子就是采茶曲牌“送朗调”音乐，传唱于大江南北，家喻户晓。然而，好景不长，“文化大革命”将此类剧团砍掉，沉寂了十年之久，20世纪70年代后才得以恢复。改革开放后，赣南采茶戏获得了新生。创作出《试妻》、《双打龙凤刀》、《莲妹子》、《山歌情》等一大批好戏，并获得了国家文华大奖，中宣部“五个一工程奖”，使这个戏种登上了国家的艺术殿堂。

在剧团那几年，我拼命读书，写剧本，尽管新手写出来的剧本没上演机会，但坚持练笔，几年内写了大、小剧本三个，改编移植地方戏两个，编写电影剧本一个，这些剧本虽然有的没能上演，却使我得到很大的实践锻炼。这期间，我几乎两耳不闻窗外事，一心埋头写剧本。后来，在行署文化局局长陈庆燕的关心下，命我协助高宣兰老师改编《莲妹子》，才有了上演机会。但说实在的，这个剧本主要是高老的创作，我只是贪天之功而已。

那年月，刚刚打倒“四人帮”不久，许多老戏纷纷出笼，如《刘三姐》、《马兰花》等等，剧团根本无暇顾及我们这些本团编剧写的东西。

在剧团的那些日子里，我拉过大幕，搬过景片，递过道具，打过幻灯，下乡打过前站，睡过牛棚，做过装卸戏剧景片道具的搬运工。在这个工作中，我放下大学生的架子，以“好八连”战士“吃苦在先，享受在后”为行动准则。为了能让演员们睡得好些，亲自给她们扛铺板，累得腰酸背痛，自己却睡在臭气冲天的牛栏楼上。在别人看来，作为一个从“上戏”毕业回来的大学生是不可思议的，对我来说却是个考验，因为我得到的很多很多。我不仅熟悉了舞台，懂得了观众，更重要的是使我能和大家打成一片，了解了演职员，赢得了群众的赞赏和支持。

从“上戏”回来后，应该说各方面条件不错，不少人来给我做媒，在那个开始追“星”的时候，我却找了一位地道工人家庭的女儿赵诗贞为妻，一个很富有牺牲精神的典型中国传统式女性。我们的婚礼简单得不能再简单，相比儿子黄晟青和儿媳李梦佳的婚礼，真是今非昔比了。

不久，灾难考验人。就在我们的大儿子黄文剑出生不久，隔壁储蓄所一青年因待业想不通放火自焚。火烧茅屋牵连邻舍，将我们的住房一起烧掉，好不容易建起来的家荡然无存，幸亏老母亲和年仅七十二天的儿子安然无恙。当给几家遭灾的人补助时，虽然我们损失较大，补助却少了几倍，对此，家人和亲朋好友都不理解。面对不公，同事们为我打抱不平，劝我向组织提出要求，我却只好规劝泪流满面的妻子，坚持不向组织伸手，这不能不说是受到“好八连”教育的结果。

59.困难锻炼人

“见困难就上”是“好八连”的优良作风。

1984年5月，正值改革开放之际，需要大批干部，加上当时的领导重视人才，使干部“四化”方针得以落实。我这个和领导素不相识的年轻人，被提拔到领导岗位，担任一个地区级剧团的副团长，主持行政、业务工作。这个剧团在当时文化界圈子里，被认为是没人去的地方。我毫无怨言地来到了最艰苦的单位，比起那些挑肥拣瘦的现象来，我真应该感谢“好八连”对我的教育。

当时，几乎所有的剧团都陷入困境。如何使剧团走出困境是面临的一大难题。我所在的剧团是个新恢复的古老剧种。待我走马上任时，这个剧团账面上只剩下1元7角钱。

“没有困难，还要我们这些共产党员干什么！”这是我走马上任时，在全团干部职工大会上就职演说的头一句话。

面对巨大的经济压力，我进行了深入的调查研究。我发现我们所在的这个城市拥有几十万人口，没一家录像放映业务，这对群众文化生活本来就贫乏的偏远山区来说，极为不利。于是我萌发出办一个录像厅的想法，这样，既可活跃群众文化生活，又可缓解团里的经济困境。

可是，问题一提出，就遭到反对。那时，录像放映是个敏感区，搞不好要出政治问题，有的人已经犯了错误，并且为此付出了撤职的代价，有的还被司法机关关押处置。

可是我想，心底无私天地宽，只要我严把政治关，就只有好处没有坏处，于是壮着胆子上马。

然而，要上马谈何容易，资金哪儿来？借钱真是天底下最难的事，尤其是为公借钱，碰得头破血流也难以如愿。资金成了最大的拦路虎，真尝到了一分钱难倒英雄汉的滋味。

还是“好八连”艰苦奋斗精神帮了大忙。我发动群众，从工厂废弃的礼堂中找来木制的长条土凳子、桌子，发动大家自愿凑钱作为借资，不顾犯错误的危险，在这个城市里，办起了第一家录像放映厅，成为这个城市“第一个吃螃蟹”的人，一时成为佳话。

没想到，录像厅生意异常火爆，大大超乎我的想象；从行署领导到打工仔都来观看。可见，这种录像对当时精神匮乏的人们来说是多么渴望。一时间，几个观映厅全部爆满。这对我来说既兴奋又担心，喜忧参半，日夜无法入睡。

我不得不一方面限制售票，另一方面组织安全保卫，并派专人保护领导安全。

更让我担心的是，有些同志在放映中总想出点格，放点三级片什么的。为了加强管理，避免出现色情的反动的片子播出，使其取得社会效益和经济效益的双丰收，我不得不亲自值夜班，严格加强监控。

几个月下来，仅两角钱一张的观影票，赢利数万元，这对一个小剧团来说，简直是个天文数字，因为当时上级拨给这个剧团的经费，全年只有4万元，发工资都不够，更不要说什么福利了。

我刚到剧团时，买办公用品的纸笔都没钱，这回恰逢端午节，发给大家5元钱过节，大家高兴得欣喜若狂。

为了剧团的长远发展打基础，在还没提出市场经济的年月，冒险运用市场经济的手段，在没花一分钱的情况下，争取到一块土地，盖起了一栋楼房。

剧团所处的地段是较偏僻的地方，门口还是个长满杂草的烂泥塘。然而，我却从这个烂泥塘中看到了商机。因为就在烂泥塘边上，有一个只是用来开会的大剧院，虽然这个剧院当时还远离闹市，但我认定日后一定会繁华起来，成为市区的中心。于是，我首先找领导争取这块地的使用权。然而，几乎所有人都认为，那是白日做梦，没有权力和关系，怎能异想天开。

我偏不信这个邪，“好八连”铸就的执着精神起了作用。经过一段时间求爹爹拜奶奶的奔走，终于感动“上帝”，领导同意把这块地拨给我们剧团作学习工作之用。

可有了地没有钱，怎么才能把房子做起来呢？这是个更大的难题，一个无米之炊的大难题。

“好八连”认为，只要不怕困难，藐视困难，向困难做斗争，困难就一定会踩在脚下。“见困难就上”！这是“好八连”战士的优秀品质。

我通过社会调查，了解到一家五交化公司想在此设个门面，做经营窗口，于是主动找上门去，要求同他们合作投资。他们也很精明，坚持要产权。我却坚持产权问题不在谈判之列，但房子做起来后，店面可给他们使用，以租金的形式还他们的投资。我的策略是：只要产权不拿走，租金暂时低点都是赢家。

经过多方努力，终于达成协议，对方出15万元资金，房子做起来后，店面给他们使用7年，抵清15万元资金后归还我们使用。工程很快上马，不到一年工夫，一栋三层大楼拔地而起。从此，这个剧团不仅在经济上有了着落，而且有了自己的练功厅、录像厅、办公室、会议室，还率先开办了一个舞厅，使这个剧团有了一份家业，为这个剧团的建设打下了坚实的经济基础。

回过头去看，在20世纪80年代初期，离提出市场经济的概念相差甚远，那时认定市场经济就是资本主义，连有计划的商品经济也尚未提出。在还把长途贩运都当成投机倒把的年月，我心里非常明白，这是冒着很大政治风险的。然而，我认定：只要是为公、为集体、为大家、为人民办好事、办有益的事，就应该顶着压力，不怕困难，勇往直前，哪怕就是犯点错误也是值得的。绝不能只顾自己的得失，畏首畏尾，那样，就是对党对人民不负责任的表现。

正如我所料，这块地日后成了金子地，成了文化系统的摇钱树……

我在这个剧团工作了一年零两个月，在改善经济的同时，组织人员编写了十几个传统戏，写出了一批研究该戏种的资料和文章，有的还发表在《中国戏曲》杂志上，从而考证了这个戏种是最早把毛泽东、朱德、彭德怀等领袖人物搬上舞台的剧团，填补了一个研究领域的空白。与此同时，我还利用业余时间编写了一个大戏，参加全地区的会演，得了二等奖；移植了一个大戏，深入基层演出一百余场；花大力气培养了一批年轻的演员，使这个剧团走出困境，呈现一片生机勃勃的局面。

从这些工作实践中，让我真正体验到创业的艰难，体验到“好八连”艰苦奋斗执着追求的品格对创业有多么重要。真是困难锻炼人，困难中方显英雄本色。

60．“分析好，大有益”

1985年6月25日，通过群众的选举，地委组织部任命我担任行署文化局副局长，主管文化艺术这一摊子。

走马上任，当时面临的最大难题是剧团改革。

全地区有23个公办剧团，这些剧团长期一潭死水，多年积累下来的问题成堆，诸如体制问题、布局问题、经费紧缺问题、富余人员过多问题等等。有的剧团因年龄老化无法演出，且又无处安置；有的因富余人员过多，经费拮据，长期发不出工资；有的没有一件像样的灯光、音响设备，甚至一块幕布也补丁加补丁，破烂不堪……

2003年，作者在赣州市政府门前留影。

面对改革的大潮，许多地方掀起了大砍剧团之风，企图以此来甩掉包袱。在“好八连”，毛主席 “分析好，大有益”的话是常伴于耳的。我着手调查研究，进行分析。调查中发现，中央一县一团的布局设想是符合我们这个行政区的实际的，并非剧团过多，对剧团一砍了之的做法是不负责任的，绝不是实事求是的改革。

本来，我可以不去管那么多，顺其自然，那样也许日后的个人前程会好得多。

然而，在 “好八连”养成的对党和人民事业的高度责任感，促使我无法坐视不管。说实在话，这是要被人扣上反对改革帽子的。但党一再教育我们，不唯上，只唯实。为此，明确提出：我区一县一团的布局是合理的，是完全符合实际的，应当旗帜鲜明地支持这个布局。这一想法得到文化局党组的支持，在同事们的共同努力下，全区18个县（市）没有跟风大砍剧团。

后来的实践证明，我们这一顶风决策是正确的，是符合剧团改革方向的，因为改革首先是要符合群众的需要，是要把剧团办好，绝不是一砍了之。这件事，后来得到省文化厅领导的高度赞赏。

与此同时，针对仅只十几万人口的赣州市城区就有5个剧团的现实，大胆地提出只办3个剧团的设想：即扶持有特色的地方戏，保留有价值的古装戏，办好一个富有地方特色的歌舞剧团。然而，这一设想并未得到支持，以至于市区剧团过多的现象长期得不到解决。后来，竟走了个极端，一些本该保留的戏剧艺术未保留，连群众喜闻乐见的赣南采茶戏剧团也销声匿迹了，真是感慨万千……

面对剧团富余人员过多问题，我们提出了向企事业单位充实文化人才的设想，以活跃企事业单位的文化生活。这一想法得到地委领导的支持，但花了九牛二虎之力，消化的人员寥寥无几，情形十分艰难。主要原因是一些企事业单位不肯接受艺术人员；同时，长期在剧团生活的艺人，也不太情愿离开剧团。

面对这种情况，我意识到，这样消化富余人员即使成功，也无法形成良性循环，是治标不治本的办法。更何况，剧团本来就须年轻化，其新陈代谢的过程是很快的。这让我陷入了沉思，我想，唯一的办法，就是自己建立起自行消化的机制，使剧团走上良性循环的轨道。

于是，兴办文化经济实体，消化剧团富余人员的设想应运而生。在党组会上，我大胆提出把一个剧院办成演出公司的想法。得到党组支持后，立即挂起了文化演出服务公司的牌子，不遗余力地组织实施。

为使公司搞活经济，使它有能力为剧团服务，首先从人才入手，推荐了一些懂经营的人才，不拘一格提拔使用，在没有一分钱投资的情况下，演出公司创造条件办起了文化系统第一家家电商店，很快，就消化安置了几十号人，使剧团轻装上阵，充满活力，有力地推动了艺术事业的发展。同时，解决了文化界一些艺人长期以来没能解决的诸多困难。诸如有的从县里调上来，结束了几十年夫妻天各一方的日子；有的艺人子弟长期待业，招进公司后，结束了无业游民之苦……

不仅如此，公司还吸纳了一大批待业青年，帮助社会减轻就业压力。后来，家电商店从公司分离出来，又办起了另一家开发公司，使文化界一片红火。

然而，好景不长，由于公司能安排人工作，在那个就业难的年月，变成了某些人权力的乐园。

也许，是在“好八连”养成了办事讲原则的缘故，之后，我没再分管这家公司。

不久，公司不仅不能继续为剧团消化人员，使剧团走上良性循环轨道，为艺术事业服务，反而成为不正之风的一扇后门，成为侵占剧团利益的虎口，甚至成为个别人升官发财的阶梯，成为……

几年后，两家公司都终于被不正之风搞垮，走到了尽头，大批员工下岗、买断，公司名存实亡，留下永久的遗憾。

面对此情此景，真是无可奈何！所幸的是，县文化部门仿照此改革做法，对剧团的发展，起到了它应有的引导作用。

61.掉乌纱帽的梦想

改革创新，不仅需要解放思想，需要艰苦奋斗的精神，还需要有“好八连”“八个不怕”的勇气。

当我接手分管赣南文艺学校时，这个学校实际上还仅仅只是一个采茶班，只有几十个学生。

望着这几十个花枝招展、生龙活虎的学生，一个灿烂的梦想闯入脑海：一定要在赣南这个共和国摇篮的地方，办起一所独立的、上规模的、高质量的、综合性的文化艺术学校，圆赣南人民一个梦！

从此，这个梦想始终在我心中魂牵梦萦……

然而，那时的学校破烂不堪，拥挤在一块狭小的空间里。整个学校仅只一栋几百平方米的破烂房子，穷得连买煤烧饭的钱都没有。当务之急就是要走出经济困境。

面对困境，决定扩大招生，办了个宁都采茶班，但并不能使学校走出困境。

1989年春，一个偶然的机会启发了我。我在省文化厅开会，正巧遇到省艺校校长眭志华，眭是“上戏”毕业的老牌学生，因是校友，故无话不谈，于是坐在一起咬起了耳朵。他告诉我，他已调离省艺校，到省话去当团长了，原因是在省艺校扩大招生，收了点集资办学经费，因而被贬。他不无怨言地感叹，说他对得起省艺校，因为他给学校留下了几十万元钱。眭告诉我，他是顶着压力收这些经费来办学的，有人在背后告他的状，于是校长当不成了……

此事，使我陷入了深深地沉思……

我反复想，我们为什么不能搞一点集资办学呢？面对当时教育改革严禁乱收费的形势，开头有些疑惑。可又一想，如果能为学校开辟一条办学之路，乌纱帽又算什么呢？！

看来，这个灿烂美丽的梦想并不是甜蜜的，而是一个要担当掉乌纱帽的梦想！

为了实现这个梦想。我壮着胆子，提出了文艺学校集资办学扩大招生的建议，并向省里要了90个指标，每个学生收了3000元钱，用于支持学校办学。

当时正在严禁收费的风头上，不少人为此丢了乌纱帽。朋友们都劝我不要去做这种吃力不讨好的事，别人躲都来不及，你却往风头上去撞，做这种枪打出头鸟的蠢事。再说，你和别人不一样，你毫无做官的背景，到时候，你这个分管的领导正好是替死鬼，逃都逃不掉。一时间，风言风语，议论纷纷。

果真，有关部门都拒绝签发拟好的集资办学文件。这种责任大、有风险的文件，有关部门怕担此责任可以理解，但作为主管部门的文化局，这就说不过去了！无非是怕负这个责，怕打板子，怕丢乌纱帽……

眼看事情就要泡汤了，还是“好八连”“八不怕”精神的驱使，为了不给别人带来风险，我硬着头皮，顶着压力，欣然签署了这份原本不该归我签发的烫手文件。这就意味着，我撇开了财政、物价等部门单方面行动；这还意味着，所有的责任都揽到我身上来了……

我深知，这不仅是我的一个梦，更是数百万赣南人民的梦！

在“好八连”讲得最多的是艰苦奋斗和为人民服务，要求要像雷锋那样，只要是为了人民的利益，对党和人民的事业有利，就要抛弃一切私心杂念，奋不顾身地去完成它。可为了党的文艺事业，为了有更多的孩子能进文艺学校，尽管我知道有人在背后正挥舞着棍子，准备随时打下，但怎能只顾自己这顶乌纱帽，而置党和人民的利益于不顾呢？！

学生招来了，钱收到了，而且一下子收到几十万，学校从来没见过这么多钱，这个天文数字在学校炸开了锅。

面对金钱，有的人心动了，甚至有个别领导也召集一些老师，强烈要求拿这些钱来搞福利。我无路可退，坚决顶住这股歪风，专门到文艺学校召开教职工会议，告诉大家这是拿来办学的，必须专款专用，一分钱也不能乱花。对此，绝大多数的教职工还是通情达理的……

不久，告状信飞到了省里，于是立即派人来调查。面对省里的同志，我主动讲了我的观点：第一，这个文艺学校当时报考的人数多，招收比例是100：1，说明赣南700多万（当时统计数字）人民需要办这么个学校，而且各地都非常缺文化人才。第二，我们办学的条件目前确实比较差，但既然是人民的需要、工作的需要、事业发展的需要，我们就有责任创造条件去办好这所学校，满足人们对文艺求学的要求；如果我们靠政府十分有限的拨款，那么，就不知要等到何年何月，这不符合人民的利益。第三，条件艰苦也可以培养出好的人才，比如黄埔军校、抗日军政大学，当时的条件也很艰苦，但它们就培养了大批国家栋梁人才。这说明教学条件固然重要，但关键还取决于人的精神。

我汇报完后，省里几位同志一句话没说，调查就算结束了。可我却冒出了一身冷汗……

其实，这只是一方面，事后有人告诉我，你小子好在廉洁，不但自己不贪一分一厘，还采取措施不让发福利，全都用到改善办学条件上去了，否则，乌纱帽肯定没了。

的确，当时风声很紧，我是初生牛犊不怕虎罢了。

招生结束后，我立即建议文化局党组采取措施，从剧团和大专院校调来一批教师到学校任教，以保证教学质量；同时要求学校租了一些房子，扩大教学场地，加强学校食堂管理，做到让学生住得更好、吃得更好。也许，正因为我们的认真工作，上级也理解了我们的苦衷。

闯出一条路子后，有的校领导尝到了甜头，不顾学校现有的条件，提出要再招一批收费生。面对学校教学条件较差的情况，我认为必须从实际出发。为不误人子弟，不但不让多招，反而提出停招一年，以确保教学质量，党组一致支持我这个意见。

又过了一年，有的校领导又提出要少招生，我又依据实际情况，审时度势提出多招生；因为经过两年的努力，学校的教学条件得到大大改善，完全有能力扩招，此举再次得到党组的支持。

针对有些教师怕多招生太累的想法，特别是有的校领导怕负责任的一些情况，我专门组织大家讨论。在座谈会上，我明确指出：学校已迎来了前所未有的发展机会，应当把扩大招生，搞好教学，当作这几年的重中之重，我们一定要圆赣南人这个梦——把赣南文艺学校办一所成独立的全省最好的文化艺术学校。同时，亲自动手撰写了《关于办好赣南文艺学校的会议纪要》。

自此，学校每年以招收数百学生的速度扩张，赣南文艺学校完成了从赣南采茶班到赣南文艺学校的转变，成为独立的中专学校。成为全省各地（市）最大的文艺学校，实现了赣南人几十年的梦想。

与此同时，我提出严把招生关，坚决反对送礼风，杜绝腐败现象，加强教学管理，严肃教师责任，以培养出一批文艺尖子人才为己任。为了彻底解决招生中的不正之风，杜绝送礼走后门现象，我极力主张封闭性考试招生的办法。结果不再让我继续分管文艺学校，个中天机只有天知道。我想，这也许是我在“好八连”养成的“拒腐蚀，永不沾”作风的直接后果吧！

渐渐地，文艺学校招来的生源越来越差，每年培养出来的学生大部分都到广东、深圳歌厅、舞厅去卖唱。而赣南18个县（市）中100多个文化单位，300多个文化站，数百个大型厂矿企事业单位和社会团体，需要的文化艺术人才却十分缺乏。每年市财政却要拔出一大笔办学经费给文艺学校，真不知这一大笔钱的收效在哪里。为此，尽管我已不管学校，但为了事业，在新来的领导人面前，仍然负责任地提出了立足本地、走专业特色化路子的办校方针，可惜，无人理睬。结果，坐失良机，这个学校一落千丈，每年仅招几十个学生，而且条件是只要报名付钱就能录取，把招艺术人才等同于一般人才招生，失去了一所艺术院校的本质特性，终于走进了死胡同，到了名存实亡的境地；最后，只好被别家兼并。看到这种情况，真有点说不出的酸楚……

1994年，作者（前）在赣县五云乡樟树坪村种果树。

62.初生牛犊不怕虎

党组分工我主管艺术创作，一个强烈的愿望就是想用自己所学之长，为赣南乃至江西创作出几个在全国能打响的好戏来，以发展文化艺术事业，使赣南这个曾是共和国摇篮的地方，在全国戏剧艺术界有一席之地。然而，使我万万没想到的是，创作不仅艰辛，而且十分艰难，甚至还有凶险。同样离不开“好八连”“八不怕”精神。

1986年，为参加庐山文化艺术博览会，提出了“上山进京”的口号，即上庐山、进北京演出。调集了全地区的戏剧艺术精英，一共创作了一小二大三台戏。

有一个小戏叫《试妻》，从一开始就遭到权威部门的质疑。原因是这个戏里有个钻狗洞的情节，即丈夫被妻子误认为是嫖客，在不知情的情形下，急中生智，答应他的要求，但要他从狗洞里爬进去，这完全是弱女子为捆绑嫖客的聪明之举。丈夫为要抓住妻子的把柄，只好从狗洞钻进去……

这个情节引起了领导的关注。几位领导对钻狗洞这个情节不理解，问我如何？我认为这个戏是个艺术品，钻狗洞这一情节恰恰是这个戏的戏胆，改好了可能成为精品。领导听了我的解释并不反对，表示尊重艺术规律。可是不久，有人认为这个戏格调低下，在我出差之际，下令停排了这个戏……

初生牛犊不怕虎。我竟然质问是谁让停排的，同时不顾他们的反对，执意在剧团召开有关人员会议，要求复排，没曾想受到抵制。

到会的有几位剧团领导、导演和艺术科的专家。开始说没地方排，我说出钱租地方，后又说没演员来排……我一听是在搪塞我，就不客气了：主要演员都还没排上号，怎么没演员呢？在场的与会人员都沉默不答。这实际对我是一种巨大的压力。对此，我竟然毫不顾及，强行要求复排，并声明如出了问题，一切责任由我来负。

面对来自上头的压力，针对指责这个戏格调低下的说法，我不得不搬出恩格斯关于“家庭是社会的细胞”的论述，指出：如果面临闹分离的夫妻看了这个戏，从此夫妻不再闹矛盾，夫妻和好，家庭不分裂，社会不就更稳定了吗？！怎么会格调低下呢？！

戏排出来后，谁也不敢说好，但也没人说不好。很显然真正懂戏的专家们是不会看不出它的好坏的，只是碍于领导的面子不说而已。大家都心照不宣，谁也不挑明，于是，这个戏上了庐山博览会演出。

北京的专家看了这个戏大加赞赏，说它可以跟契诃夫的《蠢货》媲美。后来，这个戏又参加了在兰州举行的全国性演出比赛，获得全国奖。这是我们这个贫穷偏远的地区第一次获得真正的国家级奖。

1990 年，作者（前排左二）在南康剧团排练场。

更让人鼓舞的是，时任国务院总理李鹏来赣南视察时观看了这出戏，对这出戏给予了充分肯定，并和大家合影留念。

省文化厅晏厅长对我也很客气，每次到省里开会都把我叫到前头就座，并紧紧握住我的手，以示鼓励。但谁都知道，我们的干部管理体制是在地方上，换句话说，顶头上司才能决定你的命运。

这个戏获得成功后，我不仅得罪了上头的领导，而且也得罪了下头的所谓名人。

原先，这个戏是赣县的戚齐孟、王成俊两位老编剧根据传统采茶戏改编的，他们改编后已与原戏有着根本的不同，以后的修改只是对戏作了些删节和文字加工，在剧情结构和人物性格上都没有根本改变，而署名时却要直接署编剧。这不仅涉及一个著作权法的问题，且还有个如何对待老同志的问题。对此，我本可以装傻或一推了之。可是，面对弱者，我怎能不闻不问，不主持公道？！我深知名人得罪不起，可还是硬着头皮进行干预。当时就有人劝我，不必因为这两个老人去得罪名人，这些名人你无论如何得罪不起。但作为从“好八连”出来的战士，我没有退缩，也没有选择，明知是做傻事也要硬着头皮做。

63.责任重于泰山

1988年到1993年，是《山歌情》这个戏创作、修改、演出、获奖之时。大家足足花了5年时间，才使它走向成熟、走向全国、走向艺术的巅峰，从而获得国家文华大奖、“五个一工程”奖。五年中，我虽然为这个戏主持了不知多少次剧本创作和修改，也出过一些点子，付出过汗水。但这个戏主要靠大家，靠集体的智慧，才得以走向成功的。我所起的作用，只是一个行政组织工作者的执着追求。

然而，《山歌情》的5年，是曲折的5年。开头叫《山歌大王》，一开始就被打入冷宫。后来我们才发现这个剧本有点新意，是个有前途的本子，决定当作重点剧本来抓。

1995年，作者（左）在赣州地区剧本创作会上发言。

经过再三努力，几经修改，《山歌情》终于搬上了舞台。此时，恰逢纪念中华苏维埃临时中央政府成立60周年，中央要在当时的中华苏维埃中央临时政府所在地瑞金召开纪念大会。

为使这个戏能打出去，我极力主张将此剧送到在瑞金举行的纪念大会上演出，届时，省里和国家的领导都会来看。可事情决定下来后，权威部门的一位干部传达上面的意见，提出要我们组织一台革命历史题材的小戏参加演出，说《山歌大王》还不成熟，老红军和领导看了会不高兴，会出政治问题，理由是剧本中写了一段三角恋爱的戏。

此事非同小可，说是建议，实际上是不让这出戏去演出。本来，面对上头的反对，我完全可以一推了之，甚至附和支持，反正成绩也做出来了，剧本是别人写的，我支持不支持都没有人敢说我的不是。

然而，“好八连”反骄破满的作风，对人民对党的事业高度负责任的精神，再次告诫我：放任不管是不负责任的表现，是不对的。出于对事业的负责精神，我再次做了回“傻子”,为使这一出戏有机会打出去，当时采取了病急乱投医的办法，出了个不该出的馊主意，请该戏的一位导演直接去找当时的地委最高领导汇报。

这一招果真灵验，当时的地委最高领导亲自召集这个戏的主创人员和有关领导开会，说是剧本创作修改会，实际上是确定这个戏去瑞金演出的拍板会。

该戏演出后，大获意外，老红军们不仅没有指责它，甚至给予了高度赞扬，同时得到时任江西省省长吴官正的大加赞赏。自此，反对这个戏的人来了个180度的大转弯，不仅不反对，反而大力支持。

好事多磨，送到省里会演，剧本仅评了个二等奖。这就意味着不能参加全国戏曲比赛，使这个戏失去了一个推出去的极好机会；而且，这几乎等于宣告这个戏永远失去了获奖的机会，因为这个全国性比赛的戏剧节是免费的，这对我们这个十分贫困的地区来说，无疑是千载难逢的机遇。

有趣的是，省里推荐的另一个戏在全国落选，又回过头来推荐《山歌情》。然而，此时已过去了一个多月，几天后，全国戏剧调演就要在福州开幕了。这个时候，即使我们把光盘送到北京，也无济于事了。但我当时非常清醒，如果不送去，责任就在我身上了，送去，兴许还有一丝希望。我只好下决心花费几千元钱派人送去。果然不出所料，参加全国比赛的戏早已确定，根本没我们的份了。

柳暗花明又一村，全国南方片戏曲展演在成都举行。这次省里倒是很爽快，要我们送《山歌情》参加。可是这次和上次不同，费用全部要自己出，这对我们这个连工资都发不出的剧团来说，简直是天方夜谭。接到省里的通知时，我们真是有苦难言，因为全剧组拉到成都，十几万元路费都凑不足，更不要说修改、排练、演出费用了。

然而，老区人硬是要赌这口气，剧组的一位导演闯到省府，找到当时的省长批了5万元。省长开了绿灯，行署便主动开恩，也批了5万元。有了这个基础，文化局、剧团勒紧裤腰带，凑了些钱，才使这个戏能在成都演出。

意料之中，这个戏大获成功，文化部领导和专家当场决定，要这个戏年底进北京，为纪念毛泽东同志诞辰一百周年演出。

没想到，这个戏还真沾毛主席的光，在北京演出后受到领导和专家的高度赞扬，获得“文华大奖”、“五个一工程”奖和两朵“梅花奖”；按规定，一个团一次只评一朵梅花奖，另一朵梅花奖是我们大家争取来的。客观地说，这个戏的成功，湖南剧作家盛和煜参与修改这个戏是起了一定作用的。

这个戏成功后，剧组的演职员们都不同程度地得到了好处，有的得了“文华奖”，有的得了“梅花奖”，有的评了高级职称，有的升了官。我心甘情愿地做了一个专门给人做嫁衣裳的“裁缝”，并承受着外人无法理解的压力。在别人看来这是痛苦，我却觉得是幸福。因为促使这出戏打出去的愿望实现了，赣南的戏剧事业又多了一个新的里程碑。

64.压力变动力

使人无法想到的是，搞一个戏也会遇到巨大的压力，获得“文华奖”的客家舞剧《长长的红背带》就是如此。

1989年，我们创作了一台《赣南风采》的歌舞，受到省里的赞扬。1993年我们又搞了一台《赣南客家歌舞》，在全省音舞节上大获全胜，几乎囊括了所有的一等奖。

在全省创作座谈会上，朱受群副厅长要我在会上介绍经验。未曾想，我的发言连连获得省委钟启煌副书记的赞许。使我非常不好意思的是，由于发言到某个观点和做法时，钟书记都有插话，因而整整一个下午的座谈会，几乎只我一人发言就结束了。

钟书记反复强调的一句话是：不是因为我的家乡在赣南，就表扬他们，你们看看，人家抓剧团一套一套的，就是有办法，而且行之有效。得到省领导的夸奖，对照我们工作的差距，很是感到惭愧。

自那以后，我不甘心，总想拿出一台能在全国打响的赣南客家歌舞，来报答组织上的关怀，可是，当时文化局的主要负责人根本不支持，把我提出的方案打入冷宫。

《山歌情》作为全省最有特色的赣南采茶戏，登上了全国的领奖台。于是，原本要把颇具特色的赣南客家歌舞送上全国领奖台的梦就越来越强烈了。

1996年，文化局又一次新老交替，恰逢省里又举行全省音舞节，要求我们把原先的《女人河》改成歌剧。而我却认为，《女人河》虽然剧本还不错 ，但作为一个大戏，已在省获得成功，而搞歌剧不是我们的强项，甚至根本无力而为之，是扬短避长之举，最后的结果，只能是吃力不讨好。

当然，更重要的是对赣南客家歌舞的那份感情、那份执着，更有曾发誓要让赣南歌舞团有所作为的“私欲”。于是，我壮着胆子拒绝了来自上面的要求，决计要搞个反映客家人生存生活的戏。见当时的主政者犹豫不决，我破釜沉舟：“搞客家歌舞，我保证在省里拿一等奖，拿不到你撤我的职。”这话出了口，才使当政者下决心支持我们。说实在的，要在国家拿奖，我还真不敢保证，就是省里一等奖，也捏着一把汗哩。

我们几个创作者暗暗发誓，一定要争取在国家一级拿奖。我只好亲自动手，拟定全剧结构，确定三个章节，命名各章节题目，并亲自创作了剧中几首主要唱段的词作。之后，指派人将其记录下来，并对每篇反复修改，确定文稿，可以说，每一句话，每一个字都倾注了我的心血，至今还保留着我创作、修改的原稿。

为了把这台节目创作成精品，我们组织文学及音、舞、美等一批主创人员赴广东、过福建，到客家人居住的地区深入生活；甚至“躲”到赣南客家人住的山村，长时间泡在山里。

然而，正当我们紧锣密鼓创作的时候，上面又传出话来，说龙南县有个山歌手，要我们以她为原型，搞一台反映“京九”铁路的歌舞。而我觉得：“京九”不仅赣南有，江西有，湖北、安徽等省都有，并非我们的特色。因此，根本不想付诸实施，硬着头皮创作我们选定的客家歌舞《长长的红背带》，我又一次成了一个“不听话的人”。

1997年，作者（后排右一）和《长长的红背带》剧组在京合影留念。

搞这个戏，还真让人捏着一把汗，没有“好八连”“八不怕”精神是不敢干的，也干不下去的。想想：顶头上司的反对，随时都有掉乌纱帽的危险。更让人担心的是，省歌舞团已经在搞一台客家题材的歌舞，而且是同一个总导演。想想看：一个是省里的剧团，一个是地区级的剧团；一个有充裕的资金，一个是贫困的戏剧；一个是一年前已经开始，一个刚刚开头；这无论是背景、经费、时间以及包括评委级在内的人事关系，我们都和他们无法比拟。而这台戏，我立了军令状：要在省里拿一等奖，有着无法摆脱的危险和压力。我们唯一的优势，就是熟悉客家生活和自己的智慧，可是，要改弦易辙已是不可能了，除了硬着头皮上马，别无他途。

为了让这台节目成为真正的精品，我们唯一的选择就是在创作剧本上拿出新意来，使这个戏真正成为高质量的作品。为此，我也曾多次打听省歌舞团这台戏的走向，当我了解到他们是以中国传统节日为主线时，我笑了，因为我知道，这种主线不是客家人独有的。

压力接踵而来，当《长长的红背带》排练成形，要把它搬上舞台时，上面有人特地来到排练场，看了戏后，仍然持否定态度，说我们没有主题，没有时代特色，再次提出他们原先的主张。

这下，真有点让我们傻了眼，因为离省音乐舞蹈节的时间不到一个月了，如要按这个主张，根本就成不了。更何况，我对他们指责《长长的红背带》没有主题、没有时代特色的说法根本无法认同。我毫不客气提出了我的看法，又一次藐视权威。

我说，我们写的是母亲盼儿子回来，儿子想念母亲要回家，这个回归的主题是永恒的。1997年恰逢香港回归，可以说是最富有时代特色的。我这些无可辩驳的意见，使得他们哑口无言。

然而，这一次，我还真让人给深深地记住了。居然抓住我为这个戏写的一首《喊夜》的歌词开刀，审查时，组织权威部门的人向我开炮，指责我宣传迷信，要把这首歌词拿下来。

《喊夜》是根据客家人生活的一种风俗写成的，这个风俗是客家母亲面对有病的儿子缺医少药，以为儿子在外头受了惊吓，在夜深人静的时候，用独特的声音喊儿子回家，原意为“喊魂”，确带有迷信色彩。但这个风俗反映了母亲对儿子的祈祷，反映了母亲对儿子的心声，反映了母亲希望儿子的病快点好的心情；这是一种心灵的呼唤，一种最虔诚的祷告，一种母爱的充分表露，一种对生命的祈盼……

为了将这一风俗的精华表现出来，同时又避开迷信色彩，我费尽心思，把“喊魂”改成“喊夜”，集中反映母亲希望儿子的疾病快快好这种对生命祈盼的心声，抓住母亲喊儿子在茫茫黑夜里擦亮眼睛、认准道路、不要迷失方向这一精华，着重写母亲祈盼儿子没痛没病，平安长大；不要迷路，要走上平坦大道；不要迷惑，快快回家这一心声；集中体现母爱这一最伟大的人间之爱，表现出客家母亲生动感人形象，使人的心灵受到震撼。

《喊夜》的歌词是：

“宝宝崽啊，宝宝崽，姆妈喊你回家啰；
你屋前屋后跌倒了，快快子回来哟……
姆妈保佑你冇惊冇吓冇病冇痛一身轻，
夜夜息到大天光。
宝宝崽哟，宝宝崽，姆妈喊你回家啰；
你路头路尾迷了路，快快子回来哟……
姆妈保佑你平平安安一帆风顺上大道，
时来运转造化好。”

这段歌词折腾了我半个多月，几乎天天夜不能入眠，反反复复不知写了多少稿。这一题材的歌词原本不是我的创作任务，可我多次布置任务却无人接受，甚至作记录的所谓执笔人也拒而远之，再三推脱。无奈之下，我才勉为其难，提笔写成这段歌词。没想到在审查这个戏的会上，在权力的压力下，他们却不分青红皂白，挖空心思对我实行围攻性的批判。

一些人的发言，令我苦笑，因为我发现，他们有的人根本没看懂这段歌词，歌词写的什么都不知道，更不要说其中含义了。

面对此情此景，我实在是感慨万千。等他们围攻批判完后，我平静地介绍了我写这段歌词的原意，并不得不将改造这个带有迷信色彩的客家风俗的想法和实施效果做了解释，末了，请他们去看看歌词到底写的是什么，他们却哑口无言。

最后，他们强行要把“喊夜”的题目换成“喊太阳”，闹出一场笑话。

北京的专家却对这段歌词大加赞赏，认为：几句话勾勒出了一位母亲一生的伟大形象。

经过几个月的努力，《长长的红背带》终于在南昌演出成功，大获全胜。北京的专家看了，当即拍板邀请去北京演出。

进京演出的消息，大大鼓舞了全体剧组人员，大家又集中在一起奋斗了几个月。转眼已到年关，去北京演出的日子定在二月。为不失时机，这年的大年初四，因买不到火车票，我们绕道广州赴京打前站，落实《长长的红背带》演出有关事宜。我们在北京省吃俭用，住在行署驻京办事处，自己动手做饭吃。

经过几天的奔波，跑文化部，跑剧院，找有关人员，定好了剧场，确定了2月22日的演出日子，请好了国家领导人和有关部委领导；请柬发出去了，戏票也发出去了，演职员们住宿的地方联系好了；装布景、服装、道具的大卡车，经过一星期的长途跋涉，跨越数省也到达了北京。

可是，做梦都没想到的事发生了，邓小平同志于同年的2月19日逝世，我们迎来了一场国丧。这就是说，我们无论如何也不能演出了。

果真，国家文化部通知我们演出取消，要我们打道回府。这一消息简直把我打懵了，这是我在工作中碰到的最难最苦的一次。

我深知，顶住巨大压力，辛辛苦苦搞出来的戏，如果不能在北京演出，获奖的机会就泡了汤。而在中国，一个戏再好，没获奖也叫不响。

压力变动力，我硬着头皮去找部长，可秘书说部长不在。找到艺术局副局长不敢答应。这一天茶饭不思，彻夜不眠，只好叹气：老天爷太不公平了，对我们打击太大了，这个戏真是多灾多难啊！

第二天，我怀着碰运气的试探心理，硬着头皮又来到了文化部艺术局。运气还真给我碰上了，出国在外的艺术局曲局长刚好回来，我就像是见到了救星，缠住他诉苦。我从老区的落后，讲到老区人进京演出的渴望；从老区的贫困，讲到创作这台戏的代价；从这台戏的特色，讲到为这台戏所付出的艰辛；从目前全体剧组人员整装待发的现状，讲到我们组织这台戏的苦衷。最后，几乎用哀求的口吻，要求一定要进京演出。

也许是感动了他，曲局长沉默了半天，终于下了最大的决心：“这几个月怕是不行了！这样吧，你们推迟到5月份来吧。”

听到他同意我们进京演出，我简直不敢相信自己的耳朵，当确信之后，我真的长长地舒了口气，这口气，比《长长的红背带》还长……

3个月后，《长长的红背带》在民族文化宫大剧院演出大获成功。受到人民日报、中央电视台、光明日报、中国新闻社等几十家新闻媒体的关注，并给予了高度评价。也得到了观看这台戏的国家领导人和专家的肯定和赞扬。

这台戏获得了“文华奖”。我个人也获得了“文华词作（编剧）奖”。专家们一致肯定这台戏的结构，说这个戏的成功关键在于这个剧本，特别是对《喊夜》那首歌词和这个戏的几段主题歌词给予了高度评价和赞赏，认为几句话勾勒出母亲一生的伟大形象。美中不足的是，舞蹈家蔡芳的表演虽然出众，但由于她是中国歌剧舞剧院请来的，文化部不列入评奖对象，因而这个舞蹈的表演、音乐没能获奖，成为永远的遗憾。

这个戏的成功，为一些同事评定高级职称、做官等提供了阶梯，获得了奖金、名誉、地位。我却选择了回避，觉得这是应该的。因为“好八连”精神告诉我：人生价值的意义不在于金钱和名誉。

65.成绩只属于过去

要想一心为人民做出点贡献，就事事处处离不开勤俭节约的作风，就必须发扬艰苦奋斗的精神，搞戏也一样。

赣南是革命老区，经济落后，政府拿不出更多的钱来投入戏剧事业，只好发扬“好八连”艰苦奋斗的作风，走“贫困戏剧”之路。在这种精神鼓舞和作用下，整个团队的每一个人，都在为着节约每一个铜板而艰苦奋斗。坐硬铺，吃方便面，住地下室，节假日无补贴，都毫无怨言。特别是搞舞美灯光的张又虹和袁明同志因陋就简，以旧创新，用艰苦奋斗精神，走“贫困戏剧”的路，竟然在北京拿大奖。在长达十年时间里，《试妻》、《山歌情》、《长长的红背带》三出戏在全国获奖，花费才90万元，而且其中赴兰州、去成都，三进北京，三下南昌演出，路费就花去60多万元，也就是说，三出戏历时8年，花在舞台上的钱仅30万元，平均每台戏10万元，毗邻地区的同行都无法相信。相比之下，由于失去艰苦奋斗精神，后来，还是那个团队，还是那批人，一台戏就花去了150多万元。可见，丢掉艰苦奋斗精神有多么大的区别啊！

花钱多，不等于能出好戏，无论你怎样动用行政手段大肆宣传，最终也无济于事。

一个戏艺术质量的好坏，并不取决于花钱多少。花了少量投资的《试妻》、《长长的红背带》等戏却常演不衰，成为人们喜爱的、永远的精神食粮。究其原因，凡违背了艺术规律，用政治和权力来决定艺术质量搞出来的戏，最终必然也不被群众所接受，受到艺术规律无情惩罚。因为艺术质量的高低，不是权力可以决定的。

使我感到安慰的是，和大家一起用“好八连”艰苦奋斗的精神，搞出了一批艺术精品，交出了一份人民较为满意的答卷，为人民做了点贡献，这当是人生的最大幸福。当《文艺报》来信要我提供个人经历和成就在该报《艺术人生》栏目中登载时，我执意不回复，不提供有关业绩资料，不想去做这些所谓出名的事。

我所分管的工作，应当说出现了新的局面，也获得了历史上从未有过的最高奖，我本人也获得了国家级奖励，这应当算是政绩突出了。

然而，“成绩只属于过去”。这是“好八连”的连训，是“好八连”的传家宝。因此，我不敢，更没有骄傲起来，而是更加勤奋工作，组织辅导创作出了《双打龙凤刀》、《相亲》、《妈妈啊，妈妈》、《鸡飞蛋打》、《女人河》等一系列有较高艺术水准的作品。

与此同时，我利用自己的写作特长，在业余时间里，笨鸟先飞，刻苦钻研，创作了五个大戏（其中两个属与人合作）、五个小戏。这些戏中，一个获国家“文华奖”，一个获省政府奖，四个获省文化艺术奖。在文化局工作22年，共获国家、省、市奖励22项，平均每年一项；还移植改编了几个大戏搬上舞台，有的演出一百多场；创作了一个电影文学剧本，一个电视连续剧本；一批短篇小说、散文，有的在省以上杂志上发表，并由中国戏剧出版社出版40余万字的专集。

在我几十年的工作生涯中，我认定：工作认真是做好一切工作的根本和关键。我始终把毛主席“世界上的事怕就怕‘认真’二字，共产党就最讲认真”作为工作中的座右铭，对待每一项工作从不含糊，这是在“好八连”培育而成的作风。

在创作上如此，在做其他工作上也认认真真，一丝不苟。我先后受市委组织部委派，多次深入农村抓中心工作，次次都获得组织部门的表扬和奖励。在安远县版石镇，带着几十个干部搞社会主义教育运动，走遍了该镇的山山水水，尽了自己的微薄之力；在赣县五云桥樟树村，抓小康示范村，挥锄和村民一起甩开膀子挖树洞，种脐橙，建果园；在石城观下乡，为群众费尽心机争取数万元拨款办起了实用菌基地，老百姓很是夸奖；在石城油石乡，我徒步带领队员深入到贫苦农家，为使他们脱贫，执意不肯把有限的资金投入乡政府食堂，而是用来购买耕牛，送到老百姓手中，轰动了十里八乡；在安远县一村里扶贫，面对几百学生无处大小便，给学习带来极大不便，我和同事们努力争取资金，为他们建了个厕所，做了群众最需要做的一点事，受到群众的高度赞扬。

做出了一些政绩，并未得到提拔，朋友们说我怀才不遇，为我打抱不平。在“好八连”，经常听到连首长教育大家：干工作怎么能去比职务的大小高低呢！何况做点成绩也是应该的。就这样，我在副局长的位置上一干就是20多年。

1999 年，作者（前排中）与时任江西省文化厅副厅长徐月良（前排右二）、龙南县文化局副局长廖萍（前排左一）和基层文化干部合影留念。

出了成绩后，我的工作变换了，我把心思用到其他工作中去。

干一行，爱一行。为了使群众文化工作有个大的起色，有个新的局面，让人民群众享受文化大餐。通过深入调查，我提出了把“舞台拉向社区，把剧场拉到广场”的设想，并且不遗余力付诸实施。先后创造性地组织了万人参演，百万人观看的大型“企业文化节”和“民间民俗汇演”以及群众喜闻乐见的“少儿艺术节”、“老年文化节”、“旅游文化节”，使群众大饱眼福，积极参与文化活动，较早掀起了一股广场文化的热潮，产生了较大影响。这些文化活动，不仅抢救了一批濒临灭绝的民间瑰宝，使几十年埋没的东西大放异彩，而且在活跃群众文化的同时，又有力地推动企业文化的发展，从而推动经济的发展。与此同时，组织群众创作新作，使群众蕴藏着的智慧得到充分发挥，创作了一大批小品、绘画、歌曲、舞蹈，分别获得文化部“群星奖”的金、银、铜奖，极大地调动了群众对文化工作的热情，丰富了群众的文化生活。

为此，我总结经验，提出实行基层文化工作重心的转移。把基层文化馆（站）办成社区文化、群众文化的参谋部、组织部、指挥部、作战部。要求各县（市）基层文化馆（站）不要办成研究所，而要走出办公室，到群众中去，和群众一起开展文化活动。没想到的是，这些建立在为了活跃群众文化生活基础上的设想，付诸实施后，使全市文化工作出现了历史上从未有过的可喜局面，产生了深远的影响。不仅活跃了群众文化生活，也极大地释放出群众的创作热情，出了一大批优秀作品，使他们也登上国家一级的领奖台。为此，文化部给我颁发全国"群星奖"组织工作奖，给我以莫大的鼓舞，实在是受之有愧。

最使我难忘的是，时任中共中央政治局委员、中宣部部长刘云山来赣州视察，在他召开的座谈会上，我把这些设想和思路以及付诸实施后的效果向他做出汇报时，得到了他的充分肯定和高度赞赏。时任江西省委书记、主持会议的孟建柱同志说："明光同志，你的工作做得很好！"举座皆惊，真使我脸红耳赤、受宠若惊。

什么职务的大小，高低？一个人的工作，有什么比群众拥护、受益，党的肯定、赞扬，更可贵、更好呢？！这不正是一个"好八连"战士，一个真正的共产党员所奋斗、所希望、所追求的吗？！

66.群众最可敬

在从政的生涯中，遇事总是离不开“好八连”的影响。

在实际工作中，我碰到了许许多多的矛盾和问题。在处理这些矛盾和问题时，是支持弱者，站在群众一边，还是攀龙附凤，依附强权；是讲公道秉公办事，还是明哲保身有失公允，这是检验一个领导干部的试金石。只有心系群众，才能做到公道正派。一心想着乌纱帽的人，是不可能做到公道正派的，不但做不到，而且必然拿原则做交易。

“当官不为民做主，不如回家卖红薯”，这句名言道出了做官的真谛。这就是要事事处处为人民的利益着想，事事处处为老百姓谋利，要敢于为弱者主持公道。

不知怎的，看着人欺负弱者，我常常会感到比欺辱了自己还难受，因而会不顾后果，哪怕得罪强权也在所不惜。以至于同行讥讽我想做现代包公。我不是包公，但在我的从政生涯中，我始终站在群众一边，为弱小说话，这是我一直引以自豪的。

住房问题，是20世纪80年代群众最关心的问题。那时，大部分人都还住在简易平房内，有的甚至住在临时搭起来的棚户内，生活条件很艰苦。为了解决住房，我力主拨出款项，首先解决演职员的住房问题。当时文化局有几十万元文化设施发展基金，但长期以来这笔钱都是采取“分果果”办法，分散于各县（市）、各单位，一个单位几万元，甚至几千元不等，名曰“钓鱼”。其实，钱拨下去后，大都没做什么正事，而且滋生不正之风，基层的同志为要几个钱，不惜用送礼的办法来获取。因此，我极力主张集中资金用于解决剧团住房问题。正确的主张最终总是得到支持的，那几年，先后为市直剧团建了几栋住房，解决了五六十户群众的住房困难。

为使房子公平分配，1998年的大年初二，为解群众之难，我不顾病危的老母亲，离开她去主持分房，结果，我这个老母亲唯一幸存的儿子，却未能见上母亲最后一面，没能给她老人家送终，留下终生遗憾。

为了主持公道，我甚至不惜得罪他人，用批语的办法明确支持弱者，支持老实人。有一位剧团骨干，对工作勤勤恳恳，为人忠厚老实，吃亏都不哼声，这次在住房问题上，他实在忍不住找到我，我经过了解，立马出面干预，写出批语，要求剧团一定要给他分房，主持了公道，大家甚为赞赏。

就业是人生的大事，在那个年代，就业是靠组织安排工作，是个吃饭的饭碗问题。我在深入基层剧团蹲点时，发现县级剧团许多人干了几十年，儿女都要结婚了，却还是临时工，长期以来，无人去给他们解决。

为此，我连续到多个剧团蹲点调查，同演职员们一起到乡村演出，同他们一起搬布景、搬道具，和他们促膝谈心。

调查发现，临时工这一现象不是个别现象，而是普遍性问题。在掌握第一手材料的基础上，我写出了上万字的调查报告，不仅在当地报上发表，而且通过私人关系拿到省报内刊披露。

为解决这一问题，我不惜“走后门”，找到担任领导职务的老乡来支持，争取了一批招工指标，来解决这些因没后门而无法解决的长期老大难问题。

这一事件的解决，反响很强烈，以至于许多不认识我的人一定要认识我，见到我亲如兄弟，一定要请我到他们家吃饭，不去就是看不起他们，对我表现出的少有崇敬让我无法适应。真是，群众最可信，群众最可怜，群众最可畏，群众最可敬。

有一对老艺人退休在家，他们的儿媳妇订婚多年，因长期工作无着落而不能举行婚礼，我知道后，极力为他们奔走、呼叫、推荐。后来，组织上将他的女朋友安排到书店上班，他们一家人，无不感激之至。可见你为群众着想，群众能记你一辈子的好。

20世纪70年代初，文艺学校招生非常热门。由于学校管理不严，给招生带来一些不正之风，使得一些考生和家长热衷于请客送礼，导致一些农村优秀考生无法参与平等竞争而漏招的现象发生。

面对这种情况，我一方面深入考场监督，另一方面请纪检的同志介入。结果发现，有的考生原本在入围名单上都榜上无名，实行监督后却名列前十名；有些非常优秀的考生却被列为差额生，因交不起差额生费而无法入学。

一些优秀考生，因种种原因，包括一些不合理的人为规定，受到限制而排除在外，甚至不能入考。我坚持实事求是，支持突破某些不合理的框框，注重专业标准，力主招入优秀生。后来，这些优秀生成为艺术骨干，成为著名演员，成为文艺界领导。

面对有些同志在下面兢兢业业、任劳任怨，管理能力和业务能力都很强，但因作风正派、不走后门，长期得不到提拔重用的情况，我摒弃亲疏关系，力主把他们提拔到领导岗位，直到宣布她（他）们的任命前，他们也不知道是谁推荐的。

为了起用所谓“学院派”的专业人才来治理剧团，在采用投票招聘中，我们依靠群众的力量，把年轻的专业人才扶上领导岗位，阻止了封官许愿的现象发生，以至于遭人记恨。

当然，权力是有原则的。坚持原则也就是坚持公平。而当你坚持原则的时候，你就必须付出代价，而且是意想不到的巨大代价。可见，要坚持原则，就需要有极大的勇气，需要“好八连”“八不怕”精神。

2001 年，作者（立左四）与著名作曲家罗晓航（立右二）、编剧黄永珍（立右三）等一起参加老年文化节合影留念。

例如，为安排一个下属单位的经理，党组集体讨论确定了一人，才上任几个月就要换掉，原因是某领导要安插一位亲信。面对此事，我直言陈述，党组主持了正义。

又如，任命一个剧团的领导时，一个机关干部想去，根据他的条件，党组讨论同意了。不到半年，原机关的科长提拔，这个变动原本可让那位干部接替科长的位置，于是他觉得吃了亏，又要求回机关来当科长，有的领导碍于面子，拿到党组会上讨论。面对这种情况，我别无选择说：我们提拔干部当领导，到底是为了工作，还是为了当官？最后，党组支持了正确意见。

提拔干部如此，处理一般的人事关系也如此，同样会得罪人，而要坚持原则，也需要有“八不怕”精神。

有的残疾人也要照顾进剧团，我提出照顾到公司，便再也不理我了；有的要调到机关未达目的在背后使手段、下绊子；有的要求入党假装积极，解决党票后似乎不相识了；有的因未用其蹩脚的剧本而凶相毕露；有的因年龄退二线而大打出手；有的则因批评了某件事而遭记恨……

在文化艺术界，处理人事关系是最难的一件事。无论是外部调动还是本系统内部调动，都必须有高度的原则性和灵活性，才符合事业发展的需要。比如如何对待尖子人才就很难办。一方面剧团需要名角。另一方面，演员一旦成为名角就很难在赣州这样的小地方待的住，十有八九都要走的。对待这个敏感的问题，都要分管领导签字画押。开始也觉得不理解，对自己分管的工作不利，甚至认为得罪人的事就推给我。特别是对有些同志公然说“放我，记你一辈子好，不放，记恨你一辈子”也有些感冒。但仔细一想，这不仅仅是对他个人前途的问题，更重要的是涉及大局问题。因为人才的流动不仅对人才的培养有好处，而且对党和国家的事业有好处。换句话说，一味卡住人才，表面上看起来是所谓的坚持原则，其实是不顾大局自私自利的本位主义的表现，是极端的个人主义私心作怪，这与“好八连”的作风是格格不入的。本位主义不仅害人害己，也危害党的事业。事实上，一些人才调走了，新的人才又出来了。对于领导干部来说，培养出了人才，实际上是为党做出了贡献。

当然，也有的干部从不向组织提出任何照顾，对此，我了解到此情况后，在他们不知情的情况下，向党组提出，把他们的妻子从面临要买断的工厂调入文化系统，这样做完全是为了工作。

因此，当你失去权力的时候，一夜之间，有的人可能就不会认识你了。我很坦然，因为，我所做的这一切，是我在这个位置上应该做的。

从政20余年，我深切感到，权力掌握在一心为民的认真负责任的人手里，对事业就会大有促进，对老百姓就会大有好处；反之，则会带来可怕的灾难。

67. 从我做起

权力是个怪物，当你拥有一定权力之后，突然间，你的朋友多了起来，你的老乡多了起来；昔日对你好的更好，昔日反对你的也笑脸相迎。你的身份突然间似乎高了许多。我只不过当了个小小的市文化局副局长，并没有多大权力。可面对这点可怜的权力，有的讨好，有的求饶，有的攀亲。几乎每天都要面对一伙高级而又拙劣、体面而又卑鄙的演员表演。一不小心，就会陷入腐败的泥坑中。

进入20世纪80年代中期以后，在改革开放的大潮中，在商品经济的交易中，一些歪风邪气开始抬头，一些腐败的东西开始复活。这些东西进入党政机关，开始腐蚀党的肌体和干部队伍。

这期间主要表现为三个阶段，开始是一些基层单位和个人，自觉和不自觉地给一些领导人请客送礼；由送点小礼品，发展为土特产品，后来是好烟好酒；到了第二阶段便是送红包，后来就干脆送存折；发展到第三阶段更是耸人听闻，少数人为买官卖官送别墅、送女色，甚至不惜把自己的小姨、小妹送进二奶房。

一些腐败分子为了弄到钱，行贿受贿，千方百计，不择手段。有的冠冕堂皇把公款化公为私，巧妙地在拨款上做文章，如把款拨到某个下属单位，由该单位报个项目，从中将钱又返回了上级的个人腰包；有的大肆在工程建设上做文章，把钱成倍成倍地投入某项工程，利用房地产开发商从中大量谋取私利；有的为了谋取大量钱财，在一些繁华路段，不惜反复拆旧建新，甚至把才做起来的新房拆掉重做，美其名曰“为了开发”；有的在建筑开发中将公房公地拱手相送，为的是套取别墅；有的趁过年过节大肆收受钱财；有的小病大养，甚至公开发文暗示人家去送钱财；有的家人生病或死亡，送礼的踏破门槛，连送香火红包都难送进，烧炷香也排长队；看到这种情形，难免叫人啼血，可又无可奈何。

面对请吃这种歪风，作为个人，只能从我做起，为了不惹麻烦，我自觉把烟戒了，结果真没人送烟了。由于自己不喜酒，送酒的自然就更没有；有的人几乎天天泡在酒店宾馆吃喝，我自觉拒绝无公事活动的吃请。有人说送烟送酒、请客送礼是小事，其实，群众看见领导吃请，老出入于饭店酒馆，拿几百元一条（瓶）的烟和酒，心里像明镜；就是把你的工资全部拿来抽烟喝酒也远远不够啊！我亲耳听闻一些群众看见叼着高档香烟的领导，背后指着他们说：看，贪污犯！可见，这些都严重损坏党和政府的形象。

1987 年，作者（中）和张志（左一）、熊华（右一）同学在江西省委党校学习。

面对这些，为了不和腐败分子同流合污，我唯一的办法就是躲避，但却带来了极大的麻烦。同僚们觉得你不合群，于是渐渐地疏远你；一些人甚至对你警惕起来，视为不好合作之人，看作危险人物，生怕你会去告发他们，甚至把群众揭发他们的问题怀疑到你的身上。在这种情形下，我只能洁身自好，拒腐蚀，永不沾。一门心思扑在工作上，以此求得安慰。

作为一个领导干部，在改革开放中，又处在权力岗位上，难免有人对你青睐，对你讨好，给你送钱送物。能否做到不腐败，永远保持共产党人的廉洁奉公的本色，关键看你能否做到拒腐蚀、永不沾。一时不沾不行，一事不沾不行，要永远不沾。要做到这一点，就必须保持艰苦奋斗的作风，保持谦虚谨慎的作风；而要做到艰苦奋斗，谦虚谨慎，最最重要的是贵在自觉从我做起。只有这样，才能不被资产阶级用糖衣裹着的炮弹攻击，才能在"糖弹"面前不打败仗，才能立于不败之地。

一次，艺校招生，一位考生给我送来500元钱，这在当时是一笔十分可观的数目（我当时一月工资不过105元），为了顾及那位考生的面子，我托一位老师将钱送回他，并请那位老师转告他，请他放心，好好考，我绝不会因为不收他的礼为难他，只要条件符合，一定可以录取他。这位考生凭着他的实力，顺利考入文艺学校，后来成为一位有名的歌手，获得全国的奖励。

类似这样的事，在我的从政生涯中还真碰到不少。有的要考学校，有的要分配工作，有的想调动，有的要评职称……小则几百元，多则几千元，我能当场奉还的就当场奉还，一时无法奉还的则托人送还。渐渐地，人家也就不来找我了，送礼送物的人也就越来越少；新来的不了解我的人再送来，我用同样的方法拒之。但我绝没有一次因为没收礼而阻挠别人的正当要求，哪怕是与我有过节的人，也从不为难他们。

人都说，管建筑最好捞钱，最易腐败。可我在主管两栋楼房的建设时只管质量，管进度，管合同执行到位，老板的面我都不谋，一律由下属去管，连水也不吃老板一口，更不要说吃他的酒饭了。用老板的话说，真还有点刀枪不入。结果，他们谁也不敢乱来，两栋住房从开始动工，到让群众住进新房，仅只用了一年时间，创造了文化系统唯一的一次速度最快、口碑最好的建筑施工。相比之下，一些建筑工程，拆了建，建了拆，一拖数年不能竣工。

然而，我这样做，得到的是再也不让分管基建了。

进入市场经济的大潮后，腐败现象越演越烈，许多事闻所未闻。送礼品、红包，色相引诱，甚至买官卖官屡见不鲜。一位好心朋友主动要借几万元钱给我去送礼，我婉拒之；一位高级干部暗示我去给他物色文艺界漂亮姑娘，我装糊涂……

从政几十年，小孩结婚买按揭贷款房子，连几万元首付款都拿不出；说出来人家都根本不相信，直到2010年，家里连个像样的电视机也买不起。

最可怕的还不是穷，在贪污盛行的环境下，你不和腐败分子同流合污，便把你看成肉中刺，生怕有朝一日，那些在背地里干的那些肮脏的见不得人的事，会被揭露出来。于是想尽一切办法，不惜一切手段来诋毁，欲置于你死地。

好在几十年走过来，虽然分管剧团和艺校，可谓美女如云，但我一不跳舞，二不去歌厅，三不与女演员来往，谣言总是不攻自破的。

对此，我要深深地鞠躬，感谢“好八连”这座大熔炉对我的培养、教育和锻炼。

68.面对人生的委屈

1985年，我被提拔到县级领导岗位，按规定可以小车接送上下班。但我坚持步行，一走就是18年……

按规定，县级领导干部可住120平方米以上面积的房子。在那个争房争得死去活来的年代，我从不去争，而且把该分给我的新房子让给了老同志。这一让就是十几年，直到市直文化系统新做了一百多套住房，所有的干部职工都住进了新房子，我才和群众一样住了一套一般面积的房子，远未达到组织上规定的标准面积，而且房屋层次还是和群众一起抓阄确定。这与一些官员的局长楼比起来真是天壤之别。因此，常受到一些人的嘲笑，认为我没用。对此，我只能一笑了之。

别人的办公室换新又换新，还大搞豪华装修，我却一把破电扇、一张破办公桌用了18年，直到搬至新区办公才统一更换；坐的一张旧藤椅，从1985年一直坐到2009年，整整25年，直至我退休，加上前任局长坐过的时日，怕是有30多年，中间仅只补过一次。

我以为，一个领导干部绝不能搞特殊，因此，经常和演职员一起摸爬滚打。1996春天，我和十几个创作人员深入到客家人居住的乡村山区深入生活，风餐露宿，不辞艰辛，同创作人员一起沉到一个小山村，过着与世隔绝的日子，盖同样的薄被褥，吃同样的乡村饭菜，走同样泥泞的道路，同样创作熬夜到天明。生活虽说艰苦，心里可乐着哩！

和同志们出差在外，我十分注重节省。1997年我带队去北京演出，别人住四星级、五星级，我带头住地下室，吃盒饭，总是一饭一菜打发了事，同伴们不理解，认为我太抠门。但我和他们一样吃苦，这一行动，带动整个演出队住地下室，吃便饭，毫无怨言，不仅为国家节省了一大笔钱，更重要的是培养了艰苦奋斗的作风。

这些一点一滴，不能不说是“好八连”培养教育的结果。

权力可以为民办事，可以推进事业的发展，但在某些人的眼里却成了待遇的享受。

1985年，我被群众推举到领导岗位后，组织上看到我工作踏实，政绩突出，被调到江西省委党校学习党政管理专业的研究生课程。

从党校学习回来，我成了矛盾的焦点。在文化局任职20多年，所有的业务都分管过了，叫干什么就干什么，不吵不闹更不争，干一行爱一行，做出了一个又一个骄人的成绩，几个戏和一大批文艺作品在全国获奖，其中包括“文华大奖”和“五个一工程奖”以及文化部“群星奖”的金、银、铜奖。

从1985年6月到2005年9月的21年间，我始终在副局长的位子上，历经了五任局长，无论哪一届，无论经历什么事，我都默默地承受着，甘愿吃哑巴亏。朋友们为我愤愤不平，要我去向上级组织反映，我一笑了之。平心而论，对待同事，我从未向上级反映过一件不实之事，即便在个别人歪曲事实的情况下，被迫向上级组织说明，都是白纸黑字的署名，没有依据的事绝不乱说。无论哪一届，我都倾尽全力协助他们做好工作，并且都做出了突出成绩。

人怕出名猪怕壮，成绩越大越糟糕，我选择默默的承受。

当时流传一句话：“不跑不送，原地不动。”还有一副对联更是入木三分：“说你行你就行不行也行，说你不行你就不行行也不行。”横批是：“不服不行。”有的同志也劝我跑一跑。我始终牢记“为人民，几十年”的宗旨，一切为了工作，不跑不送，不溜须拍马，甚至公然声称一辈子也绝不卑躬屈膝。我始终认为，人的功过是非，到头来不是看你的官有多大，而是看你为党为人民办了多少好事，有多少贡献。这一切，我由衷地感谢“好八连” 对我的培养教育。

“三讲”时群众投票选我当局长，工作组组长、一位老同志也向地委推荐我，就因为我不跑不送，推荐也罢，选举也罢，等于零。

组织部门又一次来考察，要给我转为正县级，征求意见时，我仅因为要求专业对口，希望留在文化部门打括号，这是我几十年来提出的唯一要求。

1999 年，作者（右二）与著名作曲家罗晓航（右三）等一起参加少儿艺术节颁奖典礼。

当我受到刘云山、孟建柱两位领导表扬后，个别人怀疑我告了他们的状，背后对我下绊子。甚至不惜滥用权力，操纵民意背地里给人打招呼，干扰组织部门的考察。

按组织部门规定，干了15年以上副县的干部可享受正县待遇，我干了21年，政绩突出，这是连组织部门的领导也不得不承认的事实。然而，遗憾的是，当时赣州的主要领导以极不负责的态度，置多数领导意见于不顾，强行不给，为的是讨好下级有亲属在上级权威部门的权贵关系。多行不义必自毙，这个作恶多端的所谓领导，严重违纪违法，终于受到中纪委的查处。

面对组织部门的谈话，面对人生的委屈，我还说什么呢？！党培养了我，作为“好八连”出来的战士，我还能为了一个所谓级别的待遇去计较吗？不能！绝不能！

朋友们反思我的问题，其根本原因是说我太正统，不肯与不正之风相处。在改革开放的形势下，这样势必孤立自己。我不以为然。

我绝不能为了乌纱帽而同流合污，那样我不仅不是“好八连”出来的战士，连起码的共产党员也不配了。

有一件事足以说明问题。有个人为了一己私利，不惜用权力，打通层层关节，将老婆从乡下调入城里，又从要买断工龄的企业调事业单位，进而又调进参照公务员待遇的拨款单位，一连调了四个单位，像出入无人之地；不仅如此，甚至公然违背党的干部任职条例，在调动工作时，私自将一般干部身份开成副科级领导身份，并要被调入的单位下任命书。群众不无讽刺地说：真有本事，一个市级局的县级机关，就像他自家开的一样，想进就进，想到哪就到哪，想当什么就当什么，真是天下奇闻。更可怕的是，这种严重的违纪行为却得到某些领导的支持，在群众中造成极其恶劣的影响。当群众反映出来，上级组织来调查时，一位主要领导居然给我们打招呼不让说出真相，我坚持原则，实事求是说了事实真相，得到的是打击报复的下场。

更触目惊心的是，为掩盖事实真相，公然伪造党组记录，而某纪检领导明知是假，却冒天下之大不韪，欺上瞒下，置上级纪委批示于不顾，一再包庇；个别领导也居然容忍他们进一步弄虚作假，蒙混过关，实在是叫人感慨万千……

然而，我却犯了大忌，不仅得罪了一个人，还得罪了一伙人。我感到寒心的不是级别待遇，而是这样一件明目张胆弄虚作假的严重违纪之事，却视而不见，听之任之，甚至提拔重用。多么触目惊心的人事腐败啊！

我虽然为此丢掉了所谓级别待遇，但我不后悔，更不退缩。在“好八连”这几年，铸就出的“八不怕”精神，在骨子里就不屈服于邪恶，为维护党的原则和人民的利益，哪怕失去个人的一切名誉、地位和利益，也在所不惜。

可笑的是，他们无法从工作上、生活上、政治上、经济上搞倒我，便给我加了个“桂冠”，把所有向上级反映情况的事都说成是我干的。不过，给我戴上这顶“桂冠”，我还是要感谢他们的，因为敢于向上级党组织反映情况的行为，是一种反潮流的大无畏精神，是革命者的浩然正气，是党性强的突出表现。惭愧的是，我还欠缺这种大无畏的勇气。

看来，权力的获得是令人深思的。靠背景、靠溜须拍马、靠请客送礼、靠行贿受贿、靠买官卖官、靠色相引诱等丑恶卑鄙的手段获得的权力是十分可怕的，它必将给人民带来灾难，因为它报答的是给他权力的个人。反之，靠能力、靠忠诚、靠政绩、靠奉献和真正的群众拥护所获得的权力，对党、对人民、对工作都有用，因为它报答的是人民。只有后者，才能真正做到情为民所系、权为民所用、利为民所谋。

可见，杜绝干部人事上的腐败是何等重要啊！唯有防止干部人事上的腐败，坚持“德才兼备，任人唯贤”的干部路线，才能使党和政府坚持“为人民，几十年”，从而立于不败之地。

第十章 “好八连”精神

69.艰苦朴素的奋斗精神

勤俭节约、艰苦奋斗的精神，原本是中华民族的优良传统。在物质匮乏时期，“新三年旧三年，缝缝补补又三年”，几乎是每个人都经历过的。也可以说，几千年中华民族就是这样过来的，说起来并非什么新奇之事。

然而，“好八连”在进驻大上海最繁华的南京路后，仍然把这种作风、这种精神当作一个宝，当作一种武器，这就耐人寻味了。

那时国家虽然还很穷，但他们作为这个国家的功臣，已经不需要穿破衣服破袜子了；同样，饥饿也告别了他们，可是他们依然照旧。

当年，他们进驻大上海时，资产阶级就扬言，共产党进了上海不要多久，就会发霉、发黑、烂掉。然而，他们硬是靠着这种克勤克俭、艰苦朴素、身居闹市、一尘不染的精神，抵制了“香风”“毒雾”的侵蚀，打退了资产阶级的进攻，而没被资产阶级的“糖衣炮弹”所击垮，从而立于不败之地，得到上海人民的拥护、全国人民的拥护、伟人的赞扬。

如果说，在那个时候，那个年代，是一种必然，一种必需；那么如今，他们仍然穿草鞋，仍然穿破袜子，仍然勤俭节约，把省下来的钱物送给别人，送给人民，送给国家，仍然想人民所想，急人民所急，是不是有些多余呢？！恰恰相反，没有谁要求他们去做这种“苦行僧”般的事，而是他们自觉把个人的利益摆在国家和人民利益的之后，奉献出一颗金子般的心。这就是人们所颂扬的“先天下之忧而忧，后天下之乐而乐”的崇高境界。

1964 年，“好八连”老战士给新战士讲打草鞋的故事。

也许有人会认为，他们这种做法简直是在作秀。而在“好八连”看来，不但不多余，不但不作秀，而是仍然是一种必需。因为这种做法实际上是在培育一种艰苦奋斗的精神。即使将来富裕了，这种精神也是必需的。正如老一代共产党人所说的那样，即使到了共产主义社会，也还需要艰苦奋斗的精神，勤俭节约总是先进的、光荣的；奢侈浪费总是落后的、可耻的。可见，艰苦奋斗的精神和作风，过去要，今天要，将来也要；越是富裕了，越是需要这种精神。否则，富裕了不继续奋斗，也仍然会穷下来；获得了的东西，不艰苦奋斗也照样可以失去。这是一种规律，一种不可抗拒的规律。

须知，无论是一个人的腐败，还是一个党的腐败，都首先往往是从生活上打开缺口的。生活上的腐化，随之而来的是思想政治上的霉烂变质。而保持艰苦奋斗的精神，就可以做到一不爱财、二不贪色，不为“香风”所左右，不为光怪陆离所诱惑。就会像一面铮光的镜子，容不得一点污点，洁白无瑕，一尘不染；就会像有了强烈的抗毒剂，足以消灭任何毒素，在“糖弹”面前不打败仗。

毛主席说：“人是要有点精神的，艰苦奋斗是我们的政治本色”。可以说，共产党就是靠这种精神，从无到有，从小到大，从弱到强，从胜利走向胜利的。共产党人正是用这种精神，在井冈山上穿草鞋，吃红米饭、南瓜汤，创建了第一个革命根据地。

可见，一个人、一支军队、一个党、一个国家，没有艰苦奋斗的精神，是成就不了大业的。

艰苦奋斗精神是人类精神世界中最崇高的表现。

“好八连”的这种作风，实质上是一种精神、一种意志。一种打不烂、摧不垮、永远立于不败之地的意志。

“好八连”节约一滴水、一分钱、一度电、一粒米、一寸布，当作日常生活的必然行为，一种安身立命的准则。他们不仅自己吃苦在先，享受在后，而且把节省下来的并不富余的物质财富送给他人。他们把舍己救人、与人民同甘共苦当作最大的快乐和幸福，把损人利己、贪图吃好的穿好的、挥霍浪费看成是最大的丑陋和耻辱，成为一个完全脱离了低级趣味的高尚的纯粹的人。

共产党人把艰苦奋斗精神当作传家宝，靠它，树起了井冈山上的红旗，战胜了长征路上的草地，点亮了延安窑洞的灯塔，走上了雄伟的天安门。“好八连”以实际行动把它继承下来，用长征精神沿着党开拓的道路走下去，让它永远发扬光大。

然而，在改革开放的今天，这种作风，这种精神，却被人们，特别是一些共产党的掌权人所忽视，甚至所抛弃。以至于铺张浪费，贪污腐化盛行。尽管党中央、国务院一再发出警告，但却无济于事，而且越演越烈。

当广大党员和老百姓看到一些权力部门的干部，吃得脸红耳赤，拿得心安理得，甚至搞权钱交易，买官卖官，包养二奶，不惜大肆侵吞人民的财富时；当人们看到共产党内的少数官僚欺上瞒下，我行我素，拉帮结派，结党营私，招摇撞骗，颠倒黑白，权为己所用，利为己所谋，情为己所系，使社会失去公允，失去公道，失去公正，从而失去群众，失去人心时，无不替共产党捏着一把汗。

共产党历来提倡厉行节约，指出贪污和浪费是极大的犯罪，这在毛泽东时代的确被老百姓称道。然而如今社会却盛行着比房子、比车子、比位子、比女子、比票子。这是多么危险啊！

当年共产党如果是这样的话，老百姓还会冒着生命危险去保护我们的地下党？！还会用乳汁来喂我们的红军和八路军新四军吗？！还会冒着炮火用独轮车推着小米走上血肉横飞的战场吗？！

面对这种情况，党中央不得不一而再，再而三向全党敲警钟。江泽民总书记亲自到“好八连”参加他们的命名纪念大会，并挥毫为“好八连”题词：“学习好八连优良传统和作风，推进现代化正规化革命军队建设”。胡锦涛总书记一上任就带领常委们来到了西柏坡，重温毛主席当年在党的七届二中全会上提出的“两个务必”。与此同时，温家宝总理极力推行勤俭节约，提出建设节约型社会，特别是能源和水。习近平总书记上任后立即做出“八项规定”，要求全党全国厉行节约，反对奢侈之风，发扬艰苦奋斗的精神。可见，当年“好八连”节约一度电和一滴水的“五个一”精神，闪烁着永远不灭的光辉。

70.谦虚谨慎的进取精神

毛泽东同志在党的七届二中全会上指出：“可能有这样一些共产党人，他们不曾被拿枪的敌人征服过，他们在这些敌人面前不愧为英雄称号；但是经不起人们用糖衣裹着的炮弹的攻击，他们在糖弹面前要打败仗。”

“中国革命是伟大的，但革命以后的路更长，工作更伟大，更艰苦。这一点现在就必须向党内讲明白。务必使同志们继续地保持艰苦奋斗的作风，务必使同志们继续地保持谦虚谨慎、不骄不躁的作风。”

后人称这种作风为“两个务必”。在“好八连”看来，艰苦奋斗和谦虚谨慎是一对孪生姐妹，缺一不可，全连干部战士正是靠实践这“两个务必”起家的。

艰苦奋斗与谦虚谨慎，确实是相辅相成的。在艰苦条件下往往容易做到谦虚谨慎，不骄不躁；而失去了艰苦奋斗的精神却容易骄傲起来。说起来这并非“好八连”的发明，只不过是“好八连”在取得胜利之时，保持了清醒的头脑，不骄不躁，把这种作风发扬光大罢了。

正是实践了“两个务必”，保持了这种作风，使“好八连”在南京路上像一堵铜墙铁壁屹立着，使无孔不入的资产阶级找不到缺口而一败涂地。

自古以来，中国就有骄兵必败的说法，历史上例子也很多。

——楚汉相争，弱小的刘邦谦虚谨慎，善于听取别人的意见，敢于用人，善于用人，终于打败了貌似强大、骄横跋扈的项羽。

——李自成开始打天下时，和同伴们一起艰苦奋斗并不骄傲，而进了北京城却骄傲起来，贪图享乐，结果只在紫禁城待了几十天，狼狈败逃。

——洪秀全艰苦奋斗打下半个中国，建都南京，统治13年，但最后也骄傲起来，贪图享乐而走向失败。

我们党也有几次大的骄傲。

北伐战争胜利后骄傲起来，放松警惕，犯右倾错误，结果被蒋介石大肆屠杀，所剩无几。

土地革命时期，历经千辛万苦创建出了中央苏区等几个根据

1971年，作者（左二）和连长王振华（前右二）、指导员邵金城（前右一）等战友们聆听老工人讲艰苦奋斗。

地，然而也骄傲起来，犯“左倾”错误，使根据地丧失殆尽，结果被迫长征，几乎走上了绝境。

可见不管谁，不管是什么政党，也不管什么时候，一旦骄傲缠身，就会害人不浅。

然而，当你接触“好八连”的战士时，你会发现：他们给你只讲奉献，不讲成绩；他们给你只说不足，不说荣誉；他们给你谈的只是做得不够，而从不标榜自己。

“好八连”自己编了首歌，歌词也是很能说明问题的，歌词开头说：“八连干部战士的心里话，其实我们做得还很差”，反映了他们的心声。正因如此，当党和人民给他们很高的荣誉时，他们谦虚谨慎，仍然默默无闻做他们该做的事情。他们从不表露自己，甚至当受到上海人民的爱戴和崇敬时，他们连连队的番号也不暴露，为的是避免人们知道他们是“好八连”战士。他们从不满足，只知默默奉献；他们从不骄傲，在荣誉面前总是悄悄地离去；他们从不贪图，总是在名利面前极力地躲避。

他们深知，艰苦奋斗不易做到，骄傲自满却更容易产生。这也许是人固有的本性所致。当一个人做出了成绩而不说，把自己隐藏起来，这其实是最难最难的。

人总是希望别人知道自己，总是想方设法寻找机会表现自己。而“好八连”的战士时刻牢记自己的使命，见困难就上，见荣誉就让，见利益就躲，遇吹捧就警惕起来。这使人想起鲁迅先生“捧杀还是骂杀”的话，是何等的深刻。

“两个务必”——艰苦奋斗和谦虚谨慎的思想和作风，就是继续革命的理论思想和作风。

71. “拒腐蚀，永不沾”的正气精神

如果说，“南京路上好八连”是靠“两个务必”起家的，而真正出名则是靠“拒腐蚀，永不沾”。

当年，十里洋场的南京路被称为冒险家的乐园。新生的红色政权刚刚建立，物质条件极为匮乏。“好八连”进驻繁华的南京路，不可避免地遇到了资产阶级“糖衣炮弹”的猛烈进攻，他们拉拢革命干部和战士，为他们办事，企图通过这一手段摧垮新生的红色政权。正是在这样的背景下，“好八连”战士遵循毛主席的教导，按照党的要求，为了人民的利益，继续地保持艰苦奋斗的作风，继续地保持谦虚谨慎、不骄不躁的作风。

他们勤俭节约，不图虚荣，不贪享乐，不为名利；他们甘愿吃苦在先，享受在后，自觉培养锻炼出一种“拒腐蚀，永不沾”的可贵品质、一身浩然正气；他们拒绝与资产阶级同流合污，抵制“香风”“毒雾”的侵袭，从而打退了资产阶级的猖狂进攻，受到了上海人民的赞扬，成为全党全军“拒腐蚀，永不沾”的典型，赢得了极高的荣誉。电影《霓虹灯下的哨兵》就是他们生动的写照。

金钱，是最迷人的东西。而在“好八连”看来，金钱是微不足道的，它既不是幸福的象征，更不是人生的目的。因此，他们面对敌人从窗户上扔下来的钞票，面对妖里妖气的女人的纠缠，硬是富贵不能淫、威武不能屈。他们愤怒踢开抛来的金钱，斥退无耻的引诱。他们哪怕自己拾到一分钱也绝不揣进自己的腰包，而是上交；他们拾到一张戏票，不惜到剧院门口去等丢了戏票的人，而在当年的上海，戏票是很珍贵的，有钱也买不到的。

1963 年，“好八连”战士在南京路上站岗（资料图）。

在“好八连”，让人感受最深的就是“拒腐蚀，永不沾”的优秀品质和正气精神。无论何时

何地，他们都自觉抵制侵蚀，做到拒腐蚀永不沾。面对资产阶级的进攻可谓刀枪不入；面对金钱美女他们拒之门外；为了国家和人民的利益，他们一身正气，两袖清风；他们所想所做是对国家对人民的贡献，而不是索取。

在20世纪70年代，物质的引诱，在部队环境中不是特别显露，而美色的“引诱”却很显露。但那种引诱已经不是先前那种淫邪的引诱，更不是资产阶级那种恶毒的“引诱”，而是年轻姑娘对解放军、对“好八连”战士的崇拜，是真心想嫁给他们的爱慕。面对这样一种崇拜和爱戴，“好八连”战士也拒之门外，尽管有点不近人情……

但他们认为，她们爱的是解放军而不是本人，如果所有的解放军战士都与上海当地姑娘结婚，那么就会给上海当地男青年带来配偶选择上的困难和麻烦。因此，他们不能那样做，不能给上海人民带来痛苦，哪怕是一点点痛苦。这对现在的年轻人来说，几乎是不可思议的，而在“好八连”看来，这却是一种崇高。

“拒腐蚀，永不沾”，是一个革命者，特别是一个共产党人应当永远保持的一种高尚品质。因为不管在什么时候什么情况下，都有这个问题的存在。物质条件越丰富、生活越富裕，就越是如此。

改革开放后，不少高级干部因腐败纷纷落马就是一个极好的例证。而改革开放后出现的买官卖官和性贿赂更是引人深思、发人深省、催人警惕。

生活越安逸，物质越丰富，越易贪图享乐，越发会忘记勤俭节约传统、艰苦奋斗的精神，因而也就越易被腐蚀。

因此，要做到“拒腐蚀，永不沾”是很难很难的。这不仅需要清醒的头脑，更需要的是勇气和意志力。

“好八连”的战士，他们以顽强的意志力、巨大的勇气和艰苦奋斗的精神，铸出了这种“拒腐蚀，永不沾”的高贵品质。不管在任何时候任何情况下，尤其是在改革开放的今天，他们更加坚守着这一防线不改初衷，不忘初心，这不是常人能做到的。这种品质、这种正气精神，永远闪烁着金子般的光辉。

72．“为人民，几十年”的服务精神

“为人民，几十年”是毛主席在《八连颂》里赞扬“好八连”的一句话。这是对人民军队本质的高度概括，也是对“好八连”的生动写照。

当年，毛主席在延安，为纪念张思德这位普通的战士，提出了“为人民服务”的光辉思想。毛主席说：“我们的共产党和共产党所领导的八路军新四军是革命的队伍，我们这支队伍完全是为着解放人民的，是彻底地为人民服务的。”

为人民服务，不仅是军队的宗旨，更是我们党的宗旨，也是“好八连”战士的人生追求。

几十年来，他们的所作所为都是为了人民的利益。他们为人民利益而生，为人民利益而死。他们心里装着人民，唯独没有他们自己。人民的利益、人民的需要，就是他们的最大愿望。

为人民服务几十年的精神，是他们一点一滴培育出来的。他们利用休息时间，不辞辛劳跑到几十里外的郊区开荒种菜，为的是让人民吃上新鲜菜；他们勤俭节约飞针走线，将自己穿烂的衣帽鞋袜补了又补，为的是把好的衣服节省下来送给灾区人民；他们节省一分钱、一滴水、一度电、一粒米、一寸布，为的是让人民多吃一口饭，多穿一件衣，多饮一口甘泉，多见一片光明；他们在公共汽车上给群众让座，为的是让老百姓坐得更舒服、更自在；他们节假日牺牲休息时间去扫大街，为的是让老百姓的生活过得更干净、更惬意；他们不辞辛劳送迷路的小孩回家，为的是解老百姓之所难；他们把捡到的钱物千方百计找到失主，为的是解老百姓之所急；他们偷偷地为别人寄钱寄物，为的是让别人过得更幸福、更快乐；他们不怕苦不怕累，是为了给人民多创造出一份财富，让他们过得更富裕、更好；他们在危急时刻挺身而出，甚至不惜牺牲自己的生命，是为了保护人民的利益，让人民过得更安康、更幸福。

他们脑子里想的是人民，心里装的是人民，行动为的是人民。他们为了人民的利益，赴汤蹈火在所不辞。这就是“好八连”战士的品格，这就是“好八连”战士的人生追求。用他们的话说，这就

是人生的全部意义和目的。

他们在南京路上是这样，退伍到家乡也是如此；他们在“好八连”是如此，在各个岗位也是一样。

毛主席曾说过：“一个人做一件好事并不难，难的是一辈子做好事不做坏事。”“好八连”的战士用他们的实际行动回答了这个问题，做到了“为人民，几十年”。据部队做的调查显示，“好八连”战士不管是在“好八连”，还是退伍回到家乡，还是在各条战线各个岗位上，他们都始终保持着人民军队的本色，出色地做到了“为人民，几十年”。他们并没有因为时间的推移和岗位的变化而褪色。这不能不说“好八连”是个大熔炉，铸造出来的产品是合格的、过硬的。

1964 年，“好八连”战士守卫大上海（资料图）。

“为人民，几十年”，是人生应当追求的理想和目标。如果一个人一生为自己活着，就没什么价值和意义。只有那些全心全意为人民利益而努力工作的人，才会有人生的意义和价值，才会使人生更光彩照人。这就是“好八连”的战士崇高理想。

这种崇高理想不是空中楼阁，20世纪60年代初，全国学雷锋、学“好八连”，为人民为社会做好事蔚然成风，使那个年代成为共和国历史上社会风气最好的时期。也是人们追求和企盼的理想社会。以我为人人、人人为我，夜不闭户、无忧无虑、互相帮助、心心相印、一心为公、无私奉献来描绘当时的社会风气，一点也不为过。遗憾的是，改革开放后，这种理想的社会风气都难以找到了。实践已经证明，国人若要步入无忧无虑的小康社会，就必须践行社会主义核心价值观，弘扬雷锋、“好八连”精神，才有梦想成真的可能。

73.“八不怕” 的勇敢精神

中国共产党所历经的磨难，恐怕比世界上任何一个政党都要多。

毛主席曾感慨地说，我们这个党多灾多难。

众所周知，中国共产党28年武装夺取政权的道路，历经千辛万苦。北伐战争，十年内战，八年抗战，三年解放战争，包括像长征这样举世无双、空前绝后的无数磨难不说；就是在新中国成立后遭到的西方帝国主义的军事和经济封锁，苏联修正主义的政治压迫和军事挑衅，也是难以想象的。当毛主席看到“好八连”以不屈不挠的坚强意志，抵制各种“香风”“毒雾”的侵蚀，打退资产阶级的进攻时，挥笔赞扬“好八连”具有“八个不怕”的精神。这“八个不怕”是：“不怕压，不怕迫。不怕刀，不怕戟。不怕鬼，不怕魅。不怕帝， 不怕贼”。毛主席写下的《八连颂》说的是“好八连”，实际上是对全党全军全国人民的赞扬，赞扬他们“奇儿女，如松柏”，“上参天，傲霜雪”。

的确，不要说一个党、一支军队、一个国家要成就大业，会遭遇到许多艰难险阻、许多磨难，就是一个人的一生，也难免会碰到许多的沟沟坎坎，许多压力、逼迫、威胁甚至是危险。这就需要一种“不怕压，不怕迫”的精神，需要一种不屈不挠的意志，才能战胜各种艰难险阻。当年在瑞金，共产党人和她领导的苏区军民，面对数倍的强敌，为创建和保卫中央苏区，英勇奋斗，不怕牺牲，历尽千难万险，踏着烈士的血迹前进，打退国民党反动派的数次残酷的围剿，谱写出一曲气壮山河的史诗。

“好八连”的战士，正是铸就出了这种坚韧不拔的意志和品格。他们当年进驻大上海，富贵不能淫，威武不能屈，坚如磐石屹立在南京路上。他们面对困难，从不言苦和累，喊出“苦不苦，想想长征二万五；累不累，想想革命老前辈”的口号，以此来激励自己。他们面对危险，鼓起勇气，毫无惧色；他们面对压力，为坚持真理，不屑一顾。千里野营，他们长达一个月靠吃压缩饼干，奔袭一千多里，成为人们心目中的“飞毛腿”；围海造田，他们顶住骄阳，征服大海，硬是用肩膀造出千亩良田；游泳训练，他们仅用一个月时间，旱鸭子也武装泅渡一千七百米；开挖河洞，他们面对冰雪世界，用肉体战胜刺骨的冰凌；火海抢救，他们闯入火海，不怕火魔，不顾个人安危……

2013 年，“好八连”在山区练习冲锋。

只要你接触一下“好八连”的战士，你就会发现，在他们身上，有一股坚毅的力量，一种不屈不挠的意志，一种不怕一切的精神。看上去，他们和平常人一样，那样的脸带微笑，那样的和蔼可亲，那样的温良恭俭让，但骨子里却透出一股坚毅、一股坚强、一股泰山压顶不弯腰的气概。他们对人民像绵羊般的温顺，对敌人却像老虎般的威猛。有一股压倒一切敌人、而不被敌人所压倒的气概。有了这种精神，有什么困难不能克服，有什么苦累会在话下，有什么险阻能够阻挡？！不能！永远不能！

74. 善思考能分析的钻研精神

把“好八连”比作一所大学校，一点也不虚夸。

在“好八连”，再差的铁也会炼成钢。说起来也许有人不信，在“好八连”待过的战士，哪怕他大字不识一个，几年下来，也成了能说会道的文化人，至少可达到初中水平。而在政治思想水平和觉悟上，在我看来却要比不少领导干部的水平要高。在我们班，有个战士叫薛景祥，别看他个子矮墩墩的，却长着一对聪慧的眼睛，只要他一有时间就会找我问生字、学文化，请教某些不懂的问题。而在连里，不管问到谁都会满腔热情教他。这叫互帮互学，以人为师。几年下来，薛景祥能写字、记日记、开会发言，一套一套的，滔滔不绝。

1971 年，作者（中）和战友们一起学习。

再有，连里有一任连长，入伍前也是大字不识一个，到当连长后去团里开会听报告，因记不快而只记一些提纲，可他却可以把团政委的讲话，几乎一字不漏传达给大家。这个惊人的记忆并非以前就有，而是在“好八连”练出来的。

“好八连”学习钻研的精神是出了名的。他们用雷锋式的钉子精神来钻研学习。他们一有时间就学习，从不放过一点点可利用的时间。你很难想象，“好八连”战士通读《毛泽东选集》四卷，大部分是打着电筒在蚊帐里看完的。他们每读一篇文章，不管懂了多少都要写上一点体会，开会则必做笔记。久而久之，养成了一种习惯；长年累月，笔记就记成了一本书。

他们钻研学习的精神，不仅用在学习文化上，也用在学习政治上。他们把学文化当作学政治的基础，把学政治又当作学文化的推动，当作提高理论水平的关键。

几年下来，“好八连”出来的战士，个个都有较高的理论水平，有敏锐的政治观察力，因而政治素质高，观点鲜明，立场坚定。

他们把党的话当作行动准则，把为人民服务当作行动标尺，把革命当作不改的信念，把共产主义当作人生追求。

他们对信仰从不迷茫，从不动摇，在大是大非面前从不含糊。

他们的人生信条是对人民无限的爱，对敌人无限的恨，绝不和腐败同流合污！

也许有人会说，他们是政治斗争的工具。事实上，他们认定：只要符合人民利益的政治他们就拥护，否则就反对。在他们看来，只有心中装着人民利益的人才是真正高尚的人、纯粹的人、有道德的人、脱离了低级趣味的人、有益于人民的人！而不是看他当了什么大官，或是什么富翁！

改革开放后，不少人们似乎对政治厌倦起来，不关心国家大事，一心盯在钱上。其实，政治无时无刻无处不在。实际上，无论什么事都有个政治立场问题，这是回避不了的。“好八连”战士认为：离开了政治方向，没有了政治立场；抛弃了政治观点，就是个没有灵魂的人，是一个十足的糊涂虫。

他们刻苦学钻研的精神，还在于军事上、业务上。他们每学一门技术都要精益求精，不达优秀誓不罢休。哪怕是种菜种稻也研究出一个子丑寅卯来。真正做到了学一行，爱一行，钻一行。

毛主席在《八连颂》中赞扬他们“纪律好，如坚壁。军事好，如霹雳。政治好 ，称第一。思想好，能分析。分析好，大有益”。是他们的真实写照。可见，养成善于思考能分析的钻研精神，对人生、对工作是大有益处的。

75.严以律己的自觉精神

铁的纪律，是一个党、一支军队无往而不胜的根本保证。

一个连队，一个单位，要想成就一番事业，没有铁的纪律也是不可能的；同样，一个人离开了组织，也将一事无成。

“好八连”的战士严以律己，像爱护眼睛一样爱护自己连队的荣誉；像每天要吃饭要呼吸一样来执行各项纪律。

他们把纪律看成自己的生命一样重要，大到国家的法律，军队的条例，小到连队的规定，班排的约定，都严格执行，无一人违反。

1949 年，战士们不扰民睡在大街上（资料图）。

他们认为，没有法律的国家，就不成国家；没有纪律的军队，不成军队；没有纪律就不成为集体团队。没有纪律就是一盘散沙，一盘散沙是一事无成的。

毛主席说过“纪律是执行路线的保证”。党的路线、党的政治主张、国家的政策法令，没有纪律就无法实施执行。这是因为，一切政治主张、方针政策都得靠一级组织去完成，而组织则是由每一个人组成，组织的一切活动都得靠每一个人去活动、去执行。可见，纪律是一切工作的关键，一切胜利的保证。它关乎党的政治路线的执行，关乎国家政策法令的实施，关乎事业的成败。

执行纪律的关键在于自觉。

“好八连”战士执行纪律的可贵之处在于自觉精神。当年，他们在南京路上，没人规定他们就一定要睡马路；也没人规定他们要斥退美女的引诱；面对丢来的钱，他们收不收也没有人监视他们；他们捡来的钞票不上交照样无人知道。

到了20世纪70年代，党和人民充分信任他们，派他们到大、中、小学去“支左”，面对年轻姑娘的追求，他们不拒绝照样无人知道。他们外出做群众工作，从不说自己是“好八连”战士，连“四十三分队”的番号也不暴露，一旦暴露，群众要求他们签名留念，如他们不拒绝也情有可原，甚至在外接受别人送的礼物馈赠也无人知道；他们试吃压缩饼干一月之久，本也有机会买点别的吃，但为了试验成功，无一人这样做；他们执行“九·一三”事件的特殊任务，组织上要求保密，他们长时间没一人向任何人透露半点消息；他们长年单个在外执行任务，遇事不报告，自行处理也不会有人知道，但他们把向组织报告当作雷打不动的纪律。

然而，他们无论到哪里，无论做什么事，无论有领导在还是无领导在，无论是单个行动还是集体行动，从来没有过违反纪律的事存在。他们为了集体的利益，为了国家和人民的利益，想到的只是牺牲自己。

在他们心里，有的只是党第一，国家第一，人民第一，连队第一，纪律第一，自觉严以律己，这就是他们的人生准则。有一首歌叫《歌唱南京路上好八连》，歌词是：

好八连好在啥地方，
好在忠于人民忠于党。
站在南京路心向红太阳，
路线分得清敢闯大风浪，
为人民几十年美名传四方。
歌唱好八连学习好八连，
毛主席的教导要时刻记心上。
好八连好在啥地方，

好在“两个务必”永不忘。
工农是老师社会作课堂，
草鞋针线包代代闪金光，
拒腐蚀永不沾红旗迎风杨。
歌唱好八连学习好八连，
继续革命奔向那胜利的前方。

一个人在有约束的情况下执行纪律比较容易，而在无约束的时候要做到执行纪律，而且几十年如一日，这绝对不是一件容易的事。这也正是“好八连”高度自觉的可贵之处。

毛主席在《八连颂》中用“纪律好，如坚壁”这样的溢美之词来赞扬“好八连”，再贴切不过了。

众所周知，“好八连”的英雄事迹是靠一件件小事反映出来的。而这一件件小事是靠“好八连”战士自觉地去做出来的，谁也没有逼着他们去做。他们就是用这种严以律己的自觉精神，众志成城地铸就出“好八连”这个铜墙铁壁的坚强集体，为人民立下一个又一个新功！

76.互相帮助的团结精神

毛主席十分看重团结，在他的著作中，许多地方都论述到团结问题。

最发人深省的是“九·一三”事件后，毛主席特别号召全党全军全国：“要搞马列主义，不要搞修正主义；要团结，不要分裂；要光明正大，不要搞阴谋诡计”。他在《八连颂》这首诗中两处提到团结，一处是在赞扬“好八连”“五个好”时说“分析好，大有益；益在哪，团结力”；另一处是诗的结尾，他以战略家的气派书出传世名句，诗曰：“军民团结如一人，试看天下谁能敌？”足见他对团结的重视和对“好八连”团结精神的肯定。

1972年，作者（右）和排长徐祥（左）在一起合影留念。

你走进“好八连”，你会发现“好八连”团结得像一个人一样。他们亲如兄弟，把别人的困难当作自己的困难。在物质特别匮乏的年代，谁要是知道自己的战友家中有困难，就一定会给战友家中寄钱寄物，而且绝不会留下姓名。他们把毛主席“我们都是来自五湖四海，为了一个共同的目标走到一起来了，一切革命队伍的人，都要互相关心，互相爱护，互相帮助”的教导当作座右铭。想别人所想，急别人所急，做别人所做。他们总是把困难留给自己，把方便留给别人；把责任留给自己，把荣誉留给别人。

他们说，一个人的困难就是大家的困难，大家的欢乐就是每个人的幸福。因而互相帮助、团结友爱是他们最乐意做的事。他们在军队与地方的关系上是有口皆碑的，真正做到了“军民团结如一人，试看天下谁能敌？”。

“好八连”团结精神的最大特点是以诚待人。他们人人都具有金子般闪光的质朴的品行。如果你要和他们在一起，你就会发现，他们是那样的表里如一，里外一致，老实而聪明，诚信而质朴。他们对待同志绝没有半句假话，对待组织忠心耿耿，常常是以德报怨而不计较得失。

他们的胸襟就像大海一样，能纳百川，己所不欲 ，勿施于人，就是宁我服务于人，而绝不让人服务于我。在他们看来，人与人之间没有诚信是不可能有真正的团结的。同样，没有大海般的胸怀，也不会有真正的团结。

他们深知团结就是力量，团结就是胜利的源泉、胜利的保证。因此，他们平时说话办事，都是从团结出发，以团结为重。他们像爱护自己的眼睛一样爱护团结。他们以“不利于团结的话不说，不利于团结的事不做”为日常生活工作的标尺，绝不做那些背后挑拨离间、惹是生非的人。接触过“好八连”战士的人都有体会，他们对你会像镜子一样明亮洁净。

然而，他们的团结不是无原则的，遇上损坏人民利益的事，违反党的原则的事，他们会毫不留情进行斗争，哪怕给自己带来灾难性后果。他们的团结，绝不像改革开放后形成的那些关系网式的团结。

正是由于他们的这种团结精神，使这个连队取得了如此崇高的荣誉，成为一个让人民，让世人信赖的战斗集体。

附 录 一

“好八连”战士日记选录

【“好八连”战士善写日记，留下了名言、警句。这些名言、警句大多已见著于报端和解放军出版社1963年8月出版的《南京路上好八连》书中，读来给人启发，现选录部分，以飨读者。】

77.艰苦奋斗·勤俭节约

无产阶级艰苦奋斗的精神，是人类精神世界中最崇高的表现。

无产阶级艰苦奋斗的革命精神所要求我们的，是在政治上站稳无产阶级立场，在思想上确立无产阶级世界观，在工作上保持蓬勃的革命朝气，在生活上保持艰苦朴素的作风。

艰苦奋斗的作风，过去要，今天要，永远都要。

我们要“先天下之忧而忧，后天下之乐而乐”。

身在八连继承艰苦奋斗的传统，离开八连传播艰苦奋斗的传统。

忘记了艰苦奋斗，就背叛了革命；丢掉了艰苦奋斗，就丢掉了革命。

一个人的困难就是大家的困难，大家的欢乐就是个人的幸福。

我们一定要吃苦在先，享受在后。

无产阶级夺取政权以后，能不能继续保持艰苦奋斗的作风，关系到政权向何处去的问题。

总想舒服，得过且过，不愿意艰苦奋斗的人，是没有志气的人，是不懂得革命的人。

“新三年，旧三年，缝缝补补又三年。”我们少穿一尺布，人民就多穿一尺布；今天节省一尺布，明天就多用几尺布。

国家是自己的，自己是国家的，咱们要想尽一切办法，让国家对自己的负担小，使自己对国家的贡献大。

报销就要花国家的钱。好钢要用在刀刃上，国家的钱要用到建设上。

要为国家节约一粒米、一滴水、一度电、一分钱、一寸布。

我们国家还很贫穷，要使国家快速强大起来，不再受人欺侮，不仅要创业，还要节约。我们国家大，人口多，一个人节省一点，加起来就多了。

金钱是微不足道的，它既不是幸福的象征，更不是人生的目的。

是啊！咱们平常多花费一分钱，看起来没有什么了不起，可是咱们国家这么大，人口这样多，要是人人都多花费一分钱，那就不得了啦！

钱，对咱们是一件很小的事情啊！咱们要的不是钱，而是钱所买不到的共产主义。

一分钱是微不足道的，交了公是人民战士的本色，可是你留下它，它就会在你的心灵上染上一个永远抹不掉的污点。

南京、上海有好东西，也应该先让老百姓用，我们仍要保持艰苦奋斗的老传统。

针线包是百宝囊，战士拿它补衣裳，随破随缝多便当，光荣传统永不忘。

勤劳俭朴总是先进的、光荣的，奢侈浪费总是落后的、可耻的。

革命就是为了让人民生活得幸福。吃好的，穿好的，我们都想。不过现在还不是时候。要是人人光想自己享福，那共产主义谁去搞呢?

红军穿草鞋，把革命道路开；解放军穿草鞋，把蒋家王朝踢下台；如今我们穿草鞋，“香风”“毒雾”脚下踩。

78.谦虚谨慎　反骄破满

谦虚的人最聪明，自满的人最愚蠢。

越是受到表扬，越是要重视缺点。

好人表扬百次不算多，好事出现千件还嫌少。

荣誉要多些，背包要小些。

受了挫折不埋怨，出了问题不急躁。

成绩、进步、荣誉只能说明过去，不能代替将来。职务提升了，不见得思想觉悟就提高了；资格老了，不是革命到头了；荣誉多了，不是为人民服务到顶了。

“昨天的成绩，只能代表你以前的；明天的目标，才是你要取争取的。”

任何时候都不能忘记“两个务必”，要经常对照“两个务必”，用“两个务必”找差距，自己给自己经常摸脉会诊。

“两个务必”是根本，要时刻牢记。

高楼大厦是一砖一瓦做成的，浩瀚大洋是一点一滴积起来的。

积小胜，为大胜。

松高百丈，并非一日长成。

拨亮一盏灯，照亮一大片。

俗话说：人要虚心，火要空心。人不虚心难进步，火不空心烧不明。

牡丹虽好空入目，枣花虽小扎扎实。愿做小小的枣花，不做好看的牡丹。

谦虚就是自己的进步；不谦虚就会满足，像山尖似的，满了就会往下滚。

听到表扬时，看到自己的缺点，想一想应该注意那些；听到批评时，查实犯错误的根源，审视自己前进的方向。

只有谦虚谨慎，才能全心全意为人民服务。

虚心不等于虚伪，虚伪更不是虚心。

人贵有自知之明，就是说要自己知道自己的长处和短处，自己认识自己，保持清醒的头脑，不要忘乎所以，要经常想一想自己的弱点、缺点和错误。

干革命不反骄，就会摔大跤。

从历史上的骄傲，看失败的教训；从我们骄傲的表现，看走错路的危险；从现实斗争的复杂性，看谦虚谨慎的重要性。

风头主义就是骄傲自满，就是错误的实施，失败的开始；它的本质就是要抬高自己，看不起群众。

骄字是山顶，顶尖不能容；虚字是山窝，越装会越多；心中感觉空，越学越想学。

一个人不能固执自己的错误见解。自己的见解往往是自己认为十分正确的，因而对别人的意见会视而不见，强调客观。如果如此固执下去，就会犯错误。这既表现出主观主义，也是风头主义。

骄傲自满看自己，处处感到很满意；谦虚谨慎看自己，处处觉得有差距。

一个人尽管在党的培养下懂得了一点道理，学得了一点东西，这是多么渺小的啊！与无产阶级革命事业对我们的要求相比，是多么不够的啊！

一个革命者，长处与短处，成绩与错误，就比例而言，虽说是七分与三分的关系，但我们如果不经常想一想还有三分错误，那错误就会变成七分。这是很危险的！

“一个人的智慧是有限的，集体的智慧是无穷的。”

一个人不是靠荣誉扶起来的，而是靠党和人民的教育培养出来的。荣誉确实可以成为我们前进的动力，但它又是一种考验，甚至是严峻的考验，它甚至可以让你躺倒再也起不来。荣誉少要一点有好处，从另个角度讲，它是我们前进的开始。

思想上要防骄，作风上要防松，学习上要防懈，工作上要防偏，生活上要防逸。

永远克服一个“满”字，彻底斗掉一个“懒”字，实实在在具备一个“干”字。

要在“骂”声中成长，要防止在赞扬声中摔跤；要经得住批评，更要受得起表扬。

我们做工作，要想得多一点，细一点，深一点，复杂一点。

79.拒腐蚀·永不沾

拒腐蚀，永不沾，取决于一个人的世界观，取决于实践中的思想改造。只有拒腐蚀，才能永不沾；永不沾才是我们的最终目的。

生活上讲究了，政治上也就逐渐发霉、发黑、烂掉。

资产阶级思想的进攻，往往是从生活上打开缺口。一个人生活上享乐腐化，随之而来的，必然是思想上、政治上的霉烂变质。而保持艰苦奋斗的作风，一不爱财，二不贪色，全心全意为人民服务，就能把脚底板站得稳稳当当，不为资产阶级刮起的“香风”所左右，不为光怪陆离的东西所诱惑，“富贵不能淫，贫贱不能移”。

保持了艰苦奋斗的作风，就会像一面光净的镜子，容不得半点污点，洁白无瑕，一尘不染；就会像有了强烈的抗毒剂，足以消灭资产阶级的任何毒菌，维护无产阶级肌体的健康。

在拿枪的敌人面前，我们要紧握手中枪，在“糖衣炮弹”面前，我们要始终保持艰苦奋斗的作风。

生活上铺张浪费之日，就是政治上蜕化变质之时。

追求享受快乐，就必然讨厌艰苦朴素。

光打防御战不打进攻战，不是马列主义者，世界观也改造不好。

资产阶级的“糖衣炮弹”并不可怕，可怕的是对“糖衣炮弹”缺乏认识，放松警惕。

只要社会上有阶级和阶级斗争存在，我们头脑里的反腐蚀斗争就不能有一丝一毫的放松。

“精神的东西要靠精神来打倒，物质的东西要靠物质来摧毁。”

诡辩总是诡辩，无论如何变不了真理；造谣总是造谣，无论如何变不了事实。

夺权先夺人，夺人先夺魂。

被“糖衣炮弹”打垮了的人，过去也曾经是革命的。但他们经不起“糖弹”的攻击。这是必须牢记的深刻教训。

生活上的一点点，都是资产阶级的瞄准点。

只有不沾，才能不烂；只有不沾，才能不变；只有不沾，才能不黑；只有不沾，才能不霉。

要在思想上修工事，这种工事不能用泥巴做，要用水泥做，用钢板做。

环境越好，生活条件越高，就越要自觉。自觉才是彻底改造世界观的根本。靠人管只能管一时，自己管才能管一世。改造世界观要在自觉上下功夫。

生活上的腐化，必然导致政治上的蜕变；必须从生活的“小事”上，看人生的大方向。

生活里面有政治。列宁说的好，生活上不干净的人，政治上必然不干净。

筑思想长城，要从生活上筑起。舒服一点，艰苦奋斗的作风就会少一点；艰苦一点，抵制资产阶级的思想就会多一点。

生活关把不住，政治关必然把不好。

有一定的生活方式，就有一定的思想影响。

工作上讲究，讲究，再讲究；生活上简单，简单，再简单。

一个人追求的不是物质上的享受，而要追求精神上的崇高。

80.学习·改造

读书要一本本地读，认认真真，坚持下去，力求弄懂弄通，才能掌握马克思列宁主义基本原理。反对那种走马观花的形式主义。

对于马列和毛主席著作，我们的态度就是“啃”，发扬雷锋“钉子”精神。

读马列的书的确有难处，但也不难，难是相对的，不难是绝对的；

知识来源于勤奋学习的人。

不会可以学，路是人走出来的。

常言说，要活到老，做到老，学到老。可即便做到了“三老”，世界上的事情也还仅仅懂得那么一点点，还有许多东西不知晓，我们有什么理由感到满足呢？！有什么理由拒绝学习呢？！又有什么理由骄傲自满呢？！没有！一点也没有！

为什么一个人有把革命工作做好的动机，却又往往不自觉地犯错误，甚至是大的错误，这就是因为有盲目性。盲目性对革命有着十分大的危害，思想上处于盲目性，就有助于资产阶级思想的侵袭；工作上处于盲目性，工作就难以做好；军事上处于盲目性，就会造成巨大的损失。要想丢掉盲目性，重要的就在于学习。

学习，对于一个人，尤其是对于一个共产党人来说是十分重要的，马、恩、列、斯、毛主席在这方面为我们做出了榜样，我们一定要向革命导师学习。

住在上海，要抵制资产阶级思想，首先就得把毛主席著作学好。要走到哪里，带到哪里，学到哪里。

八连的学习公式：一读、二议、三对照、四行动。

学习的机会是很多的。有人认为一定要在大学才有学习机会，这是片面的。最好的老师是历史，最好的学校是实践。大学到处都是，革命的实践就是最好的大学，就看你是否利用它，把它当作最好的大学校。有人进了大学，并没学到什么东西；可有的人总是事事处处把实践当作大学校，给自己创造好的学习机会、条件，把脑子装得满满的。

要记住“在一个文盲充斥的国家内，是建成不了共产主义的”，因此，我们一定要努力学习文化。

庄稼生长要有阳光，革命战士没有毛泽东思想武装，就会迷失方向。

遇事都要想一想，想一想大有好处：想一想，就想出了问题；想一想，就想出了办法；想一想，还可以提高自己。

人民解放军确实是一个毛泽东思想的大学校，解放军这个大学校就是能培养人、教育人、改造人、锻炼人。

一个革命青年，一定要给自己施加压力，要多学一点东西，不要满足于一知半解，不要浪费一点时间，不要错过一次学习机会。

私字作怪，学习上是形式主义，讲话是风头主义，干事是私心杂念，改造世界观是空谈主义。

改造思想的标准低，行动起来就不注意。

要做一个清醒的人，不能做一个盲目的人。

思想在艰苦中改造，身体在艰苦中锻炼，人在艰苦中成长。艰苦考验人，艰苦锻炼人，艰苦改造人，艰苦成长人。

自觉是很不容易做到的，自觉的程度，也可以检验出一个人的思想高度。

一个人有了自觉性，不论到哪里，不论环境如何，是艰苦还是舒适，都会把它当作改造思想的战场。

正确的行为来源于正确的认识，正确的认识来源于正确的思想，正确的思想来源于学习和实践。

不管什么书总是越学越容易，越学越懂，马列的书当然也一样，就是要去看，要去读，要去钻；这就好比要认识一个人，你不去见面，永远也是生疏的一样。

“好中有缺点，差中有体会。”对什么东西都得一分为二，才是唯物论观点。

要宣传别人，首先要武装自己。

斗私是改造世界观的根本，自觉是改造世界观的关键。

亮私不怕丑，斗私不怕痛，挖私要挖根。

思想变，行动偏。

温室里的花朵经不起风霜。世界观的改造只有到大风大浪中去磨炼才能取得效果。

头脑里绝不能开放自由市场，绝不能让资产阶级思想自由进入。

改造思想要主动出击，私心一露头就要快斗、快改，坚决不让它站稳脚跟。

“力量从团结来，智慧从劳动来，行动从思想来，荣誉从集体来。”这是雷锋的话，我们要记住。

一个人是生活在“变”中的，时时刻刻都在变，有的变好，有的变坏。可以说，人在变中生活，认识在变中提高，思想在变中改造。要想变好，就要紧紧抓住改造思想不放松。我们要在变中摸规律，找教训，取经验，抓改造，做一个革命化的人。

认识的提高，思想的树立，政治的决定，路线的选择，世界观的确立，都来自于学习。

分析才能发现问题，分析才能识别正确与错误。

以错为戒，以败为经，金不换。

以理服人，以德感人，以身教人；不能以理傲人，强理驳人，以职压人。

要人家讲话自己先开口，要人家做的事自己先动手。

81. 为人民·几十年

“为人民，几十年”——全心全意为人民服务，共产党员的全部任务就是全心全意为人民服务。

为人民几十年就是要做一个全心全意、彻头彻尾为人民服务的“牛”，这个几十年，不是十年、二十年，而是到结束自己的生命为止。

“为人民，几十年”是检验一个革命者的标准，只有为人民几十年，才能真正成为一个共产主义者。

一个人是否革命，就看他对待人民群众的态度，是否为人民着想，为人民服务；一个真正的革命者，就看他为人民服务是否完全彻底，全心全意。

一个一心为了人民、为大多数人谋利益的人，才是个高尚的人、可贵的人、生得有意义的人、死得有价值的人。

“为人民，几十年”的思想要靠一点一滴来树立，靠长时间磨炼来形成。

没有什么特别的东西，一个党员，就应该努力为党做工作。

革命青年应该树立无产阶级世界观，把自己毕生的一切献给人类的解放事业。无产阶级世界观是什么呢？就是全心全意为人民服务，就是忠于人民忠于党，就是为天下受苦人而战斗一辈子！

共产党员最根本的一条，就是要始终站在无产阶级劳动人民一边。

一个革命战士，他的服役期是有限的，但“为人民，几十年”是无限的。

“为人民，几十年”，我们要坚如磐石；“拒腐蚀，永不沾”，我们靠“两个务必”；“不怕刀，不怕戟”，我们甘洒热血；“不怕压，不怕迫”，我们傲然挺立；“不怕鬼，不怕魅”，我们横扫鬼魅；“不怕帝，不怕贼”，我们心明眼亮。

一个革命者，要准备走“万里长征”，在这个万里长征的征途上，从迈步到最终，都必须以“草鞋”精神走到底。只有有了这个“走到底”精神，才能实现我们“为人民，几十年”的伟大誓言和理想。

82.不怕苦·不怕死

不怕苦，不怕死，是检验一个革命者的根本标志。

革命就得在艰苦的环境中磨炼自己、锻炼自己、考验自己。苦累关都过不了，就别谈过得了生死关。

共产党员为共产主义奋斗终生，就是要有拼命的劲头。

再大的困难，再关键的时刻，只要用毛泽东思想指导自己的思想行动，就有顽强的毅力；有了毅力就能夺取胜利。

完成每一项革命任务，都必须要有坚强的毅力，经受得住苦累关的考验。

意志的磨炼，只有在艰难困苦中才能得到，革命本身就包含着艰苦和斗争；革命事业是伟大的、艰巨的，必须努力奋斗，坚持到底才能实现。

老红军枪林弹雨都不怕，我们怎么能向困难低头呢！

困难只是向我们示威的纸老虎，没有什么了不起，只要坚持一下就克服了；当然它对活命哲学的人来说却是一只真老虎。

一个人对自己不能迁就，迁就自己实际上是看不起自己。迁就迁就，越迁越就，迁就自己，就是没有志气，缺乏勇气，就会怕苦，怕死。

困难和艰苦它只是向我们示威的一只纸老虎，你害怕吗？你就别想得到锻炼。

“八不怕”是革命的大无畏的英雄气概。革命就是要不怕，要敢于斗争，要意志坚定。不管是十二级台风，还是劈天盖地的暴雨；不管是烈日炎炎的火山，还是数九寒天的冰封，都要坚持真理，坚如磐石。

我们一定要有“一不怕苦，二不怕死”的革命精神。

83.理想·信念

一个人确立了无产阶级世界观，他所追求的不是个人眼前的利益，而是党的、国家的、广大人民群众的根本利益，这样的人就有了最远大的理想、最美好的精神世界，就能洗涤一切资产阶级思想的病毒，既经得起战争环境的考验，又经得起和平环境的考验，既经得起生活困难的考验，又经得起生活改善的考验。

有人说“人生就那么回事”，这句话讲的似乎实际，但人生却有意义的不同。有的把吃喝玩乐、荣华富贵当作人生的目的而醉生梦死，有的却把无产阶级的革命事业作为崇高理想而奋斗终生。

信念很重要，一个人没有信念，那就什么事情也做不成。

不管天下发生什么事情，共产党员都应该做到最坚定、最有远见。

一个人能善于把坏事变成好事，并善于把形势引向胜利，在困难、风险，乱云飞渡时坚定、沉着、勇敢，满怀信心，那么就是有远见卓识的人、能走向胜利的人。

越是狂风恶浪，越显出无产阶级革命战士的革命本色；越黑云滚滚，越显出无产阶级革命战士的赤胆忠心。作为一个共产党员，就要光明正大，既然入了党，就要忠心耿耿地为党的事业去奋斗，而不要去做那些离心离德的事，不要背心向党。

观点就是思想，思想决定立场，决定行为；你赞成什么观点，你就会有什么行为。

没有什么困难能阻挡人前进的，只要奋斗，加以坚持，困难就赶跑了。

坚持就是胜利。但坚持的毅力不是任何人都有的。越是艰苦越要坚持，胜利就越大。

要敢想敢干敢闯，不怕挫折，挫折和失败都会得到宝贵经验，使我们聪明起来。

光明正大，是无产阶级党性所决定的。

树立革命大目标，抛弃个人小天地。

作为一个共产党员、革命战士，要准备爬更高的雪山，过更多的草地。

革命一定要有坚定的意志，要有为党的事业奋斗到底的决心。这就要求我们一定要实行马克思在《共产党宣言》中提出的“两个”彻底决裂，不能打个人小算盘，要盯住共产主义大目标。这样才能成为彻底的革命者。

附 录 二

“好八连”历史文稿选编

【这里选编的几篇文稿，有的是当年作者参与撰写的连队文章、稿件，有的是作者代表连里、班里写的汇报稿。这些稿件里所反映的行为事迹，今天读来仍然闪烁着思想的光辉。从这几篇文章中，我们可以知道当时的“好八连”战士想的什么？！做的什么？！为的什么？！从而了解他们的内心世界，发现他们的高尚情操，看到他们为共产主义理想奋斗的信念。他们那种艰苦奋斗的作风，那种刻苦学习的精神，那种谦虚谨慎、不骄不躁的谦逊态度，那种出淤泥而不染的高风亮节，那种先人后己的无私行为，那种向往崇高的精神境界，那种不畏艰难的过人勇气，那种一心为民的奉献精神……不正是当代为共产主义理想而继续奋斗的共产党人所要求、所需要的吗？！】

84.艰苦奋斗是我军的政治本色

伟大领袖毛主席教导我们："我们要提倡艰苦奋斗，艰苦奋斗是我们的政治本色。锦州那个地方出苹果，辽西战役的时候正是秋天，老百姓家里很多苹果，我们的战士一个也不去拿，我看了那个消息很感动。在这个问题上，战士们自觉认为：不吃是很高尚的，而吃了是很卑鄙的，因为这是人民的苹果。我们的纪律就建立在这个自觉性上边。这是我们党的领导和教育的结果。人是要有点精神的，无产阶级的革命精神就是从这里头出来的。"

艰苦奋斗是无产阶级和广大劳动人民的阶级本色，也是我军的政治本色。

毛主席总是把这艰苦奋斗这一作风问题提高到政治方向上来教育全党，指出："我们共产党历来更提倡坚定正确的政治方向……这种坚定的政治方向，是与艰苦奋斗的工作作风不能脱离的。没有坚定的政治方向，就不能激发艰苦奋斗的工作作风；没有艰苦奋斗的工作作风，也就不能执行坚定正确的政治方向。"

早在建军初期，毛主席就强调要艰苦奋斗。他在光辉的"古田会议决议"中，针对当时党内的投机分子，批判了享乐主义："他们总是希望队伍开到大城市去，他们到大城市去不是为了去工作，而是为了去享乐，他们最不乐意的是在生活艰难的红色区域里工作。"在各个历史时期，毛主席反复强调我党我军要保持和发扬艰苦奋斗的光荣传统。新中国成立前夕，在党的七届二中全会上告诫全党"务必使同志们继续地保持谦虚谨慎，不骄不躁的作风；务必使同志们继续地保持艰苦奋斗的作风"。到了社会主义建设时期，毛主席反复特别强调："要使我国富强起来，还需要几十年艰苦奋斗的时间，其中包括厉行节约，反对浪费这样一个勤俭建国的方针。"

几十年来，我们连队之所以能在上海这个大染缸的中心南京路上站稳脚跟，顶"香风"，战"毒雾"，从而改造南京路。最根本的一条就是保持和发扬了我军艰苦奋斗这一政治本色。

毛主席明确指出："紧紧地和中国人民站在一起，全心全意地为中国人民服务，就是这个军队的唯一宗旨，”这是我们无产阶级革命军队和剥削阶级反动军队的根本区别。

是艰苦奋斗还是贪图享乐，是区别这两个不同军队的分水岭和分界线。剥削阶级反动军队，他们腐化堕落，每到一地，不是烧杀掠夺，就是奸淫成性，从来就不讲什么艰苦奋斗。因此，根本谈不上为人民服务，这样的军队最终必然要被人民唾弃。可见，是不是艰苦奋斗，决定了一支军队的性质、宗旨，同时也决定了它的生命力。对于我们人民军队来说，也就关系到能否履行根本宗旨、执行坚定正确的政治方向的大问题。如果一支军队追求享乐，贪污腐化，怎么能紧紧地和中国人民站在一起，又怎么谈得上全心全意为人民服务呢？因此，只有永远保持艰苦奋斗的作风，抵制资产阶级“糖衣炮弹”的袭击，才能真正做到完全为解放人民、彻底为人民利益而工作，从根本上保证我军永不变色。从这点出发，我们连队的战士对待革命事业讲究、讲究、再讲究；对待个人生活简单、简单、再简单。平时处处为人民着想，为国家节约一滴水、一度电、一粒米、一寸布、一分钱。当人民受灾、有困难时，大家怀着深厚的阶级感情，把自己节省下来的钱、平时舍不得穿的衣物送给人民。他们说的好：“人民的痛苦就是我们的痛苦，人民的困难就是我们的困难。”正是这样，一个无产阶级的革命战士，就是要做人民大众的牛，吃的是草，挤出来的是奶，鞠躬尽瘁，死而后已。这才是一个人民军队应有的政治本色。

要不要保持艰苦奋斗的作风，历来是两条建军路线斗争的重要内容。资产阶级军事路线，公然鼓吹什么“小节”无害论。把保持艰苦奋斗的作风，说成是生活小事“小节”，企图从此打开缺口，从根本上改变我军的性质。

保持艰苦奋斗的作风，是“小节”吗？不！这绝不是生活“小节”，而是两个阶级、两条路线、两种思想的大搏斗。生活里面有政治，有思想；生活里有无产阶级生活方式，也有资产阶级生活方式；有无产阶级作风，也有资产阶级作风。“无产阶级要按照自己的世界观改造世界，资产阶级也要按照自己的世界观改造世界。”我们不会忘记，当我们带着战争的硝烟，来到灯红酒绿的南京路时，资产阶级曾断言叫我们“红的进来，黑的出去”，紧接着利用“糖衣炮弹”向我们进攻。但是，战士们深深懂得：生活上贪污腐化，追求享乐，随之而来的就是政治上的蜕化变质。面对着敌人丢来的臭钱，战士们飞起一脚踢得老远；当战士们穿着草鞋走在繁华的南京路上时，资产阶级却讥笑我们“土里土气”，战士们自豪地说“红军穿草鞋，把革命道路开，解放军穿草鞋，把蒋家王朝踢下台，如今我穿草鞋‘香风’‘毒雾’脚下踩。”……这是活生生的阶级斗争事实，难道是生活小节吗？如果按照这一说法，那么，资产阶级的断言岂不成为现实？岂不被南京路改造了我们？这难道还不发人深省吗？

回顾我们连队的历史，几十年来，之所以能在上海这个大染缸的中心、“十里洋場”的南京路上站稳脚跟，根本一条，就是牢记了毛主席“两个务必”的教导，靠艰苦奋斗这一锐利武器，打退了资产阶级的猖狂进攻。斗争的实践使我们更加体会到：艰苦奋斗不但是我们的光荣传统，而且是我们的政治本色。保持了这一政治本色，就会使我们从所谓生活小事“小节”上，看到阶级斗争，看到路线斗争，始终保持坚定正确的政治方向，保证我们党的基本路线，沿着毛主席革命路线胜利前进。反之，则将在政治上迷失方向，脱离革命，背叛阶级，走到修正主义的危险道路上去。

社会主义社会是一个相当长的历史阶段，在这个历史阶段中，始终存在着阶级和阶级斗争，我们已经取得了伟大的胜利，但失败的阶级还要挣扎。今天的南京路，虽然不是二十几年前的南京路，但南京路上仍然是不太平的。要看到，在“伟大胜利”的后面，正酝酿着更残酷、更激烈、更复杂的阶级斗争。况且，我们不仅仅只是改造一条南京路，我们还要改造整个旧世界。因此，我们只是万里长征走完了第一步。我们还必须爬很多的“雪山”，过很多的“草地”，抵制更多的“糖弹”袭击。在今天的形势下，阶级敌人为要寻找他们的代理人，往往是从生活上打开缺口，利用糖衣裹着的炮弹向我们进攻，这仍然是他们所采取的重要手段。同样，如果一个人把艰苦奋斗看成是生活“小节”无关紧要，更不必大惊小怪，丢掉艰苦奋斗的作风，那就忘记了党的基本路线，就会走到邪道上去，进入敌人的圈套，被敌人俘虏，成为他们在革命队伍里的代理人。这种事实，历史已给了我们深刻的教训。因此，我们必须永远保持艰苦奋斗的作风，从路线斗争的高度来认识，在把好“政治关”的同时，把好“生活关”，决不能掉以轻心。只有这样，才能保证我们更好地执行毛主席的革命路线，在社会主义这个历史阶段中，将无产阶级革命进行到底。

“世界观的转变是根本的转变。”能否保持艰苦奋斗的作风，关键决定于一个人的世界观。有什么样的世界观，就会产生什么样的作风，执行什么样的路线。林彪一类骗子，一方面鼓吹“小节”无害论，否认世界观的改造；另一方面到处请客送礼，封官许愿，拼命兜售地主资产阶级人生观，妄图腐蚀群众，征服人心。这正是他们肮脏丑恶灵魂的大暴露。我们有的同志贪图享乐，追求吃好穿好，不愿过艰苦生活，整天为了个人打算，忘记了革命大目标，这是极其危险的。我们只有抓紧世界观的改造，经过长期甚至是痛苦的磨炼，才能抵制资产阶级生活作风的侵袭，在万里长征路上永不掉队。（注：该文经修订、删节后，于1972年以“南京路上好八连党支部”的名义发表在《人民前线》报。）

85.学习毛主席著作、马列著作情况汇报

连队党支部：

随着批修整风运动的深入，我们越来越深刻地感到："我们的斗争需要马克思主义。"最近以来，在党支部的领导下，在全连学习高潮的推动下，我们遵照毛主席关于"认真看书学习，弄通马克思主义"的教导，认真地抓了一下学习，对班里的工作起了较大的推动作用，现将我们班的学习情况，向党支部汇报，以便取得明确的指示和具体的帮助，使其引向深入。

一、基本情况

我们班共10人，其中1个高中，4个初中，2个高小，2个初小，1个文盲。文化水平不是很低，但也很有限。在今年新同志到连队后，相对地说理论水平较差一些（包括有文化的在内）。2月，在对中央文件的学习中可以体现出来，不但讲不深，而且"卡壳，根本讲不出来"。批修的实践使大家越发感到，我们要搞马列主义，就要学马克思、列宁。毛主席教导说："要教育干部懂得些马克思主义，懂得多一些更好，就是说要搞马克思主义，不要搞修正主义。"遵照毛主席关于"懂得多一些更好"的指示，我们班于二月底，就有关学马列的问题进行了研究和讨论。从而提高了认识，制定了措施，推动了学习。

近来，我们重点攻读《毛泽东选集》，主要攻读了《星星之火可以燎原》、《改造我们的学习》等文章。遵照毛主席"要自学，靠自己学"的教导，主要抓了自学。近来，班里都不同程度地攻读了毛主席的不少著作，有的进度较快，已经从头学起，近占选集的三分之一，有的较慢些；心得体会有的写得多些，有的少些，但都超过了我们的计划，而且比较有分量，比较朴实，能联系实际。此外，我们还有步骤地组织学习马列的一些经典著作。采取"徒步"行军，发扬"移山"精神，啃完了《共产党宣言》。由于我们认真地抓，坚持地学，理论水平有了相应的提高。从目前来看，学习的

自觉性比较强。你只要一进班里，就有一个学习空气很浓的感觉。如借灯火看书的黄德红、邹世军、王家全。开始尝到了一些甜头。大家深感到：学不学大不一样，看不看大不一样，钻不钻大不一样。正如有的同志说的："过去哪知道什么《宣言》不《宣言》，这个那个的，现在就不同了。"

二、基本抓法

（一） 抓认识，不断扫除思想障碍

遵照毛主席"思想上政治上的路线正确与否是决定一切的"教导，我们先抓了思想认识，以便奠定思想基础。开始有的同志感到：学习谁都想学，认识上不存在什么问题，其实不然，比如，由于学习上的困难，产生了畏难情绪，丧失信心；由于基础较差和接受能力慢等原因，产生了我不想当"理论家"，与我无关，可学可不学的思想；由于工作学习的矛盾，产生慢慢来，明日复明日的观点等。这都对学习产生极大的阻碍，不经常解决是不行的。我们是从几个方面提高认识的：

一是从路线斗争高度看"认真看书学习"的重要性。认识到党内两条路线斗争是不可避免的，要搞马列主义，就要识别批判假马列主义，掌握运用马列主义。因此根本问题在于学习马列和毛主席的书，用其思想武装头脑。

二是从我们本身的理论水平低看"认真看书学习"的必要性。充分认识到理论水平低的全部原因在于我们对马列、毛主席著作学的少，钻的不深。

三是从当前的路线斗争看"认真看书学习"的迫切性。深刻认识到我们在路线斗争中上当受骗主要根源在于学习不够，要深入批修，关键在于弄懂弄通马列主义、毛泽东思想。大家说："深入批修，必须弄懂弄通，弄懂弄通才能深入批修。"

四是从共产主义大目标、我们青年人的革命重任看"认真看书学习"的深远意义。这样，不断提高认识，增强自觉性。如班里战士刘华芝，一次去营部开团委会，路过南京路时停留了几分钟，本想给妹妹买衣料，但想到班里同志缺“三论”学习，就依然跑到了书店，买了18本马列著作。老战士薛景祥，孟庆昌文化低，不会写笔记，就抄《雷锋日记》。不少同志晚上熄灯后总得跑到俱乐部看一会书才睡觉，养成一种良好的看书学习习惯。

（二）抓检查，搞一些相应的措施。

列宁教导我们：“我们要给自己规定这样一个任务，第一是学习，第二是学习，第三还是学习，然后要检查。”我们感到：学习不能没有个制度。就是自己学习也应当给自己施加一些压力，提出一些要求。当然，有了制度不去落实也等于零。开始出现学是想学，但不肯下功夫，用力气，不愿刻苦；而喜欢追求依靠意外便利，如等辅导，以看报代替学马列等。我们根据这些实际情况定了一些措施，同时提倡和强调自学。措施的内容是：

（1）规划，在一年内争取通读《毛泽东选集》，（除文盲战士外）有阅读能力的结合通读马列的6本经典著作。

（2）制度，每天坚持自学40分钟左右，每星期写1～2篇心得体会，一月交流一次学习体会。

（3）组织一个学习小组，由组长、副组长、辅导员组成。（其分工是组长黄明光，副组长张林海，辅导员刘华芝）

（4）每星期集体组织一次学习，时间一小时左右。（一般安排在星期天，可根据连队工作情况变动，补上）学习小组经常检查学习情况，表扬好的，促进差的。

此外，我们还有目的有重点地搞一些理论学习考核，促使大家去翻书。这样书翻得多了，印象就会逐渐加深，甚至第几版第几页就清楚了。我们还经常引导大家问自己：今天看了哪几页书，写了哪些体会，弄懂了什么问题。书读了没有，问题钻了没有。没有，下一步怎么办？当然，我们这样做并不是不相信大家，而是起促进勉励的作用。

另外，我们的学习制度也不是“雷打不动”的，而是随动随变的。如，我们规定40分钟左右，是左是右没有规定；时间安排在星期天也不是绝对的。如果什么都绝对化，势必坚持不了。工作来了总得做完嘛。我们感到：学马列和毛主席著作关键在于自觉性和坚持性。没有自觉性，牵着鼻子革命是不行的。不长期坚持是不会得到什么知识有什么好的结果的。坚持要有恒心，不能做像毛主席批评的那样“这也不可能，那也办不到，半点马克思主义的雄心壮志都没有”的那种人。

（三）抓结合，在弄懂弄通上花时间、用力气。

攻读马列和毛主席的书，攻读攻读就是说要弄懂弄通。因此，我们注意抓住几个结合。

（1）读原著与抓基本观点相结合。

开始有一种反应，觉得我们这样的文化程度较差的人，读原著等于“瞎子看通书”——不懂，不如抓一些基本观点，既省事又过得去。我们感到：要抓基本观点，必须坚持读原著。只有坚持一本一本地读，才能抓住基本观点。也就是说，要了解全过程才能弄清它的核心观点。一本书不去通读全文是不会真正了解那本书的。比如讲神话小说《西游记》，听人说孙悟空有七十二变，可没看过的人，就不知道它怎么变法子。列宁说《共产党宣言》是天才著作，至今有很高的价值，我们这次通过学习，才有了新的认识和理解。高度概括起来，《共产党宣言》始终讲了阶级斗争问题。对此，我们过去也曾听人家说过，但具体内容，马克思怎样分析的就不知道了。这次，我们联系批判过去林彪等机会主义分子，最喜欢用断章取义的手段来阉割马列主义、毛泽东思想，使我们上当受骗。因此我们纠正过去在读书上的懒汉思想，不再用看报纸来代替读马列和毛主席的书，坚持一本一本地读。

今年以来，我们花了3个月，用了近20个小时，采取一读二议三理解四联系的方法，读完《共产党宣言》。通篇读，了解全文大意；分段读，理解各段含义；反复读，领会基本原理；联系批，看机会主义分子篡改马列主义的手段和本质，批判假马列主义辞藻，分清是非。如大家在学习《共产党宣言》的基本思想时，开始，什么“这一时代那一时代”，“精神的和政治的”都不懂。通过学习通读，就知道了马克思是怎样从阶级的起源谈到阶级斗争，从阶级斗争谈到无产阶级的历史使命，政党的诞生及其任务，以及实现共产主义的措施，最后谈到继续革命问题和用暴力推翻现存的社会制度。大家联系毛主席关于解放全人类的教导，就认识到：无产阶级只有坚持阶级斗争和无产阶级专政，才能从资产阶级下解放出来。而且要坚持无产阶级专政，就要实现第一步——争得民主，即夺得无产阶级专政。谈到这些时，大家说：现在我们在世界革命中还没有走完第一步，因为世界上还有许多人民尚处在被压迫奴役之下，许多国家政权还掌握在帝、修、反手里。因此我们必须努力奋斗，用我们的辛勤劳动来实现共产主义。这样就自然地和艰苦奋斗联系起来，就学得比较实在易懂。因而艰苦奋斗思想也更坚定，更增强。班里战士邹世军看到老同志上交的鞋子烂了，就专程去买锥子，把上交的鞋子补好。王家全接过连队工具箱，天天干到深夜，他说：“能为国家节约一分钱，就是为国家出一份力。”

（2）认真读书与深入批判相结合。

读书中，弄不懂、弄不通的一个重要原因，就是不会运用马列主义的观点批判假马列主义的观点。不会运用批判的方法去辨别是非，识别真假，分析问题看实质。开始，我们在学习中，遇到一些问题，觉得反过来也是对的，反过去也不知错在那里，搞得稀里糊涂。比如马克思对“公妻制”的批判问题，教育、家庭问题，工人没有祖国等观点。实践中，大家深有体会地说：“马列主义、毛泽东思想正是在同各种错误思想和错误路线做斗争中发展起来的，几乎每一篇都离不了批判。”因而学习必须掌握批判的方法，一定要结合批判，离开了批判就会弄不懂弄不通，学不透，钻不深。为此，我们读一段马列和毛主席的书，看一看国际共产主义的历史；联系党内两条路线斗争史，辨一辨哪是正确的，哪是错误的。采取多提出问题，多争论问题，多分析研究的办法，以弄懂弄通为标准。比如我们在学习阶级斗争时，就联系党的基本路线和几千年来的阶级斗争史，批判“阶级斗争熄灭论”；学习马克思关于争得民主用暴力夺取政权时，就联系毛主席关于“枪杆子里面出政权”的教导和党的二十八年武装夺取政权的历史，批判陈独秀不要枪杆子和瞿秋白的“枪杆子里面怎么能出政权”的错误观点；学习无产阶级专政及继续革命问题时，就联系马克思说无产阶级夺取政权以后必须对资产阶级实行强制性干涉，批判托洛茨基的“不断革命论即一次革命论的观点。”

在学习中，我们重点联系我国社会主义时期的两条路线斗争，结合联系这一时期的大事件，如资本主义工商业的改造，农业合作化运动等等，细心体会马克思在《共产党宣言》中所说的：“无产阶级将利用自己的政治统治，一步一步地夺取资产阶级的全部资本，把一切生产工具集中在国家即组织成为统治阶级的无产阶级手里，并且尽可能快地增加生产力的总量”的教导，深刻认识到：要做到这一切就必须坚持无产阶级专政。通过这样的读、批、辨，就越学越懂，越学越尝到甜头。比如我们批判林彪在“五·七一”黑纲领中骂毛主席是秦始皇时，开始只知道是谩骂。通过学习马克思和毛主席的教导，认识到不但是谩骂，更主要的要害是攻击无产阶级专政。大家说：“这种谩骂实际上是说我们杀反革命太多了，他们胆颤心惊。反革命就是要镇压、要杀、要打翻在地，再踏上一只脚。”这样，再联系“五·七一”里头说的“要解放过去在政治上受压的人”，就越发看清了他们的狰狞面目。这使我们体会到：批判少不了读书，读书离不开批判。只有认真地读，深入地批，才能真正达到弄懂弄通的目的，取得实质性的效果。

（3）学习理论与工作实际相结合。

理论联系实际是我们党的优良作风，后来林彪搞了个“急用先学，立竿见影”，对学习通读马列影响很大。对此，我们一方面进行批判，一方面进行纠正。如什么是立竿见影，怎样才能联系自己的思想实际，运用到我们的工作和思想改造实际中去。对于这个问题，我们也没有较好地解决。我们在学习《共产党宣言》时，对

《共产党宣言》阐明的阶级斗争观点，感到要坚持阶级斗争，坚持无产阶级专政，就要紧握枪杆子，联系我们的实际就是要苦练杀敌本领。恩格斯在《法兰西内战》战序言中，三次谈到资产阶级妄图要工人阶级放下武器的教训问题，毛主席一而再，再而三地告诫我们要握紧枪杆子。我们觉得联系实际一是要解决思想问题，二是要立足于把本职工作做好。

几个月来，我们班在军事素质上较之过去有了大的提高。开始全连投弹全连最差，有的只投8米、15米；射击也差的有名。经过几个月苦练，改变面貌比较快。大家说，我们要搞马克思主义，就要在工作中落实马克思主义。班里二次考核，一次正式射击都比较好，优秀良好的占大多数。投弹由原来的平均20几米，上升到37米多。取得成绩后，我们在读书中又回过头来边学边谈体会，这样理解就比较透，不抽象，效果就比较好。有位新战士晚上早起去练投弹，班长劝他注意休息，他表示要学习雷锋爱憎分明，坚持苦练提高杀敌本领。

我们在学习马列、毛主席著作上，主要做到：一是正确处理工学矛盾，坚持工作忙学习不放，任务重学习不松；反对强调客观。二是建立一个必要的学习制度，做到检查，落实，有效；反对流于形式。三是坚持一本一本地读，反对走捷径。四是不搞千篇一律，平衡上升，贯彻能走就走，能跑就跑，能飞就飞，开展一个学习竞赛；反对慢慢来的思想。五是在弄懂弄通中，贯彻毛主席各个击破的思想，精益求精，不赶篇数，强调自觉，长期坚持；反对读了几本书能抵挡一阵子思想。我们感到：学习马列、毛主席著作，说难是相对的，不难是绝对的。去学，去看，去钻才是真正的经验。不去看，不去学，不去钻，就如同你不认识不了解一个人，不和他见面，永远也不会认识、了解一样。

我们在学习上才只是一个开始，仅仅迈出了第一步，完全是党支部正确领导的结果。党支部经常给我们鼓励，这是强大的动力。党支部成员经常在百忙中深入到班里给我们辅导，同时为我们培训辅导员，给我们创造了良好的条件。党支部在看书学习做出的榜样给了我们极大的影响和教育。

三、存在问题

我们的学习刚开始，存在的问题还很多，主要表现在以下几点。

（一）组织能力上还有差距。这是由于辅导小组本身学习不够了，水平不高。有时准备充分就更好些。

（二）弄懂弄通上还钻的不深。有时工作忙起来遇到问题会放手，攻读精神不足。

（四）由于文化基础不平衡，因而学习上死角较大。

（五）由于过去学的少，难度较大。

四、几点要求。

根据存在的问题，我们要求：

（一）文化基础是学马列、毛主席著作的前提。因此，党支部是否花一些精力，解决一些同志文化低的问题。立足当前工作，做长远打算。

（二）请党支部再多派一些文化较高的同志来辅导，以利于促进学习。

（三）搞好连队的学习要落实到班里，班学习的好坏，直接影响到全连学习的好坏。因此，我们希望党支部多给我们指点、帮助。

（四）辅导员学习有很大作用。因此，须加强对辅导员的培养。也可结合连里学习实际，由连部组织连里辅导组，采取官教兵，兵教兵的方法，组织到各班辅导学习。这样既可辅导文化低的同志学习，又可从中培训辅导员。

附：十五道理论学习提纲和学习体会。

（一）十五道理论学习题是：

1、《共产党宣言》的基本思想是什么？（《共产党宣言》第7页）

2、现代社会阶级有哪两大阵营？（《共产党宣言》第24页倒数第4行）

3、到目前为止的社会发展史是什么历史？（《共产党宣言》第23页倒数第1行）

4、阶级斗争是社会发展的什么？（《共产党宣言》第24页第3行）

5、工人阶级革命的第一步是什么？（《共产党宣言》第44页倒数第5行）

6、共产党的理论用一句什么话来概括？（《共产党宣言》第38页第2行）

7、一般概括地说，无产者指谁？资产者指谁？现代中国社会指谁？

8、无产阶级取得政权后，对资产阶级应该怎么办？（《共产党宣言》第45页第1行）

9、实行共产主义应该采取哪些措施？（《共产党宣言》第45页）

10、《共产党宣言》讲了几个问题？哪几个问题？中心思想是什么？

11、共产党人的目的用什么才能实现？（《共产党宣言》第58页倒数第3行）

12、无产阶级革命的行动口号是什么？（《共产党宣言》的最后一句）

13、马克思提出了哪两个彻底决裂？（《共产党宣言》第44页）

14、德国的社会主义是什么货色？（《共产党宣言》第51页）

15、为什么说无产阶级的胜利和资产阶级的灭亡是不可避免的？（要求按照马克思的说法回答）

（二）学习体会（略）

（注：这是1973年作者当时作为“好八连”七班班长，根据全班的学习情况，向“好八连”党支部撰写的汇报材料。）

86.为党的事业带好兵建好连

——“好八连”连长王振华的带兵体会

八连连长王振华同志，自1964年担任排长以来，中间当过副指导员，1970年又做连长工作。在他担任干部的9年中间，一直是兢兢业业，任劳任怨，一心扑在连队建设上，一心贴在全连每一位战士的身上，为连队建设做出了较大的贡献，得到了干部、战士的好评。

王振华努力学习马列、毛主席著作，在工作中不断总结经验教训。因而，思想水平和业务能力不断提高，他在实践中体会到：当好连长，最重要的就是要对战士在思想上要引，在作风上要带，在管理上要严，在生活上要爱。下面是他的一篇发言稿（摘录）。

（一）思想上要引

我们的战士都是生在新社会，长在红旗下，热爱伟大领袖毛主席，热爱党，热爱社会主义祖国，好学上进，这是最根本的。但是“在阶级社会中，每一个人都在一定的阶级地位中生活，各种思想无不打上阶级的烙印。”他们的思想难免要受到一些非无产阶级思想的影响。“必须善于把我们队伍中的小资产阶级思想引导到无产阶级革命轨道。”要把帮助每一个阶级兄弟迈好前进中的每一步，当成自己最根本的任务。因此：“领导领导，就是要善于引导，我们的工作就是做好人的工作，就是要把每一个战士带到毛主席的革命路线上。”

要引导战士牢固树立全心全意为人民服务的思想。全心全意为人民服务是我军的唯一宗旨，是我们的战士必须具备的最基本的思想，因此，干部的责任就是要帮助他们树立全心全意为人民服务的思想，教育他们为中国和世界的大多数人谋利益。有一件事对我们教育很深，战士严伯川，刚来部队劲头很足，工作总是抢在前面，可是不久，他那股子热情冷了下来。是什么原因呢，对他进行了教育，可是收效不大。第二次，又找他谈话，问他家里有多少人，父母过去都干什么？当小严谈到自己家在旧社会的遭遇时，我们启发他阶级觉悟。终于使小严谈到了这样的思想：他在家是个篾匠，每月可挣60元，当兵一个月拿6元，一年才有五六十元，感到当兵吃了亏。了解了他的思想实际后，我们就对症下药，和他一起忆连史室里老同志的战斗情景，讲“一分钱”的故事，用老同志的优秀品质教育启发他树立全心全意为人民服务的思想，引导他当兵不是为钱，如果为钱，就会丢“线”。小严想起老同志为人民几十年的艰苦奋斗的精神，助人为乐的共产主义风格，勤俭节约的好思想，心里感到很惭愧，开始意识到自己的思想上了邪道。接着我们又和他一起学习毛主席的《为人民服务》这篇光辉著作，使小严心里明亮起来，明确了奋斗目标。最后我们语重心长地说：“小严啊，老同志说的好‘金钱是微不足道的，它既不是幸福的象征，更不是人生的目的’，我们要的是用金钱买不到的共产主义。我们可不能为了钱而忘掉‘线’，忘掉革命的大目标啊！”后来，小严朝气蓬勃，处处为人民做好事，还写信教育家庭和亲友，受到大家的好评。

要引导战士正确认识和对待个人的进步。对于这一点，我们从战士张胜贵的思想反复中得到了启示。张胜贵提拔了副班长后，觉得领导信任自己，说明工作干得不错，这下入党就有了条件了。过了一段时间，他看到有的新同志也入了党，就有些泄气了，怪支部不培养他，渐渐地放松了自我要求标准。对此，我们一次又一次找他谈心，一起学习毛主席的哲学著作，从内因和外因的关系讲到入党和实现大目标的关系，介绍了四次荣立三等功，经受党的长期考验的饲养员陆冲林；为革命拼命干的“老黄牛”许金龙等同志的战斗事迹，使小张深刻受到教育。他逐渐认识到：我们所处的外因是好的，在这样的条件下，决定进步的是自己的内因。小张有了新认识后，我们又建议支部给他创造新的锻炼机会，让他单独去执行生产任务。当他从生产组回来后，大家都称赞小张变了。可是在前进的道路上小张又有了新的反复，他感到这下子应该轮到我了。针对这一问题，我们又和小张一起谈心，并给他讲刘胡兰、王杰，用自己的鲜血和行动来填写入党志愿书的事迹。小张又一次受到极大教育。他在一次又一次的反复中不断成长起来了。在小张退伍离队时，我们又找他谈心，他坚定地表示：“绝不辜负党对自己的培养教育，一定把连队的作风带到地方上去生根开花。”由于从思想上把住了关，小张到农村后表现很好，不久，就被贫下中农推选为生产队长。

要引导战士为共产主义大目标奋斗终生。我们经常不断地对战士进行大目标教育，引导战士为共产主义大目标而奋斗。因为：只有使战士明确我们的奋斗目标、明确前进的方向，才能有效地引导战士在正确的轨道上前进。因此，我们利用一切机会不断地对战士进行大目标教育。新战士入伍后，给他们讲全心全意为人民服务的道理，使战士懂得接班与“接官”存在根本区别；新党员入党后，给他们讲入党就要为共产主义奋斗终生；老战士退伍，我们更是感到，在这个新的转折点上，要为战士的将来着想，帮助他们把准方向，认准目标，在新的岗位上为党的事业中献身。在这一方面，老战士程国友是深有体会的。他得肺结核住院几年，病愈后仍留在连队服役。在整整5年的战斗岁月里，不论在医院，还是在连队，我们都能关怀备至，使他端正了服役态度，学习工作都很认真，在退伍时，受到大家一致好评。

（二）作风上要带

伟大领袖毛主席教导我们：“政治路线确定之后，干部就是决定的因素”。连队的干部共同体会到：“火车跑得快，全靠车头带。作风不失传，关键在干部。”干部是承上启下的纽带。要把我党我军的优良作风在连队发扬光大，干部就必须以身作则做出样子，点点滴滴来培养。

我们想：“干部的样子，就是群众的尺子，干部有什么样作风，部队就有什么样的作风。”因此，要求战士做到的，自己首先做好。处处以自己的模范行动去带动每个同志，我的被子盖了十多年了，补了很多补丁，有的同志劝说：“连长，该换一床了吧！”我总是答复：“比比老同志的，这还算是新的呢！补补还可以顶几年。”短短的几句话给了同志们很多感动。我们认为：“革命战士应该自觉做到生活上要低标准，工作上要高标准，从点滴小事上严格要求自己，”一次司务处准备上交旧军装，通讯员发现我刚换下的裤子破得实在难补了，便悄悄到司务处换了一条。晚上，我拿出针线包准备补裤子，一看不对头，问了连部的同志才知道是换了，我把通讯员叫到跟前说："换条裤子是小事，可是换掉了连队的作风是大事呀，我们经常将向老同志学习，就得有实际行动"。我重新换回那条破裤子一针一线地缝了起来。这件事对连部的同志产生了影响，以后都注意勤俭节约了。

我们认为：部队成分新，新同志刚到部队，还不同程度地带着一些自由散漫的作风，对部队的作风一时还适应不了，要尽快缩短从老百姓到军队的距离，不但需要我们干部以身作则做出样子，还必须从点点滴滴中去培养他们到各种环境中去带他们。为此，主要注意了以下几个方面。

一是带艰苦奋斗的作风。艰苦奋斗是我军的政治本色，带作风首先要带艰苦奋斗的作风，我们经常向同志们讲革命老前辈爬雪山、过草地艰苦奋斗的事迹，介绍连队老同志牢记"两个务必"，身居闹市，一尘不染，自觉为革命节约一滴水、一分钱、一粒米、一度电、一寸布的事迹。新同志一入伍，我首先教育他们如何接好老同志传下来的草鞋、针线包、自糊信封"三件宝"，带他们到连史室参观老同志留下的一件件"传家宝"。吃饭时，他发现地下丢了几粒米，就捡起来给大家算一算"一粒米"的细账，讲讲连队老同志爱粮如宝的事情。训练器材不足，我们发动大家动脑筋想办法。我们体会到：艰苦奋斗的作风要靠平时点点滴滴地培养，干部就要在点点滴滴上下功夫带艰苦奋斗的作风。

二是带吃苦耐劳的作风。毛主席教导说："我赞成这样的口号，叫作'一不怕苦，二不怕死'"。"两不怕"的精神不是一时可以养成的，要经过长期的培养。好铁不炼不成钢，好苗不受风霜不成材，革命战士必须在艰苦的环境中磨炼，才能担负起保卫祖国建设祖国的重担。我们经常注意把部队带到艰苦的环境中培养吃大苦耐大劳的作风。今年新兵第一次实弹射击，部队刚带到靶场，就下起了雨，当时有的新同志私下议论："下这么大的雨怎么打靶呢？还是快躲一躲雨吧。"我们听了战士们的议论，对大家说："这场雨下得好，正是锻炼我们的好机会。"于是拿过一支枪，走上靶台，卧在泥水中，给战士做了个示范。新同志看到我们带头干，顿时情绪高昂，大家一个个毫不犹豫地卧在泥水中进行射击，取得了较好的成绩。同志们高兴地说："今天咱们打了个落雨奋战、真痛快"。新同志经过一次又一次的磨炼，吃苦耐劳的作风不断加强，大家不管在怎样的艰苦环境下，还是执行什么艰巨的任务，都是斗志昂扬，精神抖擞。连队到崇明到执行三队任务，一上岛就立刻投入了三夏战斗，农场给连队一百亩田，全连干战发扬大干苦干的精神，晴天一身汗，雨天满身泥，不少同志肩磨肿了，脚划破了，眼煞红了，从没说声苦累。我们连干部和同志们一样风里来、雨里去，带领大家干，哪里活重就出现在哪里，对同志们鼓舞很大。搞群众工作的同志晚上到大队工作10点多钟才回来，第二天照常和大家一样一点钟起床下地。新战士昂正国脚划破了一道口子，又去干了。大家你追我赶，提前完成了任务。我们从中体会到：敢于把部队在艰苦环境中棒打，才能培养出吃苦耐劳的作风，才能使每个同志树立以苦为荣，以苦为乐，为革命敢于吃大苦的思想。

三是带雷厉风行的作风。部队是个战斗队，随时准备歼灭入侵之敌，如果没有一个雷厉风行的战斗作风，平时就不能完成任务，战时就不能消灭敌人。一次，上级要求连队迅速赶到某地执行任务，当时接到命令时还有40分钟，部队还没有吃饭，谁知在这时炊事班来报告饭还需要延迟20分钟才能吃，如要等吃饭不能按时到达目的地，不吃饭同志们能否更好地完成任务，想到这里毛主席的《三大纪律，八项注意》教导在耳边响起，就是"一切行动听指挥"，在战场上时间就是胜利。想到这里我们毫不犹豫地把部队集合起来，进行简短动员。没有吃饭，提前赶到目的地。我们感到：只有带领部队在平时对上级的指示不折不扣地贯彻，迅速地落实，战时才能对上级的命令坚决地执行，就能拉得出，冲得上，打得赢，胜利完成任务。

（三）管理上要严（略）

（四）生活上要爱（略）

（注：这是1972年作者和赵光云同志根据连长王振华口述，整理出来的参加南京军区表彰大会的发言稿，可惜最后两节已遗失。）

87.在大、中、小学汇报学雷锋的体会

同学们、同志们：

今天，有机会到这里来，向同学们、老师们学习，学习你们的好思想、好作风、好经验，感到很高兴。这本身就是对我们的帮助、教育、鼓舞和鞭策。你们对连队建设很关心，为此，让我代表全连的同志们向你们表示衷心的感谢！

今天要我来向你们汇报连队学雷锋的情况，可汇报什么呢？我们学雷锋没你们学的自觉，工作没你们做得好，离党和人民对我们的要求还相差很远。因此，我只好将在连队所受到教育的一些情况和片断，向同学们、老师们、同志们做个简略的汇报。

同学们，1963年3月5日，伟大领袖毛主席亲手为共产主义战士雷锋同志题词，号召全党、全军、全国人民“向雷锋同志学习”。到现在已经过去十年了。十年来，我们连队在党支部的领导下，热烈地响应了毛主席的伟大号召，开展向雷锋同志学习活动，促进了党、团员的思想革命化，加速了连队建设的步伐。尤其是“九·一三”事件后，在毛主席革命路线指引下，我们认真学习了毛主席关于青年工作的指示，进一步掀起了向雷锋学习的高潮，推动了连队批林整风运动的深入，增强了刻苦攻读马列、毛主席著作的自觉性，提高了阶级斗争和路线斗争觉悟。

雷锋是一个用马列主义、毛泽东思想武装起来的战士。有了像雷锋同志这样的无产阶级革命事业的接班人，我们的党就有了希望，我们的国家就不会改变颜色，我们的革命就不会半途而废，就能完成我们伟大的历史使命——解放全人类。可是，我常常想，我们作为一个工人阶级、贫下中农的后代，怎样使自己成长为像雷锋那样的无产阶级革命事业的接班人呢？我深深地体会到：我们革命青年要想接好革命的班，就必须走雷锋成长的道路，而绝没有第二条道路可走。

就拿自己来说吧，两年前，我从赣南中央苏区来到八连。记得当我离开家乡的时候，老苏区的人民都对我寄予无限的希望，老支书特地从远处赶回来，含着激动的泪水，拉着我的手说："好孩子，当上解放军，可要握紧枪杆子，保卫我们的红色江山；到了大上海，可不要忘记毛主席率领红军在井冈山，在瑞金、兴国穿草鞋，喝南瓜汤的事儿"。

当时，我可高兴啦，决心可大啦！想得很多，也想得很远。但那时候的想法，现在看来包含着幼稚的成分。决心为共产主义奋斗，但不知怎样奋斗；想为人民做出点贡献，但缺乏思想基础。比如讲，我刚来到八连的时候，老同志送我三件宝，我想，南京路马路宽又广，油光铮亮，又不是咱们山区崎岖不平的羊肠小道，穿草鞋有啥意思？再说，一分钱建不起高楼大厦，一粒米填不饱一个人的肚子，一粒水解不了渴，一寸布抵不了寒风；我是来保卫祖国的，难道草鞋、针线包、纸糊信封还能保卫大上海吗？

然而，正是连队的老同志深深地教育了我。就拿连队老战士张某某来说吧，他入伍几年如一日，利用休息时间为同志们补鞋子几百双，手锥破了，包一包继续干，休息少了，揉一揉眼睛再干。有一次我特意趁他补鞋子的功夫问他：你这样一天到晚修修补补不累吗？补一双鞋又能节约几个钱？他告诉我说："咱们不光是为了节约几个钱。节约固然是一方面，但更重要的是培养我们艰苦奋斗的思想。"话很短，对我却教育很深。毛主席说，"人是要有点精神的。无产阶级的革命精神是从艰苦奋斗里培养出来的。"我想，是啊！老红军就是靠草鞋精神，爬过了雪山，走过了草地，到达了陕北。连队老同志正是靠这种精神，在南京路上顶"香风"，战"毒雾"，保卫了祖国，保卫了大上海。

我似乎明白了，艰苦奋斗不就是保卫大上海的武器吗？从此，我学着老同志的样子，平时处处注意节约，从不乱花一分钱。今年2月，我和几个同志在外集训，当我们从广播里听到了四川发生地震时。想起雷锋平时省吃俭用，艰苦奋斗，甘当革命的"傻子"，把平时节省下来的钱，寄给灾区人民。大家就主动组织起来，把平时节省下来的津贴费上交，表达我们的一点心意，我体会到：一个人要想为人民服务，就必须具备这种艰苦奋斗的精神。对于艰苦奋斗的事迹，同学们也是对我们教育很深的。1969年，我们连队在徐汇区支左，老同志秦某某有一件衬衫补了130个补丁，重一斤七两，有一个同学看他穿得这么烂，又穿着草鞋，笑他是“草鞋叔叔”，说这件衣服丢到垃圾堆里都没人要。后来，秦修海以自己的实际行动教育那位同学，给他们讲艰苦奋斗的伟大意义，教他们打草鞋，使这个同学变得很快。有一次，那个同学穿着草鞋去看电影，一个女检票员看他穿草鞋不让他进去，那个同学一看这个女检票员穿着尖头皮鞋，受资产阶级思想影响较深，于是问这个检票员说：“我学习老红军穿草鞋，朴素大方，却不能进电影院；你学资产阶级穿尖头皮鞋进进出出，难道是你们电影院的规定吗？”女检票员脸红耳赤，不耐烦地说：“快进吧，我不给你啰唆。”那个同学站在她面前说：“你不给我啰唆，我倒要给你啰唆几句，我看你应该好好改造思想，跟上我们这个时代。”

连队党支部经常教育引导我们：学雷锋不但要学他艰苦奋斗的精神，更要学根本，学他刻苦攻读马列和毛主席的书。咱们连队一位副指导员文化水平低，学习上难度很大，可是他的刻苦性，坚韧的毅力很教育人。他长期害眼病，眼睛红肿，痛得厉害，每天要滴几次眼药水，可他每天坚持看书学到晚上十一、二点，常常为弄懂一个问题熬到深夜。他不仅平时一点一滴挤时间学，特别在执行艰巨任务时做到：工作再忙学习不放，任务再重学习不松，成为连里学习的模范。他常对我们说：“雷锋所以能成为一个伟大的共产主义战士，最根本的原因在于他刻苦攻读马列和毛主席的书，自觉把毛泽东思想当作粮食、武器、方向盘。因此，我们学雷锋，就要发扬雷锋的‘钉子’精神，把学习摆在首位。”我学习马列和毛主席著作是在大家的影响下才取得一丁点收获的。

我自己文化也很低，学习上困难比较大。尤其学习马列的书，由于过去学得少，历史又有好多不懂，因而拦路虎多，有时一句话也念不顺，甚至看几遍也不知道东南西北，说的什么意思。加上工作学习之间的矛盾，信心就不足。比如我在学习《反杜林论》这部巨著时，开始自己想，像这样的理论高峰，我们这样文化水准的人根本无法攀登，什么时间、空间、电子、化学元素、自然等方面的知识根本不懂。当我看到伟大导师恩格斯，为了批判杜林，捍卫马克思主义，花了8年的时间，触及各方面的知识。自己就想，革命导师花8年时间，我们呢？从毛主席发出要多读点马列主义的书算起，至今才一年多点时间，学习马列怎么会没有困难呢？于是自己就下苦功夫。白天工作忙，就每天晚上睡觉前，跑到俱乐部学上个把小时，有时看电影看戏，也带上书，在没开始前看上几页几行，养成像雷锋那样“善于挤善于钻”的习惯。有一次，连里拉到东海滩围海造田，那时确实十分艰苦，到处是烂泥滩，到处芦苇丛生。我们从早晨5点干到晚上7点，一天干十几个小时，很难挤出学习时间，于是就在蚊帐里，用手电筒照着坚持读书，一个月内啃完《国家与革命》。两年来，自己反复看完了《毛泽东选集》一至四卷，攻读了《哥达纲领批判》《共产党宣言》《无产阶级革命和叛徒考茨基》以及“三论”等马列著作。我体会到：对于马列的书就是要去啃、要去钻、要去学。你不去啃、不去钻、不去学，就如同你不认识、不了解一个人，不和他见面永远也不会认识了解一样。比如今天，在座的我都不认识，为什么呢？因为没见过面。而你们的张老师王老师我就比较熟，因为我们已经是第二次见面了，如果在一起工作一段，就会慢慢地了解他们，更好地向她们学习。因此，如果要有什么经验的话，去看去学去钻，就是学习中的宝贵经验。学习中，做到越难越要钻；遇到问题多问几个为什么？

例如，在学习《共产党宣言》中“两个不可避免”时，为了弄懂弄通为什么说无产阶级的胜利和资产阶级的灭亡是同样不可避免的，既然不可避免，又怎样来理解继续革命。在党支部的引导下，通过翻阅许多书，综合马列多方面的教导，认识到：两个不可避免是在许多条件下产生的，只有通过无产阶级对资产阶级的斗争，才能在战斗中实现“两个不可避免”。因此，是不是坚持无产阶级专政下的继续革命，是关系到党的事业成败的大问题。正如连里过去的老同志所说：共产主义不会从天上掉下来，要靠毛泽东思想指引，靠我们大家去创造。

雷锋有四句名言：“对待同志像春天般的温暖，对待工作像夏天般的火热，对待个人主义要像秋风扫落叶一样彻底，对待敌人要像严冬一样残酷无情。”我的体会是：学习雷锋鲜明的阶级立场，自觉地苦练杀敌本领，才会对人民爱、对敌人恨；有一套为人民服务的本领，才能为人民多做事，多做贡献。雷锋在他的日记中，常常说到要走又红又专的道路。我们学军事也和你们现在读书一样，是我们必须学会的业务工作。没有过硬的本领，敌人来了打不倒，保卫祖国就是一句空话。对此我也是才认识到的。以前在学校时，也认为反正读了书也是种田，天天和泥丸打交道，不读书不要紧。事实上，从某种意见上说，农村比城市更需要文化。读个报，办个学校，辅导学习毛主席著作更要文化；记个工，算个账要有文化，开拖拉机、搞基本建设、建设社会主义新农村哪一项少得了文化。到部队后也曾一度认为，学军事没有必要。一来觉得打仗有勇敢就行了，甚至错误认为反正当不了一辈子兵。但这些错误的想法很快就得到了批判。有一次，连首长叫我指挥一个排，由于自己不懂，结果没搞好。当时连长语重心长地对我说：“干革命没有技术可不行啊，平时不要紧，战时就会给人民带来损失，哪还谈得上对人的爱，为人民服务呢？”我是想啊，一个革命的人，应该像雷锋那样多学几手，干一行，爱一行，专一行，拧在哪里都像一个永不生锈的螺丝钉，闪闪发光。一个人不会在学校读一辈子书，也不可能在部队当一辈子兵。但是不管到哪里，如果要想做革命人的话，你一辈子就脱离不了革命，离不开解放全人类的战场。

通过开展向雷锋学习，我们连队4次实弹射击都在95%以上的及格率，投弹也在优秀以上。就拿我们班来说，在党支部的领导下也取得了一些进步。开始，由于新同志到连队，军事素质较差，投弹只有6米、8米、22米，6个新兵只有一个及格，差得在全连出了名。学了雷锋苦练杀敌本领的事迹，新战士小王投弹投不远，天天利用休息时间练，手臂痛得不能拿筷子吃饭，班长发现后劝他休息。他说："我要学习雷锋。雷锋不及格就是硬坚持苦练，才投优秀的。"于是他早晨4点起床，悄悄躲过大家，咬着牙坚持苦练。经过一段时间的苦练，我们班射击3次打靶都满堂红：6个优秀、2个良好、2个及格；投弹平均达到良好以上。实践中体会到：不想为革命学技术，钻业务；不想读书学知识，学本领，归根到底是不想多为人民服务。

学雷锋认定共产主义大目标，艰苦奋斗为人民，这是连队党支部经常教育我们的。雷锋说得好："人的生命是有限的，可是为人民服务是无限的，我要把有限的生命投入到无限的为人民服务之中去。"这里，我先说说一位李姓老同志。他当兵3年，4次到猪棚养猪，从不计较个人得失，身在猪棚，胸怀共产主义大目标。他为了把猪养好，冬天，下水打捞猪草；夏天，他睡在猪棚不怕蚊子咬。长年累月打扫猪棚，尿里来粪里去。他自己瘦了，可连里的几十头猪却养得肥胖胖的，受到全连同志的赞扬和崇敬。他说，我们干每一项工作都是为共产主义事业铺路、增砖、添瓦。今年他退伍奔赴农村时，对我们说："过去，在农村是革命，3年当兵养猪也是革命，现在回到农村中仍然是革命，我要为革命艰苦奋斗一辈子。"还有我们班的副班长张林海，他原先是插队落户的青年，他家里有个老母亲，他下放时，正好工厂招工人，他完全有资格去工厂，母亲要他去工厂，可是，小张从不考虑自己，想的是共产主义大目标，想的是建设社会主义新农村。在农村锻炼两年后，深受贫下中农欢迎，把他送到了解放军这所大学校。到部队后，他接过老同志的传统，利用大量的休息时间，为连队修门窗，凳子，桌子等需用器材。这样一来，他休息时间少了，有时衣服也顾不上洗，但他想起雷锋对工作像夏天般的火热，勤勤恳恳为人民服务的精神，从不计较自己，不但为连里修修补补，而且深入到工厂、农村，为贫下中农修修补补。有一次，他看到上钢五厂的浴室木拖鞋不够用，就不声不响地拾来木板，利用几个晚上，做了几十双木拖鞋送去。他现在成为连队工具箱第十代新主人。他们这种为革命的奋斗精神，深深地教育了我。

记得我刚到连队的第7天就参加了千里野营拉练。那时千里野营对我们新兵来说是一次严峻的考验，在家里，别说千里，就是百里也很少走过，更不要说带有战斗背景的野营拉练了。临出发前，指导员对我们说："革命战士就是要准备吃大苦，耐大劳，出大力，流大汗。"我想，对呀！在两万五千里长征的时候老红军爬雪山，过草地，吃草根，啃树皮，条件那么艰苦都过来了。现在条件好了，难道说走千里还走不下来吗？这不正是我学习老红军艰苦奋斗好传统、在艰苦环境磨炼自己的革命意志好机会吗？部队出发后，领导分配我扛机枪。机枪是比较重的，但我想，不管怎么艰苦，也要拼尽全力来完成党交给我的任务。开始我扛着机枪，倒觉得没舍，还能帮助同志们扛机枪背背包的。可是几天下来，就觉得不那么轻松了，浑身不是滋味了，两脚上大泡套小泡，水泡连血泡，每走一步都钻心的痛，头上的汗珠直往下淌，连棉衣棉裤都湿透了。正在这时，连长对我说："机枪手脚崴了，现在机枪要你一个人包下来，你可要准备吃大苦了。"晚上我躺在床上，浑身痛得睡不得觉，脑子翻腾开了：这任务不轻呀！每天行程100多里，十几个小时，身上扛着50多斤东西，千里野营才开始，考验还在后头呢？我怎样才能完成党交给我的任务呢？我想起指导员给我讲的过去连队老同志发扬艰苦奋斗精神战胜困难的事，那是在1947年，我们连队在山东莱阳城西小园村刚组建时，为了打到南京去，解放全中国，第一个任务就是连续40天的行军。那是战争年代，条件异常艰苦。同志们每天走百来十里路，不但要行军，还要打仗，抬担架。任务那么重，生活还十分困难，有时粮不够就挖野菜吃。有一次，部队来到一个村庄，老百姓误认为是国民党部队，锅里烧好了饭，人却跑了。连队到达后，长途行军又累又渴，他们不但不吃老百姓的饭，而且挖野菜还跑到十几路以外去，仅只咽了几口野菜就又出发了。老百姓回来后，看到留下来检查群众纪律的同志都含着泪水，纷纷把粮食拿出来去追赶我们连队，但都被一一婉拒了。那天，指导员语重心长地说：咱们革命战士，要站在高处，眼观时代风云；要看到远处，认定共产主义大目标；要想到大处，沿着毛主席的革命路线前进；要干到实处，艰苦奋斗为人民。想到这些老战士，再想想自己，心里觉得惭愧了。作为一个革命战士，我到底为革命做了多少贡献，为建设社会主义出了多少力气、流了多少汗呢？我是个共产党员，是毛泽东时代的青年，应该继承老一辈艰苦奋斗的革命精神，任何时候都要迎着困难上才对呀！记得雷锋在去治病的路上，还和工人们推起了小车。想到这些，劲头就觉得特别足了，别说是机枪，就是大炮，我也要把它扛起来往前，把它扛到解放全人类的战场，完成党交给我的任务。我们那次行军，为了锻炼部队在任何时候任何情况下都能行军作战的能力，为此我们连续一个月不煮饭，不烧菜吃，专吃压缩饼干。这一来，水成了我们最需要的东西，大家都把水壶灌得满满的，谁也不考虑自己身上的负荷，而带来的水总是给别人喝。

野营训练是异常艰苦的，有一次我们来到浙江省的前山村，那里吃水比较困难，要从好远的地方挑来，我们每天坚持给村民们挨家挨户送水。他们看到我们一瘸一拐的，都不忍心让我们去为他们挑水。可是我们知道，越是艰苦越能锻炼我们的意志。一天晚上，我们刚行军一百多里住下，又接到上级指示，要在一天一夜行军165里。这一艰巨任务又是一个极为严峻的考验。当时我们班的小李脚上开了刀，领导上多次强调要他上车，可是他不但人不上车，连背包也不肯放到车上。一天一夜，历时21个小时，行程165里路，大家都很累，但都坚持自觉锻炼自己，车子跟在后面，没一个人坐车上。记得最后剩下三里路时，我背着一挺本应两个人扛的机枪，好像一下子重了几倍。在那个时刻，只要一松气就会起不来的。但在这种情况下，就正是考验我们的时候，我硬是扛着机枪，还夺过小李的步枪扛在肩上，坚持到达目的地，完成了这次千里野营的光荣任务。我们认为，我们干革命就是要准备吃大苦耐大劳，没有哪一个革命不是艰苦的，如果平时不锻炼好，战争时是吃不了这苦的。任何困难也只不过是纸老虎，你不怕它，它就怕你了。

同学们！我们都是在立志为共产主义而奋斗。雷锋在他短短的光辉一生中，给我们踏出了一条道路。伟大领袖毛主席教导我们：“社会主义制度的建立，给我们开辟了一条到达理想境界的道路，而理想境界的实现要靠我们的辛勤劳动。”过去，我们小时候觉得老前辈给我们打下了天下，想当然，好像我们这一代是应该享福的，其实大大不然。我们这一代是艰苦奋斗的一代，是亲手埋葬帝、修、反的一代。我体会到：在实现共产主义这条长河中，不和风浪做斗争是到达不了期望的彼岸的。不一步一步攀登是到达不了那光辉的顶点的。马克思在《共产党宣言》中说“工人阶级的第一步是争得民主”，可是在世界革命的长河中，我们还没有走完第一步。世界上还有多少在受剥削受压迫，他们没有夺得无产阶级政权。要使我们无产阶级从资产阶级压迫下解放出来还要靠我们这一代的艰苦奋斗！

同学们！同志们！我们连队的工作做得还不够，学马列还学得不深，军事上作风上也还有待于提高，在改造世界观上还仅只刚刚走完第一步……今天就简单汇报到这里。如有错误之处，请大家批评指正。最后祝大家成为身体好、学习好、工作好的无产阶级革命事业的接班人！（注：这是1973年作者受“好八连”党支部的委托，代表连队在大、中、小学介绍“好八连”学雷锋，发扬艰苦奋斗事迹的发言稿，该发言稿分别在上海戏剧学院、复旦、同济大学、五原中学、福佑路小学等学校汇报使用。）

附录三

“好八连”赣南苏区报告会览记

【2016年5月7日至9日，“南京路上好八连”新老战士一行18人组成弘扬“好八连”精神报告团，来赣南中央苏区的瑞金、于都、兴国参观学习。同时举行弘扬“好八连”精神报告会，并在赣南师范大学，于都、赣县中学，章贡区第十一中学和滨江二小，兴国红军小学，以及赣州市关工委、赣州市工商界举行了七场报告会。以下为此次“好八连”在赣南中央苏区活动的总结。】

88.永远的丰碑

——弘扬“南京路上好八连”精神报告团赣南苏区行掠影

引　子

“好八连，天下传”。

红色的五月，五月的鲜花，姹紫嫣红，在这充满春天气息的日子里，赣南中央苏区人民迎来了“南京路上好八连”的新老战士。他们心系苏区人民，不远千里、风尘仆仆，带着子弟兵的深情厚谊，带着对中央苏区的崇敬之情，组成了一个由王传友将军，王振华大校等18人的弘扬“南京路上好八连”精神报告团。他们的到来，得到了赣州市委、市政府的高度重视，省委常委、市委书记李炳军，副书记王林云等领导相续做出批示，赣州市委常委、副市长彭业明到会致辞。

他们不辞辛劳，赴瑞金、访兴国，过于都，到赣县，走章贡区，进师大。在短短两天时间里，日夜兼程，马不停蹄，为赣南苏区人民作了七场报告。遍及赣南师大、于都二中、兴国红军小学、赣县中学、滨江二小、十一中学六所大、中、小学。赣州市政府和有关部门，赣州市工商联以及几十家商会的同志，聆听了“南京路上好八连”精神报告团所做的报告。报告感人至深，催人奋进。赣南日报、赣州晚报、赣州电视台刊登出消息后，引起了市民和学生们的热议，反响十分热烈。

所到之处，苏区人民无不欢欣鼓舞，奔走相告：“天下闻名的连队来了”、“英雄的霓虹灯下的哨兵来了”、“老红军的后代来了”。

中央苏区的风云

五月七日是个值得纪念的日子，当年，毛泽东主席发出了“五七”指示。

这天一大早，“好八连”报告团一行沐浴着清新的晨风，迎着火红的朝阳，驱车来到中央苏区所在地瑞金。

在瑞金，战士们怀着崇敬的心情来到了“一苏大”会址，就是中华苏维埃第一次代表大会开会的地方。“一苏大”是在一间古老的祠堂里召开的，祠堂里陈列着用木板隔成的九个办公室。每间办公室只能放下了一张极小的办公桌椅，每个部委的办公人员只有一人，却肩负起了教育、司法、财政、民政等九个部委的全部工作。这种高效忘我的工作精神，不得不让人折服。九个小小的办公室，相当于现在的国务院，却承担着全国苏区的所有工作，并且创造了一个又一个的奇迹。如此高效的办公效率，在世界历史上也是罕见的。在这个祠堂里，工作人员重演了当年召开大会的情景。就在这个大会上，毛泽东同志当选为中华苏维埃临时中央政府主席。在这里，人民第一次选出了自己的主席；在这里，人民第一次喊出了“毛主席”这个尊称。一喊就喊了几十年，喊出了一个新中国，并且还将永远喊下去。

离开“一苏大”，来到了“二苏大”大礼堂前。

为了躲避敌人飞机的轰炸，大会堂建在一个小山坡的松林里，是由当年被称作“龙潭三杰之一”的我地下党党员钱壮飞同志设计的。有趣的是，国民党飞机的狂轰滥炸，只是在墙上炸了一个洞，毛泽东同志风趣地说，国民党的飞机为会堂开了一个天窗。

站在这个雄伟壮观的大会堂前，让人肃然起敬。它不高，却给人以直插云天的感觉；它不大，却感觉硕大无比；它不豪华，却感觉比任何会场都更让人舒适惬意。人们望着被炸的弹洞，耳边仿佛响起了飞机的轰鸣声，仿佛听到了炸弹的爆炸声，仿佛置身于战火纷飞的战场。瞬间，飞机的轰鸣声变成了大会的口号声，人民的欢呼声。因为在这里，在这个世界上独一无二的大会堂里，召开了中华苏维埃第二次代表大会。来自全国各地的苏区代表，冲破敌人的重重封锁和阻拦，来到这里，举行了具有历史意义的代表大会，在这个会上，毛泽东同志再次当选为中华苏维埃临时中央政府主席。这次大会标志着全国革命根据地的发展达到了鼎盛时期。

伴随着“二苏大”的胜利欢呼声，战士们来到了沙洲坝的毛泽东旧居。走进旧居，工作人员介绍的第一件事就是，毛主席把最好的房间让给徐特立几位老人住的动人事迹，这种“他人第一”的精神让人深受感动。旧居门前的大樟树，人们仿佛又看到了毛泽东同志晨读的身影。走过樟树，在一片稻田边，看到了人们熟悉的红井，井边是群众刻的一块碑文：“吃水不忘打井人，时刻想念毛主席”。这是当年毛泽东同志亲自带领大家开挖出来的。喝一口红井的水，心里甜滋滋的。奇怪的是，世界上喝这口井水的人最多，但水却从未喝干过，它告诉人们，毛泽东的福永远恩泽人民。

大家依依不舍离开了红井，来到了叶坪红军广场，看到这个广场，就让人想起北京的天安门广场，因为它的形状酷似天安门广场。所不同的是，在烈士纪念塔的草坪上用石块铺刻着：“踏着先烈的血迹前进”的几个大字。纪念塔不高，但却耸立云天。纪念塔周围雕刻着毛泽东、周恩来、朱德、张闻天等领导人的题词。

为了表达“南京路上好八连”新老战士的崇敬，王传友将军代表大家敬献了花篮，那种肃穆的神情不亚于天安门广场的烈士纪念碑前的氛围。

敬献花篮后，“好八连”新老战士们又来到叶坪光荣敬老院，给老人们送上了义捐的款。握住老人们苍老的手，浮想联翩，感慨万千…… 共和国大厦，不就是靠这样的人民群众无私无畏的牺牲精神奠基的吗?

由于王明“左倾”机会主义的错误，导致第五次反围剿失败。于是，几十万红军聚集在于都河。

于都河，一条数百米宽的河，河水深，水面宽。于都人民为了帮助红军过河，把自己的店板、门板、床板、棺材板，统统拿出来架桥，举着火把照亮红军前进的道路，使红军顺利地渡过了于都河，开始了两万五千里长征，于都河成为长征第一渡。站在于都河畔，虽然是炎热的夏天，却感到河水的冰凉。那凄楚动情的《十送红军》在耳旁响起：一送（里格）红军（介支个）下了山，秋风（里格）细雨（介支个）缠绵绵，山上（里格）野鹿声声哀号，树树（里格）梧桐叶呀叶落光，问一声亲人红军呀，几时（里格）人马，（介子个）再回山……

走进长征纪念馆，一个个故事，一桩桩动人的事迹，感人肺腑、催人泪下，这种军民鱼水之情是世界上任何军队也做不到的。

在纪念馆的名册上，王传友将军夫人刘岭同志望着父亲杜平的名字，久久不愿离去，她激动不已，欣然在题词薄上写下了“缅怀革命先烈”几个大字。“好八连”原文书、中国书法家协会会员、中国书画院副院长唐国兴同志代表“南京路上好八连”写下了“不朽功勋，永久纪念”的题词。

顺着于都河滚滚的河水，“好八连”战士不忘革命老区赣县的贫困学子，纷纷解囊义捐，专程将五十份慰问金送到赣县中学的贫困学生手中。

“模范兴国”是毛泽东书写的几个大字，这里不仅是闻名的将军县，产生了五十多位将军，还是全国人民的红军县，当年仅二十多万人口的县，牺牲的红军战士达两万多人，还不包括其他无名无姓牺牲的烈士。两万五千里长征每公里就倒下这个县一个战士。整个赣南为革命做出了重大牺牲，有名有姓的就有近十一万人，占全省43.89%，全国7.05%，为中国革命筑起了一座永远的丰碑。站在“模范兴国”的纪念碑前，远处传来悠扬的兴国山歌声，歌声是那样的悦耳动听、那样的震撼人心，歌曰：“苏区干部好作风，自带干粮去办公，日穿草鞋干革命，夜打灯笼访贫农。苏区干部好作风，真心实意为群众，柴米油盐都想到，问寒问暖情义重”。

在完成了三所中学、二所小学、一所大学的弘扬“南京路上好八连”精神报告会后。2016年5月8日，又在赣南宾馆会堂举行了一场主体报告会，会上由“好八连”原指导员、连长王振华，现好八连副连长王帅洋做了感人至深的报告。最后，“好八连”原指导员，曾受到毛主席接见的王传友将军作了热情洋溢的讲话。会议分别由赣州市关工委主任赖义金和赣州市非公经济组织党工委书记谢来福主持。赣州市委常委、副市长彭业明作了充满深情的致辞。来自赣州市关工委刘安民、杨阳春等领导同志和赣州市政府有关机关工作人员，赣州市非公经济党工委谢来福书记、夏命通副书记、丘红宇副调研员等领导同志，以及数十个商会的会长、秘书长，赣州市车业商会和赣州市安徽商会的理事以上人员共计三百多人参加会议。

英雄连队的传奇

“南京路上好八连”是一支天下闻名的连队。

“南京路上好八连”始建于1947年8月，是解放军中一支年轻的连队。他们参加了淮海战役、渡江战役以及解放上海的战斗后，于1949年6月进驻上海。为了不扰民，露宿南京路街头，得到了包括宋庆龄在内的上海人民的高度赞扬。自此，“好八连”奉命驻扎在南京路执行保卫大上海的任务。

毛泽东曾经把共产党进京执政，比作“赶考”。上海是中国最大的城市，南京路是最繁华的路，人称“十里洋场”，无疑，“南京路上好八连”的官兵们进入了一个最复杂、最严酷的考场。

一支胜利了的军队，从硝烟弥漫的战场来到灯红酒绿的上海南京路，无怪乎有的战士发出：“在南京路上站岗比看电影还好看”，“南京路上的风都是香的”感慨。

然而，严酷的现实让官兵们清醒地认识到：这里不是太平场，而是没有硝烟的战场。果不其然，资产阶级把一沓沓钞票丢到了战士们的脚下，派妖里妖气的女特务来引诱、纠缠站岗放哨的战士。公然叫嚣：“不出三个月，让共产党红的进来，黑的出去。”

八连的战士们，牢记毛主席在七届二中全会发出的要“继续地保持谦虚谨慎、不骄不躁的作风，继续地保持艰苦奋斗的作风”教导。他们没有被“香风”、“毒雾”刮到，没有被恶毒的叫嚣所吓倒，而是飞起穿着草鞋的脚踢开了资产阶级丢来的臭钱，严厉呵斥了妖里妖气的女人的纠缠。他们把从战场带来的草鞋重新穿上，把缝缝补补的破袜子重新穿上，把洗得发白的军装重新穿上，用这种艰苦奋斗的武器来抵御住“糖衣炮弹”的引诱和进攻。屹立在霓虹灯下，似雕塑，像铁塔，威武不屈，正义凛然。

为了表彰他们的事迹，国防部为他们颁发了“南京路上好八连”的光荣称号，他们的先进事迹公布后，一出话剧《霓虹灯下的哨兵》轰动大江南北，并拍成电影，周恩来总理连看七场，毛主席边看边自言自语发出感慨。在同年的八月一日，一夜未眠的毛主席挥笔写下了光辉的《八连颂》，高度赞扬了“好八连”的事迹，并号召全党全国人民要学习这种精神。

在荣誉面前，他们想到的不是自己而是人民。他们在站岗放哨之余不休息，专门为人民做好事。

为了减轻人民的负担，他们发扬勤俭节约的精神，创造了“五个一”，即一分钱、一粒米、一寸布、一度电、一滴水的节约方法。

为了减轻人民生活的疾苦。他们把节省下来的金钱和衣物毫无保留的送给灾区人民和贫困之人。

为了给人民创造幸福，他们利用休息时间跑几十公里路去郊区种菜，把种出的菜送给缺少蔬菜的人民吃，自己却吃黄菜叶子。

他们“先天下之忧而忧，后天下之乐而乐”，把捡来的钱上交，在公共汽车上让座，把迷路的孩子送回父母怀抱，见义勇为与坏人坏事做斗争。他们把人民群众作为自己的亲生父母，在南京路上，他们组织了一支义务服务队，为老百姓理发、补鞋、修伞，每逢20号就去，一干就是几十年。在他们的带动下，现在南京路上已有四十多家为民义务服务队。

他们照看了几十位老弱病残的孤寡老人。一位老大娘面对搬迁死活不走，政府请“好八连”的同志出面做工作，老大娘说：“我不是舍不得这个地方，我是舍不得‘好八连’的战士们，他们是我的儿子啊！我要搬了，就再也见不到我的儿子们了”。“好八连”的同志说：“妈妈，不管您搬到哪里，我们作为您的儿子都会来看您”。老大娘终于放下心事，搬离了拆迁地。

在校园里，“好八连”战士与学校结对，日夜关心孩子们的成长，发现五岁就得小儿麻痹症的胡红根，就捐款给他买了一部轮椅，经常照顾，一干就是三十八年。当年胡红根叫解放军战士叔叔，如今解放军叫他大伯了。

在连队营房，一位战士父亲病危，为了完成上级的任务，不告诉组织，当连队指导员知道后，立即给他请假，战士们纷纷给他捐款达两万元。让他回去把父亲的病治好。战士回去后，父亲已去世，料理完后事，只花了一千元钱，回到部队，他把剩下的一万九千元钱全部捐给了地震灾区人民，他原本可以把剩下的钱补贴家里，可他想到的是国家，是人民。

在野营中，他们发现前山村吃水困难，便发动全连战士在极短的时间内为村民挖出一口井，解决了几个村千年来吃水困难之事。老百姓凌晨四点起来相送子弟兵，这不禁让人想起毛主席当年挖出的红井。

2008年冰雪灾害，仅一个连队百十号人，在一个星期内就为滞留在火车站的旅客烧一万多桶开水，送六千多份盒饭、一万多份姜汤，并一一安全送上火车。这并非他们的活，但他们为了人民却甘愿揽这样的活。

“南京路上好八连”的官兵们就是这样，面对火灾水患，他们第一个冲入火海，跳入漩涡；面对老百姓疾苦，他们第一个慷慨解囊，把一份份爱心送到人民手中；面对困难，他们总是把困难留给自己，把方便让给别人。

…………

这许许多多说不完的故事，就是“南京路上好八连”战士做的事，这些传奇的故事，培养出了一个个传奇的英雄；这些英雄塑造出了一支传奇的连队。

这些遥远的故事，今天却仿佛就在身边，人人都身临其境，让观众们听后惊叹不已。

赣南日报、赣州晚报、赣州电视台播出消息后，引起了市民们长时间的热议，纷纷将收到的相片做成音乐相册，传到网络上，自发地传播正能量，宣传“南京路上好八连”精神。

这支英雄的连队，不仅“为人民，几十年”，“拒腐蚀，永不沾”，而且做到了“五个好”、“八个不怕”，五十多年来，他们先后荣获集体一等功七次、集体二等功十九次，集体三等功十二次，先后被中组部、中宣部、总政治部、民政部授予光荣称号：全国创先争优基层党组织、爱国主义教育基地、军民共建社会主义精神文明先进单位、拥政爱民模范单位、全国敬老先进单位、全国学习雷锋志愿服务先进集体、全军先进基层单位等荣誉称号，成为“千万个雷锋在成长”的摇篮。“南京路上好八连”继承革命传统，在繁华的南京路上，同样筑起了一座永远的精神丰碑。

一脉相承的精神

参观、瞻仰、走访、学习、报告、传播的活动结束了。当人们坐在会议室里举行弘扬“南京路上好八连”精神论坛峰会时，心情却久久不能平静。

那苏区红军舍生忘死为革命的精神；那苏区人民为共和国奠基的忘我牺牲精神；那苏区干部好作风，带着干粮去办公的情景；那为进行两万五千里长征渡过于都河的壮观场面。就像一幅幅烽烟弥漫的历史画卷，一幕幕浮现在人们的脑海中，让人心潮起伏，激动不已……

人们惊奇地发现，“南京路上好八连”牢记毛主席七届二中全会“两个务必”的教导，在南京路上所谱写下的一个个音符，所诉说的一个个艰苦奋斗的小故事和中央苏区的历史画卷是那样的惊人相似，是那样的水乳交融，是那样的一脉相承。

如果说中央苏区精神是为共和国的大厦埋下了基石，在共和国的历史上筑起了一座永远的丰碑。那么长征精神、延安精神、西柏坡精神就为共和国砌起了一堵高墙，而“南京路上好八连”精神却为共和国的大厦盖上了遮风挡雨的厚厚的青瓦……

激动过后，人们在联想、在思索：到底什么是苏区精神，什么是“好八连”精神？这个问题似乎不难回答，因为习近平总书记已经高度总结概括了苏区精神：“坚定信念、求真务实、一心为民、清正廉洁、艰苦奋斗、争创一流、无私奉献”。而“南京路上好八连”精神，伟大领袖毛主席在《八连颂》里早已做出了精辟的总结和概括。

改革开放三十年后的今天，在实行市场化的社会主义初级阶段，人们思考更多的是，还要不要学习“南京路上好八连”精神，到底应该学习“南京路上好八连”什么精神。人们的思索，得出一个无法推翻的结论，就是：“好八连”精神仍然是今天我们要学习、要效仿、要坚持的精神。

那么，“南京路上好八连”有些什么精神值得今天的人们来学习，来效仿、来坚持的呢？概括起来，主要是：

一是艰苦朴素的奋斗精神。

艰苦奋斗精神是人类精神世界中最崇高的表现。

“好八连”的战士们始终把这种精神当作传家宝，无论是在硝烟弥漫的战场，还是在充满“香风”、“毒雾”的南京路上这个严酷的“考场”。无论是在物资匮乏的三年自然灾害时期，还是在物质丰富的改革开放后市场化的今天。他们始终把它当作一种作风、一种防身的武器，一种打不烂、摧不垮的意志，从而使自己立于不败之地。

他们认为，一个人要成就一番事业要靠艰苦奋斗的意志；一个国家要建设好，同样要这种艰苦奋斗的不屈意志，才能实现人生的目标和理想，实现中华民族的中国梦。正如毛泽东同志所说：“人是要有点精神的，艰苦奋斗是我们的政治本色”。面对改革开放的伟大征程，我们更需要这种作风、这种意志、这种精神。

二是谦虚谨慎的进取精神。

艰苦奋斗和谦虚谨慎是一对孪生姐妹。当人们取得成绩，获得巨大胜利时，最容易产生贪图享乐的意识，放弃艰苦奋斗的作风，从而骄傲自满起来，走向失败。

“好八连”战士深知，艰苦奋斗不易做到，骄傲自满却更容易产生。因此，他们牢记毛主席“两个务必”的教导，在巨大的荣誉面前，始终保持着谦虚谨慎、不骄不躁的作风，从而使他们从胜利走向胜利。

同样，在改革开放取得举世瞩目的成绩时候，保持谦虚谨慎，不骄不躁的作风，似乎对我们来说尤为重要，有着更深刻的意义和无法估量的作用。因为只有奋斗不止，才能取得改革开放的全面胜利。

三是拒腐蚀永不沾的正气精神。

如果说：“好八连”是靠“两个务必”起家的，那么“拒腐蚀永不沾”才使他们闻名天下的。

金钱是最迷人的东西，但在“好八连”战士看来，金钱是微不足道的，它既不是幸福的象征，更不是人生的目的。因而，他们面对“糖衣炮弹”的进攻，始终保持勤俭节约，不贪图享乐，不为名利，甘愿吃苦在前，享受在后，自觉抵制资产阶级腐朽生活方式的侵蚀，时刻不忘“拒腐蚀永不沾”，努力培养这种可贵的品质，这种浩然正气，拒绝和贪官污吏同流合污。几十年来，无论是在当年南京路腐蚀和反腐蚀的战场，还是在市场化经济中腐败与反腐败的斗争中，面对资产阶级的腐朽生活方式，他们刀枪不入；面对美女的引诱，他们拒之门外；面对金钱的诱惑，他们洁身自好，两袖清风，一身正气。靠的就是“拒腐蚀永不沾”的正气精神，使“南京路上好八连”这面旗帜越染越红。

“好八连”的所作所为和一些追求腐朽生活方式，大肆侵吞国家财产的腐败分子形成鲜明的对照。在改革开放的今天，这正是一个发人深省的警示，是值得今天的人们深刻汲取的。

四是“为人民，几十年”的服务精神。

“为人民，几十年”是毛泽东主席对“好八连”的高度赞扬，也是“好八连”的生动写照。几十年来，他们脑子里想的是人民，心里装的是人民，行动为的是人民。他们为了人民的利益赴汤蹈火，在所不辞，这就是他们活着的全部意义和目的。他们节约“五个一”是为了让老百姓多吃一口饭，多穿件衣，多用一分钱，多喝一口甘泉，多见一片光明；他们在汽车上让座是为了老百姓更舒服些；他们节假日去扫大街，是为了让群众过得更干净、更惬意；他们不辞辛劳送迷路小孩回家是为天下父母分忧解难；他们把捡到的钱千方百计找到失主，为的是让别人过得更幸福，更快乐；他们不怕苦不怕累，用休息时间种菜种粮，是为了让更多的人过得更富裕，更好；他们临危时刻挺身而出，是为了保护人民的利益，让百姓过得更安逸、更美好。

毛泽东同志曾说过，一个人做一点好事并不难，难得是一辈子做好事，不做坏事。“好八连”的战士用行动回答了这个问题，做到了“为人民，几十年”，鞠躬尽瘁、死而后已，始终奉行军队的为人民服务的根本宗旨。

其实，“为人民，几十年”不仅是军队的宗旨，更是党的宗旨，是毛泽东思想的核心。

任何一个政党和军队如果离开了这个宗旨，都将一事无成。同样，当我们为实现两个百年目标而奋斗的时候，更离不开这个“为人民，几十年”的服务精神。

五是“八不怕”的勇敢精神。

一个人的一生会碰到许多沟沟坎坎和磨难。一个政党，一个国家也同样会遇到艰难险阻，许多逼迫、威胁，甚至是面临生死存亡的危险。这就需要有“八不怕”的精神，需要有百折不挠的意志。当年在中央苏区，面对国民党反动派的“五次”围剿，苏区军民不怕牺牲，英勇奋战，踏着烈士的鲜血前进。而“好八连”的战士当年驻守在大上海，富贵不能淫，威武不能屈，铸就出了这种坚韧不拔的意志和品格，坚如磐石地屹立在南京路上，勇敢地面对资产阶级的挑战，打退了他们的进攻。

如今，我们在面对“帝国主义亡我之心不死”的复杂国际形势下，面对改革的深水区和攻坚战，仍然需要“好八连”这种“八不怕”的勇敢精神，才能夺取全面建设小康的胜利。

六是善思考能分析的钻研精神。

人只有学而知之，没有生而知之。

人生需要学习，学习就要思考分析，就要有钻研精神，才能学而有成。“好八连”战士把学习文化、学习各种技能，当作人生的最大、最长期的任务。因为他们认为，只有多学好为人们服务的本领，才能更多更好地为人们服务。他们互帮互学，以人为师，坚持写日记、记体会。因此，人们都说，从“好八连”出来的战士，再差的铁也会成为钢。这话一点不假，他们把闲下来的时间用来学习，部队一熄灯，他们甚至用小电筒躲在被子里抓时间学习。几年下来，大字不识一个的战士，退伍时，成为文化人。入伍前，“投弹十四五，练刺刀像跳舞”的战士，成为“投弹四十五，练刺刀如猛虎”。做到了“军事好，如霹雳”的高标准要求。他们之所以这样刻苦学习，根本的目的是为人民服务。这对当今社会不少人阅读靠上网，撰文靠上网，不学无术，成为“嘴尖皮厚腹中空”的山间竹笋，离开网络束手无策的现象，不是一个很好的教训吗？

七是严于律己的自觉精神。

纪律是执行路线的保证。铁的纪律是一支军队取得战斗胜利的根本，是一个党成就大业的法宝。

“好八连”的战士深知这个道理，他们小到班排的约定、连队的规定，大到国家的法律、党的纪律都严格执行，从无一人违反。当年，他们解放大上海，为不扰民露宿街头，成为人类绝无仅有的佳话。他们当年面对丢来的钱，面对美女的引诱，并没有人监视他们。他们捡到的钱不上交照样无人知道。他们在“文革”中到85所中小学支学，面对年轻姑娘的追求，他们不拒绝也同样无人知道；面对送来众多的礼物，他们不拒绝也同样无人知晓，他们在执行试吃压缩饼干一月之久的任务，本有机会买点别的吃，买了，吃了，也无人知道；他们执行“九·一三”等重大任务，从不向亲人泄露任何机密……

这一切靠的都是他们执行铁的纪律的自觉精神。

而如今，有的党的高级干部，为了换取金钱，不顾纪律，不惜泄露国家机密，给党和国家造成巨大损失的教训，难道不值得人们反思吗？在实现祖国统一，建设强大社会主义国家的今天，不正是极需要我们学习“好八连”这种“纪律好，如坚壁”的自觉精神吗？

八是互相帮助的团结精神。

毛主席在《八连颂》中赞扬“好八连”“五个好”时说：“分析好，大有益；益在那，团结力”。最后，以战略家的气派，书出传世名句：“军民团结如一人，试看天下谁能敌”。足见“好八连”对团结的重视。他们说：“一个人的困难就是大家的困难，大家的欢乐就是每个人的幸福”。因而，他们团结得就像一个人一样，亲如兄弟，把别人的困难当作自己的困难。特别是在物资匮乏时，谁要知道战友家中有困难，就会偷着给战友家寄钱物，而不会留下姓名。他们把“互相爱护，互相帮助”当作座右铭，想别人之想，急别人之急，做别人之所做。他们总是把困难留给自己，把方便让给别人；把责任留给自己，把荣誉留给别人。他们团结精神的最大特点是以诚待人，人人都有一颗金子般闪光的质朴的品行。你要和他们在一起，你会发现他们是那样表里如一、诚信而质朴，对组织忠心耿耿，对同志温暖如春，常常是以德报怨而不计较。在他们看来，人与人之间没诚信是不可能有真正的团结的，同样没有大海般的心怀也不会有真正的团结。

然而他们的团结不是无原则的，遇上损坏人民利益的事，违反党的原则的事，他们会毫不留情地进行斗争，绝不像现在某些形成的那种关系网式的“团结”。联想到一些党政组织，要不就是勾心斗角，争权夺利，要不就编织关系网，以致于成为腐败的窝点，全部腐烂，是多么发人深省啊！

“南京路上好八连”赣南中央苏区行结束了，但继承和发扬“好八连”宝贵的精神财富却永远没有结束。这个宝贵的精神财富将伴随着我们在建设社会主义的长征中发挥着不可替代的作用。

这就是我们弘扬“南京路上好八连”精神的全部目的所在。

后　　记

在“南京路上好八连”这三年，是刻骨铭心的三年，使我终身受益。

离开连队后，战友们鲜活的形象无时无刻不在脑海里显现，他们仿佛总是对我说：“应该为连队做点什么！”

然而，繁忙的工作总是使人无法停息，再说，做点什么呢？这个问号一直在我心底念想着。

这个念想伴随着我一辈子，直到从领导岗位退下来，这个念想越来越强烈。

每每在报纸上读到有关“南京路上好八连”的事迹，总是心潮澎湃，敬佩有加。但同时也发现，以往对“南京路上好八连”的宣传，大抵都是记者采访后以通讯报道的形式出现，连队战士亲身经历记录下来的事少之又少，这也许是他们谦虚谨慎的缘故吧。然而，我总觉得，“好八连”精神绝不是一个人的，它不仅是一个连队的，它是全党全军全国人民的宝贵精神财富，每一个人都有宣传它的责任。诚然，无论是雷锋，还是“好八连”战士，作为一个人来说都不是完美无缺的，但他们为国家勤俭节约，为人民先人后己，为革命勇于奉献，为理想奋斗不息的“艰苦奋斗，谦虚谨慎；拒腐不沾，浩然正气；勇于斗争，不怕牺牲；舍己为公，服务人民”的崇高而伟大精神，是永远值得歌颂和发扬的。因此，作为“好八连”出来的战士，更应当并且有责任参与宣传它的伟大精神。因此，我想记下一个战士的亲身经历和所见所闻，让人们更了解“好八连”战士的行为生活，从中窥见一个真实的“好八连”，更体会出“好八连”的伟大精神，从而更真实、更感人、更让人信服。虽然，一个战士在连队的经历是短暂的，但至少可以反映那个时代的烙印，从一个侧面折射出它的精神风貌。

于是，我静下心思，翻阅那个时期的日记及各种记录，以平实的语言，把一件件经历的事记录下来，目的是还原它的真实性。

我只是连队的一个普通战士，“好八连”所做的事都是集体行为，我只是个普通的参与者，而且连队的任何一位战友都比我做得更好、更突出。因此，书中记录的一些事都是连队的事、战友的事。有的也涉及本人，只是为了还原历史的真实。再者，作为一个普通的战士，所经历的事也难免有局限性；用第一人称的形式记录，也难免有突出个人之感，但并非本意，敬请理解。出版此书只是想留下一点当年的资料，以供研究。

书中记录的主要是20世纪70年代时期的事，难免打下那个时代的烙印，但“好八连”不管在什么时候所做的事，都怀着对党对人民的赤胆忠心，都是为人民而做，为人民而干！

此外，书中记录了我离开“好八连”以后的一些事，完全是为了说明“好八连”对人的教育和影响，对人在为官、创业、生活和为人处事中的作用，以证明“好八连”精神的力量。书中记录的某些个人的事，即使是做得好的、对的，也是“好八连”培养教育的结果。涉及他人的事，完全是为了说明某些观点，并无不尊重之意，不必对号入座。如有冒犯，敬请谅解。

全书88个章节，同时选用了80张照片，其中有的是战友的照片，少量的是“好八连”的现代照片，为的是体现这个战斗集体和一脉相承的精神。书中选用的这些照片在20世纪六七十年代已在报端发表，有些照片来源于“好八连”事迹展示馆，大多数佚名或无法联系到相关摄影作者并署名，恳请照片著作权所有者与本人联系，敬请谅解。

最后，特别感谢关心、支持这本书出版的“好八连”老首长王经文、王振华同志和王帅洋副连长，经济日报出版社主编胡劲华同志，以及刘石风、叶剑兰等所有同志。在此向他们深深地致敬。

黄明光 定稿于江西赣州
2016年9月16日